RECEPTION MEDIATIQUE EN REPUBLIQUE DEMOCRATIQUE DU CONGO
Dynamiques, discours et déconstruction des publics

Par
Fulgence MUNGENGA KAWANDA

Avec la collaboration de Joël Nzampungu

Copyright © 2025 Fulgence MUNGENGA KAWANDA

Aucune partie de cet ouvrage ne peut être reproduite, distribuée ou transmise sous quelque forme ou par quelque moyen que ce soit, y compris par photocopie, enregistrement ou autres procédés électroniques ou mécaniques, sans l'autorisation écrite préalable de l'éditeur et de l'auteur, à l'exception de brèves citations incorporées dans des comptes rendus critiques ou à d'autres fins non commerciales autorisées par la législation sur le droit d'auteur.

Éditeur: Upway Books
Auteur: Fulgence MUNGENGA KAWANDA
Titre: RECEPTION MEDIATIQUE EN REPUBLIQUE DEMOCRATIQUE DU CONGO, Dynamiques, discours et déconstruction des publics
ISBN: 978-1-917916-89-9
Couverture réalisée sur Canva: www.canva.com

Cet ouvrage est un ouvrage de non-fiction. Les informations qu'il contient sont fondées sur les recherches, l'expérience et les connaissances de l'auteur au moment de la publication. L'éditeur et l'auteur ont déployé tous les efforts nécessaires pour garantir l'exactitude et la fiabilité des informations fournies, mais déclinent toute responsabilité en cas d'erreurs, d'omissions ou d'interprétations divergentes du contenu présenté. Cette publication n'a pas pour vocation de se substituer aux conseils ou consultations d'un professionnel qualifié. Les lecteurs sont encouragés à solliciter l'avis d'un spécialiste lorsque cela s'avère approprié.

contact@upwaybooks.com
www.upwaybooks.com

A Ontyllie et Aurore,
les perles précieuses de notre amour

Liste des abréviations

- AR : Augmented Reality (Réalité Augmentée)
- BBC : British Broadcasting Corporation
- CCCS : Centre for Contemporary Cultural Studies
- CS : Cultural Studies
- IA : Intelligence Artificielle
- LGBTQ+ : Lesbiennes, Gays, Bisexuels, Transgenres, Queers et autres identités
- NTIC : Nouvelles Technologies de l'Information et de la Communication
- ONG : Organisation Non Gouvernementale
- RTNC : Radio-Télévision Nationale Congolaise
- RV : Réalité Virtuelle
- SAPE : Société des Ambianceurs et des Personnes Élégantes
- SIC : Sciences de l'Information et de la Communication
- SMCR : Source, Message, Canal, Récepteur
- TIC : Technologies de l'Information et de la Communication
- UGC : User-Generated Content
- USA : États-Unis d'Amérique
- VIH/SIDA : Virus de l'Immunodéficience Humaine / Syndrome d'Immunodéficience Acquise
- WAP : Wireless Application Protocol
- X : Ancien nom de Twitter

Remerciements

Cet ouvrage est l'œuvre de plusieurs personnes qui ont accepté de donner leurs contributions sans lesquelles notre terrain d'exploration n'aurait pas été fertile. En premier lieu, nos sentiments de gratitude et de reconnaissance s'adressent au docteur Joël Nzampungu qui a enrichi cet ouvrage par des multiples échanges et discussions depuis le début jusqu'à son achèvement.

Nous remercions Madame Carole Hembe, Benjamin Ngwaba, Edgard Matondo et Louison Dumbi, chercheurs au Département des Sciences de l'Information et de la Communication (SIC) dont les travaux ont nourri notre inspiration.

Nous sommes reconnaissant à madame Julie Masengu, chercheuse en SIC qui a su accomplir avec dévouement un travail remarquable lorsque nous devions nous assurer de l'originalité du contenu de cet ouvrage.

Nous exprimons notre vive gratitude aux publics congolais, dont la générosité et l'ouverture d'esprit ont été le cœur même de notre recherche. En partageant leurs expériences, leurs perceptions et leurs récits de vie, ils ont apporté une richesse irremplaçable à cette étude. Sans aucun doute, leur engagement a été le cœur de notre initiative.

Nous exprimons également notre profonde gratitude envers les journalistes, les experts des médias et les intervenants de la société civile. Leurs échanges perspicaces et leur disponibilité ont approfondi notre compréhension des dynamiques médiatiques sur le terrain, nous proposant une perspective authentique et singulière.

Ce projet n'aurait pas été réalisable sans le soutien constant et l'affection inconditionnelle de nos proches, de nos amis, du Club FM. Leur présence et leurs encouragements constants ont été le socle sur lequel nous avons pu bâtir et finaliser cet ouvrage. À tous ceux qui ont cru en ce projet, nous vous adressons une pensée de profonde et éternelle gratitude.

Préface

Les études sur la réception sont au fondement des sciences ayant le contenu informationnel comme objet d'observation et d'analyse. Apparaissant au cours de la décennie 1930, dans l'ombre de l'émergence du canal radiophonique, elles ont réussi d'abord à légitimer la mue du traditionnel canal présentiel de l'altérité humaine. L'interlocution passait ainsi à la mode de la communication distancielle, réalisée par voie des ondes hertziennes. Par la suite, la jactance humaine a dû subir la magie de cette virtualité qui a éclipsé la physicalité comme attribut inhérent à la vie en groupe et en société.

L'école de pensée communicationnelle de Columbia s'est ainsi imposée en tant que berceau de toute une science humaine. Non pas tant par la vertu des savants réunis autour de Paul Felix Lazarsfeld que par le destin historique d'une technologie de transmission, la radio. Aussi, le centenaire de ce média est-il souvent commémoré comme également celui de notre discipline scientifique.

C'est cette simultanéité historique qui rend à ce jour encore plus méritées les recherches menées sur le facteur réceptionnel dans la chaîne de la communication. Il en est ainsi surtout pour les pays pudiquement considérés comme émergents, à défaut d'exhiber leur statut de sous-développement. Autrement dit, toute étude qui se déploie à propos de la réception médiatique sur le continent africain se trouve naturellement délimitée, sur le plan temporel, par la frontière indélébile construite par l'insertion du média radiophonique. Les autres innovations futures ne devraient être considérées que comme des simples succédanés technologiques issus de la même matrice. C'est surtout cette dimension de verticalité consanguine qui confère au présent ouvrage toute sa promesse heuristique.

Ainsi qu'on peut s'en rendre compte, le livre de Fulgence Mungenga est bien loin d'être une étude de plus. Il est à appréhender dans sa vivante dimension de défi épistémologique, qui vise à montrer et démontrer que la société qu'il a observée est, plus que jamais, régénérée par des outils assurant l'interactivité entre individus dans un cadre proxémique élargi. L'étude déborde dès lors les frontières des continents et des races, pour parvenir à se reconstruire et à réécrire courageusement une nouvelle écologie matérielle de toute l'espèce humaine.

La présente étude n'est donc pas un quelconque sondage des publics, encore moins un panorama sociométrique des audiences. Elle va nettement plus loin. Elle invite le lecteur à découvrir, non pas seulement des médias sans chair, mais surtout des usagers ayant intégré les artefacts dans leur existentiel quotidien, sans préalable de négociation culturelle formelle ou consciente. Et c'est précisément à travers cet angle d'approche que l'auteur de cette œuvre s'est retrouvé dans l'obligation de revisiter les ancêtres de la discipline Sic. Le but recherché est d'espérer retrouver le point de départ sans a priori qui légitime toute recherche fondamentale, positionnant ainsi le chercheur dans la lignée disciplinaire.

C'est pourquoi, sans timidité, Fulgence Mungenga n'a pas hésité à inviter à un perchoir unique des observateurs de la société à l'œil aussi perçant que celui de Louis Quéré, Shani Orgad ou Brigitte Le Grignou. Des résultats de leurs guets il ressort que nul récepteur n'est personnellement doté d'atouts innés de perception ou d'appréhension exceptionnels. Les insuffisances ne sont cependant guère de nature individuelle mais bel et bien collectives, par ailleurs assumées par des attentes tant culturelles que socio-anthropologiques. C'est ce qui motive l'auteur de ce livre à préconiser pour tous une certaine pédagogie, une éducation aux médias.

Qu'à cela ne tienne, il ne s'agit pas d'un apprentissage primaire, mais plutôt d'un appel à adéquation entre les propriétés cognitives du contenu et les convenances du public consommateur. Cela a été reconnu par l'auteur comme étant l'immense pouvoir d'une audience active et consciente. Cette approche se range ainsi dans la famille de toutes les recherches qui ont renouvelé les études de la réception avec cette perspective désormais consolidée de public proactif. Cela va d'Elihu Katz à Fabien Pillet, en passant Hans Robert Jauss, qu'est allé consulter le chercheur.

Toutefois, le mérite de l'auteur est d'avoir largement franchi le champ qui a tout de temps servi de paysage de recherche, celui des médias dits traditionnels, nés de l'électricité et renouvelés par l'électronique. Mais, à notre ère du satellite et de la miniaturisation, portée par un outil aussi performant que l'ordinateur, le phénomène social de la communication a été totalement rénové. La consommation des médias n'est plus un fait de masse, mais celui des individualités augmentées par les capacités de cross-canalité des outils de réception. Le consommateur ne se définit guère plus par la singularité du support, ce dernier étant devenu un objet tout-en-un.

Les sens de perception sont alors tous sollicités, instantanément et avec une harmonie instinctive, de manière constante et imperceptible. Se trouve alors battu en brèche le décalage naguère pensé par Marshal McLuhan, entre œil et oreille, ainsi qu'entre toutes les galaxies sociologiques qu'ils généraient l'un et l'autre. Fulgence Mungenga n'hésite d'ailleurs pas à s'immerger dans ce contexte de coexistence des technologies hybrides, qui associent les traditionnelles technologies à celles toujours plus nouvelles de transport du signal numérique. C'est précisément à ce niveau que l'auteur de ce livre fait ressortir la moisson de sa vingtaine d'années d'expérience en tant qu'enseignant-chercheur dans le domaine des Sciences de l'Information et de la Communication (SIC). Puisant dans le large bassin des théories de la sociologie de la réception, Fulgence Mungenga reverse cette crue dans la profondeur des racines de ce champ de recherche, constituées notamment de l'héritage de sciences comme la sémiotique et des courants de recherche tel que les Cultural Studies.

Toutefois, la contribution de ce livre ne se limite pas à cela. Il ose combiner les théories conjoncturelles, celles ayant éclairé les expériences sociales féministes ou les mutations postcoloniales avec des approches scientifiques plus ancrées en Sic, comme l'esthétique de la réception. Cette percée permet au chercheur de prendre en charge des problématiques aussi contemporaines que celles du genre, du pouvoir et des identités. Cette étude illustre alors, avec une clarté remarquable, comment les médias s'offrent la capacité de maintenir ou de remodeler les clichés issus du passé colonial et patriarcal, tout en générant des agirs puissants pour forger des leviers de résistance pour les groupes marginalisés. Il s'ouvre dès lors à cette étude la voie vers la découverte des signifiants et contenants qui servent de porte-voix particuliers à des quasie-groupes, de vecteurs à des histoires et parcours personnalisés ainsi qu'à des conduits à diverses subjectivités.

Enfin, Fulgence Mugenga souligne avec force que la réception des médias est un processus de co-création dynamique, une puissance de transformation à mesure de défaire et de redéfinir les normes et discours existants. C'est donc une démarche qui participe directement à l'édification de l'herméneutique du réel sociétal. Dans un univers de plus en plus interconnecté, où les data se propagent à une vitesse fulgurante, cet ouvrage met l'accent sur la nécessité impérieuse d'une éducation aux médias pour élever des citoyens lucides, en vue de converger vers une société plus juste et équitable.

Cela étant, c'est vraiment un sentiment d'honneur que j'éprouve en étant le lecteur privilégié de cet excellent ouvrage : "Réception médiatique en République Démocratique du Congo : dynamiques, discours et déconstruction des publics". Ayant vocation d'être plus qu'un manuel pour ses étudiants, le livre du professeur Fulgence Mungenga est une contribution tout à fait éclairante à la réflexion critique du contexte d'arrosage de la société congolaise par tous les canaux d'informations qui y déversent une infini variété de savoirs et connaissances.

Le véritable mérite scientifique de cet ouvrage découle de la combinaison accomplie à partir d'une rigueur académique la plus élevée et d'une vision critique novatrice et féconde. En tout état de cause, l'épistémé congolaise des Sic se trouve enrichie d'une recherche dont la dimension empirique a porté sur un total de 75 entretiens semi-directifs, réalisés pendant douze mois sur un échantillon s'étendant de Kinshasa à Goma, de Bukavu à Kisangani et Lubumbashi. Les résultats obtenus permettent dorénavant d'avoir une idée d'ensemble de la réception médiatique dans la société congolaise. Puisse ce genre d'études de haute facture universitaire faire école.

Jean-Chrétien Ekambo
Professeur émérite
Recteur honoraire de l'UNISIC
(Université des Sciences de l'information et de la communication)

Avant-propos

En Sciences de l'Information et de la Communication (SIC), la réception des médias est un champ d'étude irréfutable qui a déplacé le centre d'analyse de l'émetteur vers le récepteur. Cette approche rompt avec les anciens paradigmes qui voyaient le public comme une entité passive. Elle démontre plutôt que le destinataire est un acteur dynamique qui interprète activement les messages qu'il reçoit. Comme le souligne Dupont (2018 : 42), « elle se démarque des méthodes traditionnelles qui présentaient le récepteur comme une simple cible d'effets, en mettant l'accent sur le fait que le récepteur est actif, influencé par son environnement social, culturel et subjectif ». Cette perspective permet une compréhension plus nuancée des effets médiatiques et des constructions de sens différenciées que les individus opèrent sur les contenus. Ainsi, « la réception met en exergue le rôle fondamental du public dans l'élaboration et la réinterprétation des contenus médiatiques » (Martin, 2020 : 78).

Avant tout, la théorie de la réception repose sur le principe que les publics ne sont pas de simples consommateurs passifs de médias, mais des entités actives qui interagissent avec les messages qu'ils reçoivent. Ces échanges sont essentiellement modelés par une diversité de contexte, englobant les aspects culturels, sociaux, historiques et politiques du destinataire. Ainsi, le sens n'est pas une caractéristique intrinsèque du texte médiatique, mais se forge dans l'interaction entre ce texte et les attentes anticipées du public.

Dans le contexte classique de la République Démocratique du Congo (RDC), le panorama médiatique se distingue par une diversité et une complexité considérables, où l'interaction vivace entre les médias traditionnels (radio, télévision, presse écrite) et l'avancée rapide des nouveaux médias numériques (presse en ligne, sites internet) est manifeste. Ce mélange médiatique offre un terrain d'étude particulièrement riche pour la théorie de la réception.

Cette œuvre adopte une perspective multidimensionnelle pour étudier les dynamiques de réception médiatique dans ce contexte congolais. Il s'efforce de comprendre comment les auditeurs et les usagers des médias interprètent, discutent, contestent et, transforment les messages qu'ils recoivent. En outre, il intègre des approches critiques issues des théories féministes et postcoloniales afin d'interroger les asymétries de pouvoir, de genre et de discours inhérentes à la production et à la réception médiatique.

Cet ouvrage poursuit une double ambition : académique et socioprofessionnelle. D'une part, il vise à fournir une analyse approfondie et contextualisée des pratiques de réception dans un cadre congolais en constante évolution. D'autre part, il aspire à proposer des perspectives théoriques et méthodologiques novatrices susceptibles d'enrichir les débats académiques et les pratiques professionnelles relatives à la médiatisation des sociétés africaines, contribuant à une meilleure compréhension des interactions entre médias et publics sur le continent.

Introduction

La République Démocratique du Congo présente un paysage médiatique dynamique, reflet d'une histoire riche et de réalités modernes en constante mutation. Dans ce contexte, les médias traditionnels conservent une prééminence notable, en particulier dans les zones rurales où l'accès aux infrastructures numériques reste limité. Au même moment, l'essor des nouvelles technologies de l'information et de la communication (NTIC), notamment l'Internet et la téléphonie mobile, restructure profondément les modalités d'accès à l'information et les interactions sociales, avec une influence particulièrement marquée en milieu urbain.

Dans le contexte de cette mutation paradigmatique, l'analyse de la réception des médias s'avère essentielle pour comprendre les interactions entre les médias, leur audience et la société congolaise. Ce domaine d'étude suscite des interrogations majeures : de quelle manière les congolais utilisent-ils les médias pour s'informer, se divertir ou structurer la société ? Quels sont les impacts des médias récents sur l'élaboration des identités culturelles et les restructurations des rapports sociaux ? Ces questions sont particulièrement pertinentes étant donné que les médias jouent désormais un rôle central dans les discussions courantes sur le développement, la gouvernance politique, les dynamiques de genre et la mondialisation.

Le livre adopte une démarche interdisciplinaire, incorporant des cadres conceptuels provenant de la théorie de la réception, des études postcoloniales et des théories féministes. Cette collaboration analytique met en évidence les relations intrinsèques entre la production de médias, les processus d'accueil et le contexte sociopolitique. Par exemple, on utilise des approches féministes pour déconstruire les usages et les représentations médiatiques qui perpétuent les inégalités de genre et de pouvoir.

Cette recherche empirique s'appuie sur une méthode de terrain, associant des entretiens semi-structurés à des observations participatives. La méthode a été élaborée afin de saisir la profondeur des populations congolaises, en dépassant les simples témoignages pour sonder leurs perceptions, émotions et routines quotidiennes. L'échantillon a été constitué de manière à refléter la diversité du paysage médiatique et sociodémographique de la RDC, en tenant compte des disparités d'âge, de genre, de statut socio-économique et de niveau d'éducation. Un total de 75 entretiens semi-directifs a été réalisé sur une période de douze (12) mois avec une variété d'acteurs clés :

- ✓ Des publics congolais (téléspectateurs, auditeurs et internautes) de différents âges, genres, et statuts socio-économiques, résidant à Kinshasa, Kikwit, Goma, Bukavu, Kisangani et Lubumbashi.
- ✓ Des reporters et spécialistes des médias (journalistes, animateurs de radio et télévision, ainsi que créateurs de contenu digital).
- ✓ Des intervenants de la société civile (membres d'ONG, défenseurs des droits humains et communicateurs sociaux).

Cette recherche a dû relever plusieurs défis importants, liés à la situation spécifique de la RDC. Nous avons rencontré des problèmes d'accès et d'organisation des entretiens dans certaines zones, principalement en lien avec les défis logistiques et les questions de sécurité. Pour accomplir cela, nous avons fait appel à une équipe locale de collaborateurs, comprenant des étudiants en fin de maîtrise et de jeunes chercheurs dans les domaines des sciences sociales et humaines. Leur expertise détaillée du contexte et leur compétence en langues locales ont été importantes pour construire une relation de confiance avec les participants. En outre, les obstacles linguistiques et culturels ont requis l'assistance d'assistants de recherche bilingues, capables de passer du français au lingala, au kikongo, au swahili et au tshiluba. Pour surmonter les problèmes de confiance, nous avons décidé d'adopter une démarche non-intrusive, en précisant l'objectif de l'étude et en assurant la confidentialité des participants. La présence d'un groupe de recherche locale a également encouragé une atmosphère d'échanges plus ouverte et authentique.

Ce livre vise à scruter la profondeur et la complexité de l'interprétation des médias et de la culture, en orientant le lecteur à travers les diverses perspectives théoriques qui ont construit notre perception du public. Composé de neuf chapitres, ce travail décrit un parcours épistémologique qui passe d'une vision initiale du destinataire comme passif à celle d'un participant actif de co-créer la signification des messages.

Le premier chapitre de ce livre établit les fondements de la pensée en étudiant les impacts des médias et les premières hypothèses concernant leurs effets sur les individus et la collectivité. Le chapitre deux poursuit cette lignée en décrivant l'origine de la théorie de la réception, mettant en lumière l'évolution d'un public passif à un participant actif, apte à analyser et déconstruire les messages. S'inscrivant dans le cadre particulier de la RDC, le troisième chapitre fait appel à la sociologie de la réception médiatique pour esquisser un profil des audiences congolaises. Le chapitre quatre porte sur les Cultural Studies et leur impact au

Congo, illustrant comment cette perspective peut être utilisée pour examiner les usages des médias locaux. Le cinquième chapitre explore de manière détaillée l'esthétique de la réception, en mettant l'accent sur le rôle joué par le lecteur dans la co-construction du sens des œuvres littéraires dans le contexte congolais. Dans cette démarche d'exploration, le chapitre six examine les processus inconscients de la réception en se fondant sur la psychanalyse pour étudier la manière dont les Congolais redéfinissent les messages à travers leur relation aux médias. Le chapitre sept se concentre ensuite sur la sémiotique de la réception, un outil indispensable pour l'analyse des signes, en soulignant les apports des Ecoles de Constance, de Columbia et de Birmingham. Le chapitre huit traite de l'accueil médiatique 2.0, examinant comment les nouvelles technologies transforment les spectateurs passifs en participants actifs et connectés. Le chapitre neuf, le dernier, vient terminer l'œuvre en présentant des points de vue critiques tirés des théories féministes et postcoloniales. Il explore comment ces perspectives aident à comprendre la résistance et la réinterprétation dynamique des messages médiatiques par les groupes marginalisés.

Au fil de ces divers chapitres, le lecteur acquiert une connaissance profonde de la réception sous ses diverses formes, percevant l'audience non plus comme un simple réceptacle, mais comme un acteur vivant au centre des mécanismes de communication. Ce livre a aussi pour objectif d'encourager une conversation constructive sur les rôles et obligations des médias dans une société congolaise en recherche de changement et d'équité. Il s'adresse ainsi aux chercheurs, aux étudiants, aux professionnels des médias et aux décideurs politiques, les invitant à une réflexion critique et nuancée sur les défis actuels liés à la réception médiatique dans le cadre institutionnel de la RDC.

Chapitre premier
REGARD SUR LES EFFETS DES MÉDIAS

> « *La presse n'est peut-être pas très efficace pour dire aux gens quoi penser, mais elle est remarquablement efficace pour leur dire à quoi penser.* »
> *(Cohen, 1963 : 13)*

Le développement des théories des effets des médias de masse s'est fait de manière progressive, en trois grandes phases : les effets directs ou la toute-puissance des médias (1), les effets indirects ou limites (2) et le retour aux effets puissants (3). Ces théories, initialement élaborées dans un contexte occidental, notamment américain et européen, présentent des clés d'analyse pertinentes pour comprendre l'impact des médias.

I.1. Les effets directs ou la toute-puissance des médias (années 1920-1940)

Cette première phase est caractérisée par la conviction d'un pouvoir immense et direct des médias sur le public. Les médias de masse, comme la presse, la radio et le cinéma, sont perçus comme des outils de propagande capables de manipuler et de modeler les opinions et les comportements d'une population considérée comme une masse passive et vulnérable. L'historien des médias Daniel J. Boorstin décrit cette époque en ces termes : "On croyait que les médias de masse avaient une influence presque magique sur la conscience collective, capable de transformer des individus en une masse unique et obéissante" (Boorstin, 1962 : 3).

Cette perspective est renforcée par l'observation de l'utilisation des médias à des fins de propagande durant les deux guerres mondiales en Europe. C'est à cette époque que se développent des métaphores célèbres pour illustrer cette idée, comme la théorie de la seringue hypodermique ou du projectile magique. Cette théorie postule que les messages médiatiques sont injectés directement dans l'esprit du public, sans aucune résistance. L'origine de ce modèle est souvent associée à l'ouvrage de Harold Lasswell, *Propaganda technique in the world war*, publié en 1927. Dans cet ouvrage, il pose la question centrale qui va guider la recherche pour de nombreuses années : "Qui (Who) dit Quoi (What) à Qui (Whom) par Quel canal (Which channel) avec Quel effet (What effect) ?" (Lasswell, 1927 : 37). Malgré les critiques concernant son insuffisante considération du retour d'information et du contexte, ce modèle demeure un pilier important pour l'étude de la communication de masse.

Un autre livre indispensable de cette époque est l'œuvre de Walter Lippmann, intitulée *L'opinion publique* (1922). Il traite de l'élaboration des stéréotypes et de la formation de l'opinion publique, démontrant comment les interprétations des actualités par les médias peuvent influencer la perception de la réalité par les individus. Lippmann écrivait : "Le monde que nous devons affronter en dehors de notre vie personnelle n'est pas vu directement, mais est filtré par l'image que nous en formons. Cette image est, en grande partie, une construction mentale façonnée par les médias" (Lippmann, 1922 : 19).

L'idée de la "pseudo-réalité" créée par les médias est une contribution drastique à la compréhension de l'impact des médias sur la réception collective. Dans le contexte propre à la République Démocratique du Congo, cette théorie des effets directs trouve un écho dans l'histoire de la propagande et de la mobilisation politique. Lors de conflits ou de régimes autoritaires, les médias contrôlés par l'Etat ont fréquemment servi à véhiculer un message uniforme et à imposer une perception particulière des événements. Le recours à la radio, qui est accessible même dans les régions éloignées, a constitué un outil efficace pour diffuser des discours politiques ou des messages mobilisateurs. Cela a été particulièrement le cas durant les périodes de troubles ou lors de campagnes de sensibilisation portant sur divers enjeux de santé publique. Dans ces contextes, la théorie de la seringue hypodermique permet d'expliquer la tentative de diffusion de messages de manière uniforme, en espérant une acceptation passive de la part d'une population qui n'a pas toujours accès à des sources d'information alternatives. Pour illustrer cette réalité, un enquêté de Kinshasa, téléspectateur assidu depuis son jeune âge, partage son expérience :

> *« À l'époque, on croyait tout ce qu'on voyait à la télé. C'était la vérité absolue. Quand le journal annonçait une information, il n'y avait pas de place pour le doute. C'est comme si un grand sage parlait. Je me souviens d'une campagne de sensibilisation sur la propreté, on a vu un impact direct dans les quartiers... La télévision était la voix de l'autorité, une force capable de changer les comportements de masse de manière presque hypnotique ».*

Ce témoignage illustre de manière éloquente le concept de l'impact direct et la notion de public passif. L'analogie avec le "grand sage" renvoie à l'autorité symbolique que le média détenait, légitimant l'information et conduisant à une acceptation inconditionnelle du message, sans processus de décodage critique. Le changement de comportement immédiat ("tout le monde a suivi") conforte la théorie de la "balle magique".

I.2. Les effets indirects ou limites (années 1940-1970)

À partir des années 1940, la recherche empirique nuance l'idée d'un pouvoir absolu des médias. Des études, comme celle de Paul Lazarsfeld sur les élections présidentielles américaines de 1940, montrent que l'influence des médias n'est pas aussi directe et universelle qu'on le pensait. Cette recherche, conduite dans le comté d'Erie dans l'Ohio, met en évidence le rôle des leaders d'opinion. Ces personnes, plus attentives à la politique et plus exposées aux médias, reçoivent les messages et les retransmettent ensuite à leur entourage, produisant un mécanisme d'information à deux étages (*two-step flow of communication*). Lazarsfeld explique que « l'influence des médias de masse n'est pas directe, mais passe à travers le filtre des relations sociales et des leaders d'opinion qui jouent un rôle de médiateur » (Lazarsfeld, 1940 : 151). Un ancien journaliste de l'époque partage sa vision du rôle des médias :

> *« Notre rôle était de diffuser l'information, et on avait l'impression que le public était une toile blanche sur laquelle on pouvait dessiner. C'était une communication à sens unique, une sorte de 'top-down'. On pensait que notre rôle était de délivrer la 'bonne' information, et que le public l'absorberait telle quelle ».*

Le terme "toile blanche" est une métaphore puissante pour décrire l'absence de réception de résistance ou d'interprétation de la part du public. Ce récit corrobore la perspective de l'émetteur dans le modèle de Lasswell, où la communication est perçue comme un processus unidirectionnel et hiérarchique, sans prise en compte du rôle actif du récepteur.

I.3. Le retour aux effets puissants (depuis les années 1970)

La troisième phase, initiée après les années 1970, marque un retour à l'idée d'effets puissants des médias, mais dans un cadre théorique plus nuancé et sophistiqué. Pour reprendre les termes d'Elisabeth Noelle-Neumann, il s'agit « d'un retour à l'idée des effets puissants des médias, mais pas dans le sens d'un pouvoir direct et immédiat » (Noelle-Neumann, 1984 : 67). Plutôt que de s'intéresser aux effets directs et immédiats, les chercheurs se penchent sur des effets à plus long terme et plus subtils, agissant sur la construction des réalités sociales et sur l'agenda public.

Dans le domaine sportif également, l'impact des médias était considérable. Un reporter avait la capacité de construire ou d'anéantir la réputation d'un joueur par le biais d'un seul article. Le public croyait ce qu'on écrivait. On se sentait tout-puissant. On n'avait pas conscience que le public avait sa propre vision des matchs, sa propre ferveur. Nous croyons être les dominants du jeu, alors qu'en réalité, nous n'étions que des vecteurs de transmission.

Cette narration souligne l'utilisation de la théorie des effets directs dans un champ non politique. La croyance du journaliste en son pouvoir de "faire" ou "détruire" une réputation illustre le sentiment de toute-puissance médiatique qui dominait à l'époque. La reconnaissance tardive d'une "propre interprétation" de la part du public préfigure les théories ultérieures sur la réception active.

I.3.1. La théorie des deux étages de la communication

La théorie des deux étages de la communication, ou "*two-step flow of communication*", marque une rupture majeure avec les premières conceptions des effets médiatiques. Elle avance que l'impact des médias de masse n'est ni direct ni uniforme pour tous, mais qu'il est filtré par les interactions interpersonnelles et le rôle important de certains individus au sein des communautés. Cette méthode a radicalement transformé la façon dont les chercheurs envisagent le public, évoluant d'une masse passive à une collection d'individus reliés via les réseaux sociaux. Un habitant de Kinshasa partage son histoire sur l'influence de la télévision durant sa jeunesse :

> « *Enfant, j'étais fasciné par la télévision. Les héros des dessins animés, des séries... ils avaient une influence énorme sur la façon dont je voyais le monde. J'essayais de les imiter, de parler comme eux, de m'habiller comme eux. Les médias créaient des modèles de vie, des idéaux à suivre. Je ne me posais pas la question de savoir si ces modèles étaient adaptés à ma réalité congolaise. Je les prenais pour argent comptant.* »

Ces propos sont révélateurs du rôle de la télévision en tant qu'agent de socialisation au sein des jeunes générations. L'imitation des "héros" et l'adoption de comportements étrangers ("modèles de vie") démontrent une réception non critique, où le contenu médiatique est accepté comme une norme à suivre, sans être filtré par le contexte socio-culturel local.

Les origines de cette théorie

Cette théorie est née des travaux novateurs de Paul Lazarsfeld, Bernard Berelson et Hazel Gaudet, publiés en 1944 sous le titre *The people's choice: how the voter makes up his mind in a presidential campaign* (Columbia University Press, 1944). L'étude a été réalisée pendant la campagne présidentielle américaine de 1940, dans le comté d'Erie, situé dans l'Etat de l'Ohio. Les chercheurs avaient pour objectif d'apprécier l'influence de la propagande médiatique (presse écrite et radio) sur la décision des votants.

Les conclusions de cette recherche empirique ont chamboulé les croyances de l'époque. Plutôt que de fonctionner sur le principe d'une influence directe et forte des médias sur une « masse » d'individus passifs, souvent désignée comme la théorie de la seringue hypodermique, les experts ont découvert que l'impact des médias était en réalité restreint. Lazarsfeld et ses collègues ont observé que « les messages des médias de masse n'ont pas un impact direct et immédiat sur la majorité des individus, mais sont plutôt filtrés et interprétés par les leaders d'opinion au sein de leurs cercles sociaux » (Lazarsfeld et al., 1944:151). Ils ont constaté que la majorité des électeurs n'était pas directement convertie par les messages médiatiques, mais que leur opinion se formait et se renforçait principalement au travers de conversations avec leur entourage.

Lazarsfeld et ses collègues ont alors mis en évidence un processus de transmission de l'information en deux étapes :

- ✓ Les informations circulent des médias de masse vers les leaders d'opinion.
- ✓ Ces leaders d'opinion, par le biais de conversations informelles, relaient et interprètent ces informations pour les autres membres de leur groupe social.

Les leaders d'opinion sont des individus qui se distinguent par leur grande consommation de médias et leur forte implication dans leur communauté. Ils agissent comme des filtres et des relais, et leur rôle est de décoder les messages des médias pour les rendre compréhensibles à leur entourage. Lazarsfeld les décrit comme "des individus qui sont à la fois plus exposés aux médias et plus influents au sein de leurs groupes" (Lazarsfeld et *al.*, 1944 : 165). Leur influence est plus interpersonnelle que médiatique. Ils ne se contentent pas de transmettre passivement les messages, ils les légitiment, les renforcent et les adaptent au contexte social de leur auditoire.

L'étude de 1944 a notamment révélé que les médias avaient surtout un effet de renforcement sur les opinions préexistantes, plutôt qu'un effet de conversion. Ce constat a été un point de départ pour une réévaluation complète du rôle des médias dans la société. En 1955, Lazarsfeld et Elihu Katz approfondissent cette théorie dans leur ouvrage *Personal influence: The part played by people in the flow of mass communications* (Free Press, 1955). Ils confirment que l'influence personnelle est un facteur décisif. Cette étude a mis en lumière que les conversations interpersonnelles ne sont pas de simples "caisses de résonance", mais le lieu même où le sens des messages médiatiques est co-construit. Selon Katz et Lazarsfeld, « l'influence personnelle est un processus dynamique, une communication bidirectionnelle où l'influenceur et l'influencé s'engagent dans un échange » (Katz & Lazarsfeld, 1955: 137). Les leaders d'opinion participent activement à la construction du sens, transformant l'influence personnelle en un processus dynamique et non pas simplement unidirectionnel.

Avec son contexte socio-cultuel, la RDC représente un terrain d'application particulièrement approprié pour la théorie des deux niveaux. Dans un pays avec une faible alphabétisation, un accès restreint à la presse écrite et une population majoritairement rurale, les échanges oraux sont le principal moyen de transmission d'informations. Des leaders d'opinion cruciaux incluent des personnalités comme les dirigeants communautaires, les ministres catholiques, les pasteurs des églises évangéliques, les imams, les chefs traditionnels ou encore les responsables d'ONG. Ils ont généralement l'avantage d'être les premiers informés grâce à la radio, la télévision (souvent diffusée dans des endroits de rencontre), ou encore les plateformes numériques dans les grandes métropoles. Ils les analysent par la suite pour leur communauté, qui leur témoigne une grande confiance. Une portion de la population nourrit une méfiance à l'égard des médias d'Etat, fréquemment considérés comme des instruments de propagande du gouvernement en fonction. Dans ce cadre, le témoignage d'un leader d'opinion fiable, capable de confirmer ou de démentir une information, revêt une plus grande crédibilité et influence que la simple exposition médiatique.

Le succès des campagnes de santé publique (anti-paludisme, VIH/SIDA ou Covid-19) ou d'éducation civique repose fréquemment sur l'efficacité de la propagation des messages via ces influenceurs. L'information transmise par un membre respecté de la communauté aura plus d'impact qu'une simple publicité télévisée. Ainsi, la théorie des deux étages permet de comprendre pourquoi, même avec l'avènement des nouvelles technologies, l'influence des médias à l'intérieur des frontières congolaises reste intrinsèquement liée aux dynamiques sociales et aux réseaux interpersonnels.

I.3.2. La théorie des usages et gratifications

Ce courant de recherche, qui s'est développé parallèlement à la théorie des effets limités, a été popularisé par des chercheurs comme Elihu Katz, Jay Blumler et Michael Gurevitch. Il inverse la question traditionnelle de l'étude des médias en passant d'une approche centrée sur l'émetteur (Que font les médias au public ?) à une approche centrée sur le récepteur (Que fait le public des médias ?). Ce point de vue représente une rupture significative, car il confère une certaine autonomie au public. Selon Blumler et Katz, « la théorie des Usages et Gratifications repose sur l'idée que le public n'est pas un ensemble inerte, mais une collection d'individus qui sélectionnent délibérément les contenus médiatiques pour répondre à des exigences précises » (Blumler & Katz, 1974 : 19).

Ce point de vue envisage le public comme un participant engagé, logique et délibéré, exploitant les médias pour répondre à des nécessités précises. Le consommateur de médias n'est plus vu comme une victime passive, mais comme un individu qui choisit délibérément un contenu médiatique pour en retirer des gratifications. Les chercheurs ont identifié plusieurs motivations qui poussent les gens à s'exposer aux médias :

- ✓ Besoin d'information : pour s'informer, comprendre le monde et prendre des décisions. C'est l'un des usages les plus fondamentaux des médias, et il est particulièrement pertinent pour les journaux télévisés ou les émissions d'actualité.
- ✓ Nécessité d'identité personnelle : pour s'apprécier, s'associer à des individus ou des contextes, et consolider ses principes. C'est souvent pour cette raison que les gens regardent des émissions de télévision ou des programmes de téléréalité.
- ✓ Nécessité de loisirs : pour échapper, se relaxer et se divertir loin du quotidien. Cette fonction est assurée par des mediums tels que le cinéma, les jeux vidéo ou les émissions comiques.
- ✓ Nécessité de liens sociaux : pour disposer de thèmes de discussion avec autrui, se sentir intégré à la société et pallier un sentiment d'isolement. Des exemples parfaits de cette gratification incluent les réseaux sociaux et les plateformes de conversation en ligne.

Cette théorie met en évidence que le même matériel médiatique peut engendre des impacts variés selon les auditoires, étant donné que chaque personne l'analyse en fonction de ses nécessités et de sa situation personnelle. Une recherche effectuée par Elihu Katz concernant le feuilleton Dallas a démontré que des spectateurs de divers milieux socio-culturels percevaient la même émission de manière totalement divergente, attestant ainsi de l'influence de la position socio-culturelle sur l'interprétation des messages. Comme le rapportent Katz et ses alliés, "le sens que les téléspectateurs donnent aux messages des médias est le résultat d'une négociation active entre le contenu médiatique et leurs propres expériences et valeurs" (Katz, Blumler & Gurevitch, 1974:49).

Dans le contexte congolais, cette approche est particulièrement éclairante. Les Congolais, face à une diversité de médias et d'informations, ne consomment pas les médias de manière passive. Un auditeur radio en milieu rural peut suivre des programmes pour se renseigner sur le coût des produits alimentaires ou les décisions politiques locales, répondant ainsi à un besoin d'information concrète. Un jeune à Kinshasa peut se divertir en visionnant des clips musicaux, se sentant ainsi « tendance », tout en s'identifiant à des artistes et à des valeurs citadines. Le fait d'écouter des programmes religieux ou des émissions de discussion contribue à consolider les relations sociales et à fournir des thèmes de conversation au sein des églises ou des communautés. Cette approche aide à sortir de la simple analyse des messages pour s'intéresser aux raisons pour lesquelles les individus s'exposent à ces messages, ce qui est essentiel pour concevoir des campagnes de communication efficaces.

I.5. Retour aux effets puissants (à partir des années 1970)

Malgré l'influence de la théorie des effets limités, l'avènement de la télévision à partir des années 1970 a relancé le débat sur le pouvoir des médias. L'idée d'effets limités est contestée, mais dans un contexte théorique plus raffiné et nuancé. Les chercheurs se concentrent désormais moins sur les effets directs et instantanés, mais plutôt sur les conséquences à long terme, cumulatifs et insidieux, qui influencent la perception de la réalité et l'agenda politique. Elisabeth Noelle-Neumann décrit cette époque comme un « retour à la notion de l'influence significative des médias », soulignant que « les médias n'effectuent pas une conversion directe, mais possèdent un effet cumulatif et insidieux de persuasion qui façonne la réception de la réalité » (Noelle-Neumann, 1984 : 67).

I.5.1. La théorie de la cultivation

Développée par George Gerbner et son équipe à l'Université de Pennsylvanie, la théorie de la cultivation (ou de la culture) a été l'un des piliers de ce nouveau paradigme. Pendant plus de 25 ans, Gerbner a mené des recherches sur l'impact de la télévision sur la société américaine, en se concentrant sur la violence télévisuelle. Gerbner part d'un postulat simple mais puissant : "La télévision est la principale source de récits de la société moderne, et ceux qui la consomment le plus sont le plus susceptibles d'adopter les visions du monde qu'elle présente" (Gerbner et al., 1976 : 19).

Gerbner postule que l'exposition prolongée et répétée à la télévision façonne progressivement la perception du monde réel chez les téléspectateurs. La télévision, qu'il considère comme la principale "source de récits" de la société moderne, ne reflète pas la réalité, elle la cultive. Il a distingué les téléspectateurs en deux catégories :

- Les "heavy viewers" : ceux qui regardent la télévision plus de quatre heures par jour.
- Les "light viewers" : ceux qui regardent la télévision moins de deux heures par jour.

Ses études ont révélé que les « heavy viewers » percevaient le monde comme plus violent et dangereux que les « light viewers », un phénomène qu'il a désigné sous le terme du « syndrome du grand méchant monde » (Mean Word Syndrome). Gerbner a observé que les téléspectateurs assidus avaient tendance à percevoir le monde comme un lieu dangereux et menaçant, et ils avaient une vision exagérée de la fréquence des crimes et de la violence. Il aborde ce thème en ces termes : « La culture ne génère pas d'effets spectaculaires à court terme, mais plutôt une diffusion progressive d'une perspective du monde qui s'aligne sur celle de la télévision » (Gerbner et al., n° 11", 1976 :182).

Selon lui, la télévision, en diffusant des images de violence et d'insécurité, inculque à long terme un sentiment de peur et de vulnérabilité, même si la violence réelle n'est pas en augmentation. La théorie de Gerbner s'appuie sur trois caractéristiques de la télévision : son ubiquité (sa présence dans presque tous les foyers), son homogénéité des messages (tous les médias télévisuels tendent à converger sur les mêmes sujets) et sa répétitivité.

La présence omniprésente de la télévision peut influencer considérablement la perception de la réalité chez les spectateurs congolais. L'émission quasi quotidienne de reportages concernant les troubles armés dans l'Est du pays, la délinquance urbaine ou les désastres naturels peut potentiellement engendrer un ressenti d'angoisse généralisée, même chez ceux résidant dans des régions plutôt paisibles. La découverte de productions étrangères (séries, films, télénovelas) peut dévoiler et établir des schémas de consommation, des principes qui ne reflètent pas nécessairement la réalité sociale du Congo. Cela peut parfois générer un décalage entre les espoirs alimentés par la télévision et les réalités concrètes.

Ce processus de culture rend les jeunes particulièrement susceptibles. Une exposition prolongée à la télévision peut façonner leur perception du monde, de la violence, des interactions sociales et de l'autorité. Selon Gerbner, « la télévision s'est imposée comme l'instrument de socialisation le plus puissant, dépassant fréquemment la famille, l'école et l'église » (gerbner, 1976 : 556). Cette théorie est cruciale pour saisir les impacts sur le long terme et les modifications subtiles de l'état d'esprit qui peuvent être liées à la consommation des médias. Un enquêté de Goma réagit, en décrivant l'impact qu'a eu la télévision par satellite sur sa perception de la sécurité :

> « *Je ne regardais pas beaucoup la télévision. On se contentait des informations de la radio locale. Mais quand j'allais chez mon voisin qui avait la télévision par satellite, je voyais des images de violence, de guerre et de désastres partout dans le monde. J'avais l'impression que le monde était un endroit terrible et que c'était très dangereux de vivre.* »

Ce discours illustre le syndrome du grand méchant monde. Bien que cet enquêté ne soit pas un "heavy viewer", son exposition à des images de violence médiatisée, même de façon ponctuelle, a suffi à façonner sa perception de la réalité, créant un sentiment d'insécurité et de peur généralisée. Ce phénomène montre comment la surreprésentation de la violence dans les médias peut avoir des effets psychologiques à long terme sur les téléspectateurs.

Le syndrome du grand méchant monde

La théorie de la cultivation, développée par George Gerbner dans les années 1960, a marqué un tournant dans la recherche sur les effets des médias en se concentrant sur les effets à long terme de l'exposition télévisuelle. Gerbner et son équipe de l'Annenberg School for Communication n'étaient pas principalement intéressés par les liens entre la violence médiatique et l'agressivité comportementale, une préoccupation majeure à l'époque. Ils s'inquiétaient plutôt de la manière dont une exposition prolongée et répétée à la télévision façonnait la perception du monde réel chez les téléspectateurs. Gerbner a affirmé que « l'influence de la télévision ne se limite pas à ce qu'elle nous apprend, mais s'étend à la manière dont elle nous montre le monde » (Gerbner & Gross, 1976: 176).

Leurs recherches ont mis en évidence un phénomène qu'ils ont appelé le "Syndrome du grand méchant monde" (*Mean world syndrome*). Ce terme fait référence à la propension des téléspectateurs assidus, ou « heavy viewers », à considérer le monde comme étant plus dangereux, violent et égoïste qu'il ne l'est en réalité. Ces personnes ont tendance à exagérer les taux de criminalité, la probabilité d'être touchées par un acte criminel et affichent une méfiance généralisée envers autrui (1976 :185). En revanche, les « light viewers » (ceux qui regardent la télévision moins de deux heures par jours) voient le monde de manière plus confiante et moins hostile.

La recherche de Gerbner a mis en évidence une relation importante entre le volume de télévision regardé et la sensation de peur et d'insécurité. Selon lui, la télévision ne se limite pas à être un miroir de la culture ; elle joue un rôle actif dans sa cultivation en forgeant un consensus autour de « faits » qui ont en fait des créations médiatiques. Gerbner (1976 :182) a observé que « la télévision, en tant que moyen de narration, nous offre un contexte pour appréhender le monde qui nous entoure ». Ce contexte, fréquemment influencé par une représentation excessive de la violence et du conflit, finit par se transformer en notre réalité.

Dans le contexte congolais, les citoyens sont régulièrement confrontés à des émissions télévisées traitant des conflits armés dans l'Est, de la délinquance urbaine à Kinshasa ou encore des affaires de corruption. Même se ces faits sont authentiques, leur couverture médiatique peut être tellement omniprésente et répétée qu'elle engendre une sensation de crainte et d'impuissance qui ne reflète pas forcément la vie courante de la plupart des habitants. Ainsi, le « heavy viewer » congolais pourrait nourrir une suspicion grandissante à l'égard des institutions et de ses concitoyens, tout en ayant la sensation d'être constamment exposé à la violence et au désordre, même s'il réside dans un endroit tranquille. Le syndrome du grand méchant du monde est donc un outil théorique fort pour examiner comment l'image médiatique de la violence peut modeler la psychologie collective et l'appréciation du danger, bien au-delà des faits objectifs. Un enquêté retraité de Lubumbashi illustre cette prise de conscience :

> « Je ne regarde plus le journal télévisé. J'ai l'impression que c'est toujours la même chose : les guerres, la criminalité, la misère. Quand on écoute la radio, on dirait que le pays est un enfer. Pourtant, dans mon quartier, on vit en paix, les gens se saluent, on s'entraide. Je me demande si les journalistes ne nous montrent pas une version du monde qui n'est pas la vraie. »

Ce témoignage illustre une prise de conscience du syndrome du grand méchant monde. En comparant son expérience personnelle (la tranquillité de son quartier) à la réalité construite par les médias (un pays en "enfer"), cet enquêté remet en question la légitimité de l'agenda médiatique. Il exprime directement le décalage entre la réalité vécue et la réalité cultivée par la télévision, montrant que les médias, par leur focus sur la violence, peuvent instiller un sentiment d'insécurité qui ne correspond pas à la réalité quotidienne des individus.

I.5.2. La théorie de la spirale du silence

Développée par Elisabeth Noelle-Neumann dans les années 1970, cette théorie se fonde sur l'idée que les individus ont une peur innée de l'isolement social. Ils surveillent constamment leur environnement pour évaluer l'opinion dominante et adaptent leur comportement en conséquence. Ce "sens quasi-statistique" dont parle Noelle-Neumann est un mécanisme psychologique qui nous permet de percevoir le "climat d'opinion", et il est vital pour notre survie sociale. Dans son livre de référence, The spiral of silence : public opinion-our social skin (1984 :67), elle affirme : « la crainte de l'isolement social est le facteur le plus fort dans la création de l'opinion publique ». Cette crainte ne se limite pas à une anxiété ordinaire, elle est plutôt une force intrinsèque qui nous incite à nous conformer, ou du moins à ne pas s'opposer frontalement, à ce que nous considérons comme la pensée dominante.

D'après Noelle-Neumann, la spirale du silence est un mécanisme psychologique et social où les personnes qui considèrent que leur point de vue est minoritaire préfèrent se taire, par crainte d'être mises à l'écart. En se concentrant sur des thèmes spécifiques ou en accordant une importance considérable à certaines perspectives, les médias de masse peuvent donner l'impression d'une opinion dominante, alors même qu'elle ne reflète pas fidèlement la réalité. Cela incite les porteurs d'opinions minoritaires à se retenir, accentuant l'impression d'unité et étouffant les voix dissidentes. L'absence de réaction de la part de la minorité est donc perçue comme un indicateur de sa faiblesse, contribuant ainsi à l'escalade. Noelle-Neumann note : "plus l'opinion dominante est perçue comme forte et majoritaire, plus la minorité a tendance à se taire, et plus la spirale se renforce" (1984 : 159).

En RDC, les médias d'État ou les médias proches du pouvoir peuvent avoir tendance à relayer et à amplifier le discours officiel. En présentant ce discours comme l'opinion majoritaire, ils peuvent créer un climat d'opinion qui décourage la critique et la dissidence. Les citoyens ayant des opinions divergentes, par crainte de représailles ou d'exclusion sociale, peuvent décider de garder le silence. Ce phénomène est particulièrement perceptible lors des cycles électoraux, lorsque les médias tendent à privilégier de manière disproportionnée le candidat au pouvoir, créant ainsi l'illusion que son succès est assuré et dissuadant du même coup l'opposition de s'engager politiquement.

Dans les discussions politiques ou sociales, les médias ont tendance à favoriser des points de vue radicaux, créant l'illusion qu'il n'a pas d'opinions plus modérées. Cela conduit les individus aux points de vue nuancés à se retirer dans le silence, ce qui laisse la voie libre aux voix les plus puissantes. Noelle-Neumann évoque un « double climat d'opinion », où les points d vue véhiculés par les médias ne reflètent pas forcément ceux des individus en privé, mais finissent par avoir un impact sur ces derniers. Elle met en relief que « le fossé entre l'opinion exposée dans les médias et l'opinion véritable est la genèse de la spirale du silence » (1984 :167).

À l'ère des médias numériques, la spirale du silence s'étend également aux réseaux sociaux. La peur des "trolls[1]" ou des réactions négatives peut pousser les utilisateurs à ne pas exprimer leurs opinions, surtout si elles divergent du consensus apparent. Ce phénomène est d'autant plus pertinent que la RDC connaît une croissance rapide de l'accès à internet et aux plateformes sociales, où les enjeux de réputation et d'appartenance sont forts. L'absence de « likes » ou de « partage » peut être considérée comme un indicateur de désapprobation sociale, incitant ainsi les personnes à s'autocensurer. Ces théories démontrent l'indissociabilité de l'influence des médias et mettent en évidence que les impacts des médias ne sont jamais autonomes, mais s'intègrent dans un écosystème de relations entre individus, de mouvements sociaux et de contextes culturels particuliers.

---

[1] Un troll est un individu qui publie des messages intentionnellement provocateurs, offensants ou hors de sujet sur des forums, des réseaux sociaux ou dans les commentaires d'articles. Son but est de créer des polémiques, de perturber la discussion et de provoquer des réactions émotives chez les autres utilisateurs. L'activité de ces personnes est appelée le "trolling"

I.5.3. La théorie de l'agenda-setting

La théorie de l'agenda-setting est une autre théorie majeure qui a contribué au retour des effets puissants des médias dans les années 1970. Son postulat central est que les médias ne disent pas aux gens quoi penser, mais plutôt à quoi penser. En d'autres termes, les médias, par leur sélection, leur hiérarchisation et leur mise en avant de certains sujets, influencent de manière significative la hiérarchie des préoccupations publiques. Cette capacité des médias à structurer l'attention du public est l'un des effets les plus insidieux et les plus puissants qu'ils exercent sur la société. Walter Lippmann, bien avant la formalisation de cette théorie, avait déjà pressenti ce pouvoir des médias à "construire des images dans nos têtes" (Lippmann, 1922 :3). Une étudiante de Kinshasa témoigne de ce phénomène :

> « *Les plateformes d'information en ligne parlent souvent de politique et des problèmes économiques du pays. Récemment, elles ont beaucoup mis en avant le problème de l'insécurité alimentaire. Avant, je n'y pensais pas vraiment. Mais en voyant des articles, des vidéos, des reportages tous les jours sur ce sujet, j'ai commencé à me dire que c'était un problème grave. J'en parle souvent avec mes amis maintenant, alors que ce n'était pas une de nos préoccupations principales avant.* »

Cet extrait illustre parfaitement le premier niveau de l'agenda-setting. Le sujet prioritaire des médias (la mise en lumière de l'insécurité alimentaire) a eu un impact direct sur les préoccupations du public (cette personne et ses connaissances ont commencé à percevoir ce thème comme important et en discutent). La récurrence et l'accent mis sur cette question par les médias numériques ont fait de cette préoccupation un sujet « saillant » dans l'esprit du public, malgré le fait qu'elle n'ait pas été une priorité au départ. Ce témoignage illustre la compétence des médias à influencer non seulement l'opinion des gens sur un sujet, mais aussi la valeur qu'ils lui attribuent.

I.5.3.1. Les origines de l'*agenda-setting*

Le concept de l'*agenda-setting* a été formulé avec rigueur scientifique par Maxwell McCombs et Donald Shaw à la suite de leur étude pionnière menée en 1968 à Chapel Hill, en Caroline du Nord. Pour la première fois, ils ont utilisé des données empiriques pour démontrer que les médias de masse influencent les priorités du public. L'idée, cependant, n'était pas entièrement nouvelle. Le politologue Bernard Cohen avait déjà observé en 1963 que « la presse ne réussit pas toujours à dire aux gens ce qu'il faut penser, mais réussit remarquablement à dire à ses lecteurs à quoi penser » (Cohen, 1963 :13). Cette citation est souvent considérée comme le précurseur direct de la théorie de l'agenda-setting.

L'étude de McCombs et Shaw s'est déroulée pendant la campagne présidentielle américaine de 1968, opposant Hubert Humphrey à Richard Nixon. Les chercheurs ont analysé la couverture médiatique de la campagne afin de repérer les sujets clés mis en lumière par les médias imprimés et audiovisuels. Pour déterminer la pertinence d'un sujet, ils ont considéré plusieurs éléments comme le temps de diffusion, l'ampleur des titres, la position dans le quotidien et la régularité des citations. Ils ont adopté une approche novatrice : ils ont rigoureusement codifié le contenu des journaux et des émissions de télévision afin d'évaluer la prééminence de différents thèmes (comme la politique étrangère, l'économie, le droit et l'ordre public).

De même, ils ont questionné un groupe d'électeurs indécis sur les enjeux nationaux qu'ils jugeaient prioritaires. McCombs et Shaw ont constaté une forte corrélation en confrontant l'agenda des médias (les thèmes prioritaires selon la presse) avec l'agenda du public (les préoccupations majeures des votants). Les thématiques les plus souvent traitées par la presse figuraient aussi parmi celles que les votants estimaient prioritaires. Cette étude a permis de distinguer trois types d'agendas qui interagissent :

- ✓ L'agenda des médias : la liste des sujets mis en avant par les médias, reflétant ce que les journalistes et les éditeurs jugent digne d'intérêt et d'attention. C'est le "quoi" de la couverture médiatique.
- ✓ L'agenda du public : les thèmes que le public considère comme importants, c'est-à-dire les préoccupations qui dominent l'esprit des citoyens et qu'ils estiment prioritaires pour la société.
- ✓ L'agenda politique : les sujets que les politiciens incorporent à leurs discours et programmes, généralement en réaction aux contraintes de l'opinion publique et à la couverture médiatique.

La théorie repose sur l'idée fondamentale que le programme des médias a une incidence directe sur le programme du public, et par conséquent, sur l'agenda politique. Selon McCombs et Shaw, « les médias de masse établissent l'agenda pour la réflexion publique » (McCombs & Shaw, 1972 :182). Cela signifie que la visibilité accordée à un sujet par les médias ne se contente pas d'informer le public sur son existence, mais lui signale également son importance relative par rapport à d'autres sujets.

I.5.3.2. Les niveaux de l'agenda-setting

Au fil des recherches, la théorie de l'agenda-setting s'est affinée et a été divisée en plusieurs niveaux pour mieux comprendre la variété de son influence :

- ✓ Premier niveau de l'agenda-setting (*Salience of objects*) : C'est le niveau original de la théorie, où les médias déterminent à quoi penser. Il s'agit de la capacité des médias à rendre certains sujets plus saillants que d'autres dans l'esprit du public. Par exemple, si les médias couvrent intensivement la question de la sécurité routière, le public commencera à la considérer comme un problème national majeur.
- ✓ Deuxième niveau de l'agenda-setting (*Salience of attributes* ou *framing*) : Ce niveau va au-delà du simple "quoi penser" pour s'intéresser au "comment penser" à un sujet. Il examine la manière dont les médias attribuent des caractéristiques spécifiques aux sujets, influençant ainsi la réception du public. C'est ici que le concept de cadrage (*framing*) entre en jeu, car il ne s'agit plus seulement de choisir les sujets, mais aussi de la manière dont ils sont présentés. McCombs et Shaw ont précisé que « l'agenda-setting opère non seulement en disant aux gens quels sujets sont importants, mais aussi en leur disant quels attributs de ces sujets sont importants » (McCombs & Shaw, 1993 : 62).
- ✓ Troisième niveau de la formation de l'agenda-setting : Agenda-Melding. Récemment, une troisième dimension a été suggérée, centrée sur la façon dont les personnes incorporent les agendas médiatiques à leurs propres programmes personnels et sociaux. Ce degré souligne l'importance des communautés et des groupes sociaux dans la construction de l'agenda personnel, admettant que les personnes ne sont pas seulement des destinataires passifs des programmes médiatiques, mais qu'elles les trient et les fusionnent avec leurs propres vécus et échanges sociaux.

I.5.3.3. Le concep "framing"(cadrage)

Au-delà de la simple hiérarchisation des sujets, les chercheurs ont par la suite affiné la théorie en introduisant le concept de "framing" (cadrage). Le *framing* ne concerne pas seulement le choix des sujets, mais aussi la manière dont ils sont présentés. Les médias, en se concentrant sur certains aspects d'une question tout en en omettant d'autres, peuvent influencer non seulement ce que le public pense, mais aussi comment il pense à un sujet. La sélection de termes, d'illustrations, de métaphores, d'exemples et de références à un effet notable sur la manière dont les individus perçoivent et réagissent à une problématique spécifique. Robert Entman, un grand théoricien du framing, le décrit comme « le processus de mise en avant de certains éléments d'une réalité perçue dans un message communicatif, afin de favoriser une définition spécifique du problème, une interprétation causale, une appréciation morale et/ ou une suggestion de solution » (Entaman, 1993 :52).

Un conflit peut être appréhendé d'une perspective « sécuritaire » (qui souligne les violences, les opérations militaires, les pertes en vies humaines et l'impératif d'une intervention militaire) ou d'un point de vue « humanitaire » (qui se concentre sur la détresse des civils, les déplacements forcés, le besoin d'assistance et l'effort pour trouver des solutions pacifiques). La façon dont le problème et les solutions sont présentés au public est affectée par la sélection du cadre utilisé. Un cadrage sécuritaire pourrait inciter le public à soutenir des interventions militaires, tandis qu'un cadrage humanitaire pourrait favoriser l'aide internationale et la diplomatie. Le *framing* est un processus qui opère à plusieurs niveaux :

- Cadrage des médias (*media frames*) : La manière dont les journalistes et les rédactions construisent et présentent les informations. Cela inclut le choix des mots, des images, des angles d'approche, et des sources citées.
- Cadrage des individus (individual frames) : La façon dont les personnes analysent et interprètent les informations qu'elles reçoivent, selon leurs expériences personnelles, leurs valeurs et leurs convictions.

Il est important de comprendre l'interaction entre ces deux formes de cadrage. Les structures médiatiques peuvent déclencher ou intensifier des schémas préexistants chez les personnes, ou en générer de nouveaux. Si les médias présentent invariablement la question de l'immigration comme un enjeu de « sécurité nationale », cela peut inciter le public à voir la situation sous ce même angle, malgré le fait que d'autres dimensions (économiques, sociales, culturelles) soient négligées.

I.5.3.4. L'agenda-setting et le framing dans le contexte congolais

Les médias congolais, qu'ils soient publics ou privés, jouent un rôle déterminant dans la mise à l'agenda de certaines problématiques, telles que les conflits dans l'Est du pays, la corruption, l'inflation ou les élections. La couverture médiatique intensive d'un sujet (par exemple, une épidémie comme Ebola ou le Covid-19, ou un conflit armé persistant) peut amener le public à le percevoir comme la priorité absolue, influençant par conséquent les attentes envers le gouvernement. Si une proportion importante du temps de diffusion des chaînes de télévision et des radios nationales est dédiée aux initiatives gouvernementales pour combattre une épidémie, le public sera davantage susceptible de percevoir cette problématique comme la plus pressante et d'apprécier l'efficacité du gouvernement sur ce critère.

Durant une crise politique, les médias liés au pouvoir peuvent tenter de se concentrer sur des sujets qui leur sont favorables (tels que les succès du gouvernement, les projets d'infrastructure ou encore les initiatives de développement) tout en réduisant la visibilité d'évènements moins flatteurs (comme les manifestations de l'opposition, les scandales de corruption ou encore les problèmes sociaux). Cela peut aider à façonner un agenda public qui renforce le pouvoir en place et détourne l'attention des questions sensibles. Un média d'État pourrait choisir de cadrer une manifestation de l'opposition comme un acte de "désordre public" ou de "vandalisme", en se concentrant sur les incidents isolés plutôt que sur les revendications des manifestants. Ce cadrage négatif vise à délégitimer le mouvement et à influencer la réception du public.

Au Congo-Kinshasa, l'interprétation des événements peut également être fortement modelée par l'agenda des médias mondiaux. Un thème largement médiatisé par les médias étrangers (un rapport d'ONG sur les droits humains, une crise humanitaire ou une découverte de ressources naturelles ou de fosses communes) peut se transformer en préoccupation majeure pour la population congolaise, contraignant parfois le gouvernement à réagir publiquement. Cela souligne le caractère international de l'agenda-setting à l'époque de la mondialisation de l'information. Les médias internationaux, par leur choix de sujets et leur cadrage, peuvent exercer une pression indirecte sur les agendas nationaux et les débats publics. Un taximan explique comment la couverture médiatique de la violence à l'Est influence sa perception des priorités nationales :

> *« Chaque fois que les médias parlent de l'insécurité à l'Est, j'ai l'impression que la guerre est à nos portes, même si Kinshasa est loin de cette zone. On voit des images de milices, de déplacés... Je me dis que le gouvernement devrait tout faire pour résoudre ce problème. Pour moi, c'est la priorité numéro un du pays. »*

Ce témoignage illustre le premier niveau de l'agenda-setting dans le contexte congolais. L'omniprésence du thème de l'insécurité dans les médias, par la répétition des images et des reportages, a élevé ce sujet au rang de préoccupation majeure pour cet enquêté. Ce phénomène montre que la mise en avant médiatique peut rendre une problématique lointaine et abstraite beaucoup plus concrète et urgente dans l'esprit du public, influençant ainsi sa perception des priorités nationales. Parlant du cadrage d'une actualité locale, une enseignante de Kinshasa argue :

> « *J'ai vu un reportage sur la construction d'un nouveau pont à Kinshasa. Les journalistes insistaient sur le fait que le pont allait résoudre tous les problèmes de trafic dans la ville et qu'il était un symbole de développement et de modernité. Le cadrage était tellement positif que j'ai fini par oublier les autres problèmes de la ville, comme l'accès à l'eau potable ou la gestion des déchets.* »

Cet extrait d'entretien est un exemple du deuxième niveau de l'agenda-setting ou du *framing*. Le reportage n'a pas seulement mis le pont à l'agenda (premier niveau), mais l'a cadré de manière positive, en utilisant des mots comme "développement" et "modernité". Ce cadrage a influencé la réception de cette enquêtée, qui a donné une importance démesurée à cet événement et a minimisé les autres problématiques. Il montre comment un cadrage médiatique peut guider l'attention du public et son jugement sur un sujet.

I.5.3.5. Implications et défis de l'agenda-setting et du framing sous l'angle congolais

L'application de la théorie de l'agenda-setting et du *framing* en milieu congolais révèle plusieurs implications et défis. D'une part, elle souligne le pouvoir des médias, même dans un contexte où l'accès à l'information est inégal. Les médias, en particulier la radio, restent des sources d'information primordiales pour une grande partie de la population, et leur capacité à définir les priorités est indéniable. D'autre part, elle met en lumière la nécessité d'une pluralité et d'une diversité des médias pour garantir un débat public sain et informé. Lorsque l'agenda médiatique est dominé par un seul type de voix ou de cadrage, le risque de manipulation de l'opinion publique est élevé. Les défis incluent alors:

- La polarisation de l'information : Dans un environnement médiatique fragmenté, où les médias peuvent être alignés sur des intérêts politiques ou

économiques, le public peut être exposé à des agendas et des cadrages très différents, conduisant à une polarisation des réceptions et des opinions.
- Le rôle des réseaux sociaux : Même si les médias sociaux peuvent proposer des espaces alternatifs pour le partage d'informations, ils ont également le potentiel de renforcer certains agendas et perspectives par le biais de bulles filtrantes et de chambres résonnantes, où les utilisateurs sont majoritairement confrontés à des informations qui corroborent leurs convictions personnelles. L'information, qu'elle soit véridique ou erronée, peut vite se retrouver à l'ordre du jour public sans une analyse critique adéquate, en raison de sa capacité à se propager rapidement.
- La désinformation et la mésinformation : Le pouvoir des entités malintentionnées à produire et à propager de fausses données ou des histoires fallacieuses, généralement avec un angle précis, constitue un obstacle significatif à l'établissement d'un agenda public fondé sur des vérités.

La théorie de l'agenda-setting, approfondie par l'idée du cadrage, démontre que les médias ne se contentent pas de refléter la réalité. Ces intervenants jouent un rôle crucial dans la formation de notre vision du monde en nous indiquant, de façon discrète mais significative, les éléments sur lesquels il convient de se concentrer et la manière d'y parvenir. Il s'agit de l'une des théories les plus robustes pour appréhender le rôle des médias dans les sociétés contemporaines, cadre d'analyse essentiel pour décoder les dynamiques de l'information et de la perception publique en République Démocratique du Congo. Il est primordial pour les citoyens, les journalistes et les responsables politiques de comprendre ces processus afin de naviguer à travers médiatique de plus en plus diversifié et de promouvoir une information plus équilibrée et démocratique. Un ex-fonctionnaire fait une comparaison entre le paysage médiatique du passé et celui que nous connaissons actuellement :

> *« Quand j'étais jeune, c'était la radio qui dominait. On écoutait l'actualité ensemble, en famille ou avec les voisins. On en discutait, on comparait les versions, et on arrivait à se faire une opinion commune. Aujourd'hui, avec toutes ces chaînes de télévision et les téléphones, on est seul. Mon voisin regarde une chaîne qui ne montre que le gouvernement, et moi une autre qui ne montre que l'opposition. On ne se parle plus des mêmes choses. C'est comme si on vivait dans deux pays différents. »*

Ce récit illustre les défis de la polarisation de l'information et de la fragmentation médiatique. Autrefois, l'accès à une source d'information commune permettait de former un agenda public partagé et de débattre collectivement. Aujourd'hui, l'abondance de sources médiatiques, souvent alignées sur des positions antagonistes, crée des "bulles de filtre" médiatiques. Cet enquêté et son voisin sont exposés à des agendas et des cadrages différents, ce qui les empêche de partager une réalité commune et mène à une fracture sociale et à un dialogue de sourds. Une créatrice de contenu en ligne apporte un éclairage sur le rôle des réseaux sociaux :

> « *Récemment, j'ai vu une vidéo sur TikTok qui parlait d'un complot pour distribuer de la fausse monnaie. La vidéo est devenue virale en quelques heures. Des milliers de personnes l'ont partagée, commentée, et ça déclenché une vague de panique dans la ville. L'information était fausse, mais le simple fait qu'elle ait été partagée massivement a fait que tout le monde en parlait et la prenait au sérieux.* »

Ce discours est un exemple courant de l'influence des réseaux sociaux sur la formation de l'agenda public. Il met en évidence la puissance de la viralité dans l'imposition d'un sujet à l'agenda public, même si celui-ci est basé sur de la désinformation. L'effet d'« écho » et les « bulles de filtre » sur les plateformes sociales peuvent créer une illusion de véracité autour d'informations non confirmées, démontrant que le processus de fixation de l'agenda peut se produire de façon décentralisée, accélérée et périlleuse.

Pour conclure, ce chapitre a démontré que la perception de l'influence des médias a considérablement évolué au cours du temps. Nous avons évolué de la conception d'une audience passive, influencée par la théorie de la seringue hypodermique, vers une perception plus sophistiquée où les individus sont des participants actifs qui trient les messages et les exploitent pour répondre à leurs propres exigences, comme l'illustre la théorie des usages et gratifications. La théorie des deux étages de la communication a également mis en relief l'importance des leaders d'opinion et des interactions interpersonnelles, démontrant que les médias ne fonctionnent pas en isolation, mais que leur impact est modulé par les dynamiques sociales. Ces théories, qui ont contesté l'autorité incontestée des médias, nous ont aidés à saisir de manière plus précise comment les messages sont accueillis, déchiffrés et diffusés au sein des communautés.

Bien que ces théories premières soient aujourd'hui obsolètes, elles nous rappellent combien il est crucial de remettre en question l'impact des médias, même si nous refusons leur perspective déterministe. Elles ont pavé la voie vers des méthodes plus subtiles et plus élaborées. C'est grâce à l'identification des limites de ces modèles initiaux que la recherche en communication a progressé pour une meilleure compréhension du public. Cette progression nous conduit directement au centre de notre pensée : l'émergence de la théorie de la réception. Le prochain segment se concentrera sur ce sujet, illustrant comment le public a évolué de sa position de simple cible à celle d'un acteur central. Nous allons examiner l'origine de ce tournant épistémologique qui a transformé radicalement la discipline.

Chapitre deuxieme

DE L'ÉMETTEUR AU RÉCEPTEUR ACTIF : GENÈSE DE LA THÉORIE DE LA RÉCEPTION

> *"Le public n'est pas seulement le destinataire d'un message ; il en est le co-créateur, son interprétation étant le moment où le sens se fixe véritablement"* (Stuart Hall, 1980 : 136).

La théorie de la réception fait partie d'un mouvement plus large des études culturelles et des sciences de la communication. Son origine remonte aux critiques à l'égard des modèles de communication linéaires, qui définissaient le destinataire comme une simple « cible » des messages, et a vu le jour dans les années 1970-1980 avec des travaux importants tels que ceux de Stuart Hall, qui introduira la notion de « codage/décodage » (Hall, 1980 : 90).

Historiquement, l'étude de la réception médiatique a évolué d'une conception simpliste du public comme récepteur passif d'un message, vers une reconnaissance de son rôle actif et interprétatif. Cette transformation a marqué un tournant dans les sciences de la communication, déplaçant l'attention de ce que l'émetteur dit vers la manière dont le public donne du sens aux contenus.

II.1. Hans Robert Jauss et la perspective de l'avenir

Hans Robert Jauss est l'un des principaux théoriciens de la réception. Pour lui, « chaque lecteur ou spectateur possède un « horizon d'attente », c'est-à-dire un ensemble d'attentes, de références culturelles et de connaissances qui influencent sa réception du texte. L'œuvre peut donc confirmer ou déjouer ces attentes, ce qui peut modifier l'expérience du destinataire » (Jauss, 1978 : 20).

Avant l'émergence de cette théorie, l'analyse des médias se concentrait sur leur impact direct sur les personnes, à travers des approches telles que la théorie des effets. Durant cette période, le discours prédominant tournait autour de l'impact des médias sur les individus. L'apparition de la réception coïncide avec l'essor des médias de masse, tels que la télévision et la radio, qui ont révolutionné la façon dont les gens obtiennent l'information. Les chercheurs ont rapidement démontré que le public ne reste pas inactif face à la production médiatique. Chaque personne perçoit un message en fonction de son contexte culturel, de ses croyances, de son instruction et de ses expériences personnelles. Cette méthode a évolué avec le temps pour intégrer l'impact des technologies récentes (Internet, réseaux sociaux, etc.), qui ont radicalement changé la manière dont les audiences perçoivent et consomment les contenus médiatiques. A ce jour, les médias numériques ont instauré des pratiques interactives qui transforment le destinataire en non seulement un producteur de contenu, mais également et avant tout un distributeur de conetnu. Un téléspectateur congolais témoigne de ce changement :

> *"Avec l'arrivée des chaînes privées et des réseaux sociaux, on a commencé à comprendre que ce que la RTNC (Radio-Télévision Nationale Congolaise) disait n'était pas la seule vérité. On a pu comparer. Le même fait divers était raconté différemment selon la chaîne, avec un angle différent. On a appris à faire le tri, à croiser les sources. On n'est plus des 'éponges', on est des 'filtres'."*

La prise de parole de ce téléspectateur renforce l'idée que le public ne se contente plus d'absorber l'information. Son expérience illustre la transition d'un modèle de consommation médiatique passif à un modèle actif, où le récepteur se dote d'un rôle critique et de vérification. Cette transformation du rôle du public est également perceptible sur le web. Selon un internaute de Kinshasa :

> « *C'est sur internet que j'ai vraiment compris le concept de la réception active. Un même article de journal peut générer des milliers de commentaires différents. Les gens se disputent, s'expliquent, se moquent. L'information n'est plus un message qui est donné, c'est un point de départ pour une discussion. On ne consomme pas l'information, on la digère, on la mastique, on la recrache sous une autre forme* ».

Ce point de vue corrobore l'idée que l'internet, plus que tout autre média, fait du destinataire un participant actif au processus de création et d'interprétation des messages. Il ne s'agit plus de consommer, mais de transformer et de co-construire la signification de l'information.

II.2. Les fondements théoriques de la réception des médias
II.2.1. Les premiers modèles de communication

Les modèles de communication antérieurs sont des théories et des représentations qui tentent d'expliquer comment un message est transmis entre un émetteur et un récepteur. Souvent simplistes et linéaires, ces modèles ont été utilisés comme fondement pour appréhender la circulation des informations (Shannon et Weaver, 1949 : 3-4).

Les modèles de communication les plus précurseurs, malgré leur nature souvent linéaire et simplifiée, ont eu une influence indéniable dans l'édification des bases théoriques de l'analyse des processus communicatifs. Alors que les premiers modèles, comme ceux de Shannon et Weaver ou de Lasswell, étaient essentiellement unidirectionnels, partant de l'émetteur vers le récepteur dont on attendait une réaction comportementale basée sur les informations fournies par l'émetteur, les théories plus récentes (telles que celles de Schramm, Barnlund et Berlo) ont introduit des concepts de rétroaction, d'environnement partagé et de communication bidirectionnelle. Ces évolutions ont permis une meilleure compréhension des interactions humaines. Selon Barnlund (1962 : 18-19), « ces changements ont posé les fondements de théories plus récentes qui tiennent compte de la variété des contextes, des canaux et des publics dans la communication ».

II.2.2. Le schéma de Shannon et Weaver (1948)

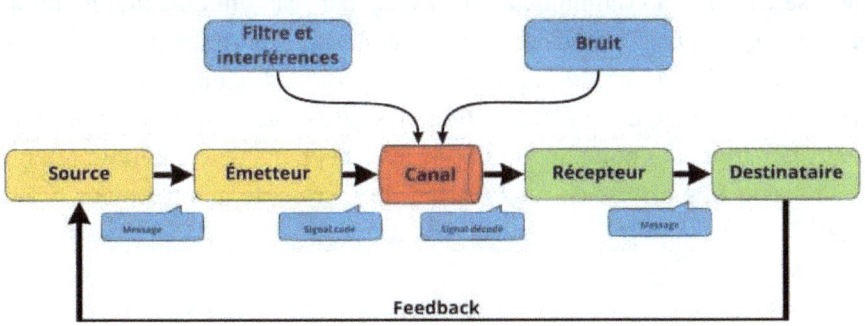

Figure 1(tiré du site https://www.motive-toi.com/vie/schema-de-communication-shannon-weaver-jackobson/#google_vignette)

Plusieurs modèles existent en Sciences de l'Information et de la Communication, mais l'un des modèles les plus connus et essentiels est celui de Claude Shannon et Warren Weaver, développé en 1948. « Ce modèle est un modèle de communication linéaire, qui est extrêmement simple mais qui joue un rôle majeur dans les débuts des recherches sur la communication » (Shannon et Weaver, 1949 : 1-9). Ce schéma comprend les éléments ci-dessous:

- ✓ *L'émetteur* : La personne qui envoie un message (une idée ou une information).
- ✓ *Le message* : Les informations transmises.
- ✓ *Le canal* : Le moyen ou le support utilisé pour transmettre le message (comme l'air, les câbles, les ondes radio).
- ✓ *Le récepteur : La personne qui reçoit le message.*
- ✓ Le bruit (Noise) : Tout facteur qui altère la diffusion du message (tels que les interférences, le bruit ambiant, etc.)

Ce modèle dépeint une relation à sens unique où l'information est transférée d'un endroit à un autre sans retour, et prend en considération les interférences (bruit) comme facteur externe pouvant affecter la transmission. On critique la simplification excessive du modèle linéaire proposé par Shannon et Weaver. Selon Darras (2005 :44), « la communication est considérée comme un processus unidirectionnel dans le modèle de Shannon et Weaver, ce qui implique que l'émetteur envoie un message et que le récepteur le reçoit ». Ainsi, déplore Dube (2012 :116), « l'absence de rétroaction, de réponses ou d'interactions entre l'émetteur et le récepteur pose un sérieux problème car c'est une caractéristique fondamentale de la communication humaine ».

En outre, ce modèle néglige le contexte social, culturel et émotionnel dans lequel se déroule la communication. Il considère la communication comme un simple acte technique, ce qui ne reflète pas la pluralité des interactions entre les individus. Il accorde une grande importance à la transmission de l'information, mais néglige l'importance de la signification, des intentions et des interprétations. Qui plus est, il ne tient pas compte du fait que les récepteurs peuvent interpréter un message de façon très différente en fonction de leur contexte et de leur propre expérience.

II.2.3. Le modèle de Lasswell (1948)

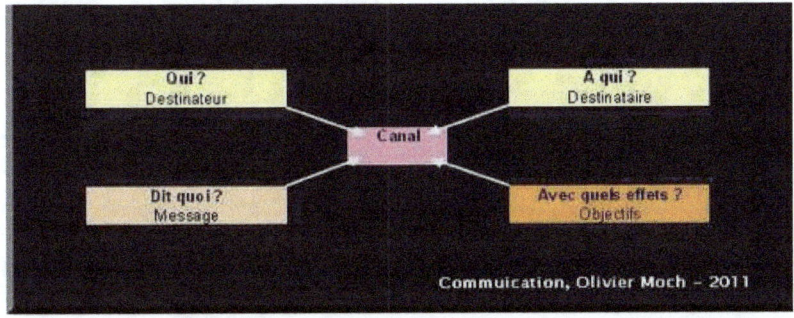

Harold D. Lasswell a élaboré ce modèle en 1948, et il met l'accent sur les questions clés du processus de communication. On le résume fréquemment par la formule : "Qui dit quoi, par quel canal, à qui, avec quel effet ?" (Lasswell, 1948: 37).

- ✓ Qui : L'émetteur ou la source.
- ✓ Quoi : La signification du message ou le contenu de l'information.
- ✓ À qui : Le destinataire ou le public.
- ✓ Par quel canal : Le mode de diffusion (télévision, radio, journaux, etc.).
- ✓ Avec quel effet : L'impact ou l'influence du message sur le récepteur.

Ce modèle se focalise sur l'étude es effets de la communication, tentant de comprendre comment et pourquoi un message influencera son récepteur. On critique le modèle de Lasswell en raison de son influence restreinte sur les effets. Bien que ce modèle soulève des questions pertinentes concernant l'impact des messages, il reste majoritairement unidirectionnel et se concentre essentiellement sur la propagation de l'information sans considérer les réponses ou les conséquences à long terme pour l'individu.

La question du « quel effet » que pose Lasswell reste floue. L'évaluation ou l'analyse des impacts est souvent imprécise, et le modèle n'est pas capable de capturer les effets éclatés et pluridimensionnels des médias sur les individus. Ce modèle part du principe que tous les destinataires interprètent le message de la même manière, ce qui est souvent loin d'être le cas dans la pratique. Cela n'intègre pas les différentes interprétations et réponses des destinataires, en fonction de leur vécu, de leur culture et de leur situation personnelle.

II.2.4. La proposition de Berlo (1960)

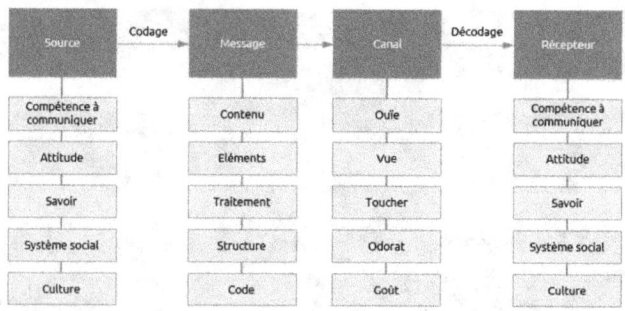

David Berlo a présenté le modèle SMCR (Source, Message, Channel, Receiver) en 1960. Ce modèle élargit le modèle linéaire de Shannon et Weaver en fournissant davantage de détails à chaque étape du processus (Berlo, 1960 : 72).

- ✓ Source (S) : L'individu ou l'organisation qui communique le message, ainsi que ses attributs tels que ses compétences, sa culture et son état émotionnel.
- ✓ Le message (M) : Le contenu de la communication, qu'il soit verbal ou non verbal, ainsi que ses composantes (formulation, structure, code utilisé).
- ✓ Canal (C) : Le mode de transmission du message, que ce soit par la parole, l'écrit, des images, des gestes, etc.
- ✓ Le destinataire (R) : La personne qui reçoit le message, avec ses propres attributs (habiletés, idées, etc.).

La qualité de la communication est conditionnée par la capacité de l'émetteur et du récepteur à comprendre le message. Berlo met également en évidence le rôle décisif des canaux dans la diffusion de l'information. Néanmoins, la vision trop mécaniste du modèle de Berlo (SMCR) fait l'objet de critiques. Cette approche est plus précise que celle de Shannon et Weaver, mais elle reste trop mécanique. Berlo met trop l'accent sur la relation entre l'émetteur, le message et le récepteur, en se focalisant sur les compétences et les caractéristiques des participants sans tenir compte de la dynamique du processus de communication dans son ensemble. Suivant ce modèle, les seules variables qui influencent la communication sont les caractéristiques de la source, du message, du canal et du récepteur. Pourtant, il néglige des éléments tels que les relations interpersonnelles, les émotions et le contexte culturel qui jouent un rôle essentiel dans la compréhension du message. De plus, tout comme les autres modèles précédents, celui de Berlo ne permet pas de mettre en évidence la rétroaction et la négociation de significations entre les acteurs de la communication.

II.2.5. Le schéma de Schramm (1954)

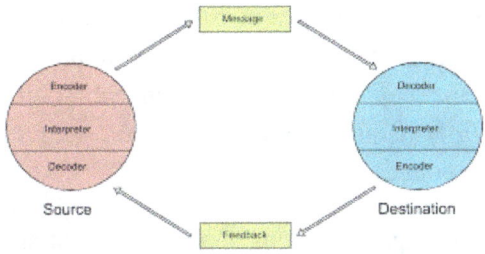

Un modèle a été développé par Wilbur Schramm qui propose une idée selon laquelle la communication est un processus bidirectionnel et non pas uniquement linéaire. La communication se produit, selon Schramm, « lorsque deux personnes partagent des zones de communication, c'est-à-dire des éléments ou des expériences communes qui permettent de saisir le message » (Schramm, 1954 : 10).

La communication nécessite fréquemment des échanges, des retours et des modifications du message. Le modèle de Schramm met l'accent sur la nécessité d'une compréhension commune entre les deux parties et de la rétroaction qui permet au récepteur de répondre à l'émetteur, ce qui facilite l'échange de messages. Le concept de "zone de champ commun" est critiqué par Schramm comme étant trop abstrait. Même si l'idée de partage d'une zone de compréhension entre l'émetteur et le récepteur est introduite dans le modèle de Schramm, ce concept demeure abstrait à notre avis et difficile à mettre en pratique. Comment évaluer cette zone commune de manière concrète, notamment dans des cas où les participants sont issus de contextes culturels ou sociaux très divers ?

Nous estimons qu'il n'y a pas de place pour une variété d'interprétations. Le modèle de Schramm, s'il admet l'idée d'une compréhension commune, ne permet pas d'analyser comment des personnes ayant des expériences et des visions différentes du monde peuvent interpréter un message de façon différente, en fonction de leur culture, de leurs convictions et de leur conception du monde. Si le modèle de Schramm introduit une certaine forme de rétroaction, il ne démontre pas entièrement l'impact des réponses du récepteur sur l'émetteur et ne tient pas compte de la dynamique et de la diversité des interactions en communication.

II.2.6. L'approche communicationnelle de Barnlund (1970)

Un modèle de communication transactionnel est proposé par Dean Barnlund en 1970, qui démontre que la communication est un processus simultané où les rôles d'émetteur et de récepteur sont interchangeables et en constante évolution (Barnlund, 1970 : 75). Chaque individu joue un rôle actif dans la création et l'interprétation du message, dont :

- ✓ Interférences sonores : Les perturbations sonores peuvent survenir tout au long du processus et ont un impact sur l'émetteur et le récepteur.
- ✓ Rétroaction : Le destinataire a la possibilité de donner un retour immédiat, ce qui rend la communication un processus en constante évolution. Le caractère bidirectionnel et interactif de ce modèle met en évidence que la communication est un échange continu d'informations entre les participants.

Dans certains contextes, ce modèle fait l'objet de critiques. Bien que le modèle de Barnlund soit plus réaliste en envisageant la communication comme un processus dynamique et interactif, certains peuvent le considérer trop complexe à appliquer dans des situations de communication simples où un dialogue direct et unidirectionnel pourrait suffire. Le modèle de Barnlund conçoit la communication comme un processus interactif et constant, mais il n'accorde pas assez d'importance aux disparités de pouvoir, aux divergences culturelles ou aux restrictions sociales pouvant influencer l'échange et l'interprétation des messages.

- ✓ L'absence d'évaluation des préjugés et des distorsions : Ce modèle ne prend pas en compte les biais cognitifs, les distorsions de données ou les interférences psychologiques qui peuvent altérer la communication. Cela peut diminuer sa pertinence dans certains contextes, notamment dans ceux des médias à grande échelle ou des milieux professionnels.

Les premiers modèles de communication ont jeté des bases solides pour comprendre les processus de transmission des messages. Ces derniers ont été fortement critiqués pour leur simplicité, leur unidirectionnalité et leur mécanisme simplifié, car ils ne reflètent pas la subtilité des véritables interactions humaines. Souvent, ces modèles négligent la rétroaction, les contextes culturels, les multiples interprétations des messages et les conséquences sociales et psychologiques de la communication. Oswald (1984 : 45) estime qu'« avec l'apparition de nouveaux moyens de communication et la prise en compte des interactions dynamiques et simultanées dans le processus de communication, il a été nécessaire d'étendre et d'adapter ces modèles afin de mieux s'adapter aux réalités actuelles de la communication ».

II.3. Approches axées sur le destinataire

Un concept essentiel dans les théories modernes de la communication est le rôle actif du récepteur dans l'interprétation des messages médiatiques. À la différence de la conception classique où le récepteur est un simple appareil passif, ces théories reconnaissent que ce dernier joue un rôle très important dans la construction du sens des messages qu'il reçoit. Inévitablement, c'est ce rôle actif du destinataire qui se manifeste à travers divers processus cognitifs, sociaux et culturels qui impactent l'interprétation et la compréhension des contenus massifs. Nous examinons les principaux éléments qui déterminent l'engagement actif du destinataire dans l'interprétation des messages médiatiques. A ce sujet, un journaliste témoigne également de cette évolution du métier, qui met le public au centre de la réflexion :

> *"J'ai compris que mon travail n'est pas seulement de diffuser l'information, mais aussi de savoir comment le public va la recevoir. L'audience n'est pas un bloc homogène. Il y a des gens qui vont se concentrer sur les chiffres, d'autres sur les témoignages, et d'autres encore sur les émotions. Je dois prendre en compte ces différentes manières de recevoir l'information pour que mon message soit efficace. Le public n'est pas passif, il est actif dans la construction du sens."*

Ce témoignage met en évidence une prise de conscience cruciale : le passage d'une logique de diffusion à une logique de réception. Le journaliste reconnaît la complexité et la diversité du public, ce qui s'inscrit pleinement dans le cadre de la théorie de la réception et de la fin de l'idée d'une audience unique et monolithique. Les pratiques interactives ont été introduites par les médias numériques, faisant en sorte que le destinataire devienne non seulement un créateur de contenu, mais aussi et surtout un diffuseur de contenu. Une auditrice congolaise décrit parfaitement ce phénomène :

> *"Avant, on se taisait. Maintenant, avec les émissions telles que les débats, parlons-en sur top Congo et paroles auditeurs à la radio okapi, on peut appeler en direct, on peut envoyer des messages vocaux. On donne notre avis. L'animateur de radio n'est plus un maître, il est un facilitateur de conversation. C'est plus qu'une simple*

écoute, c'est une interaction. La radio est devenue une place publique où chacun peut s'exprimer et être entendu. On n'est plus seulement des auditeurs, on est des participants à l'émission."

La participation des auditeurs renforce l'idée de la réception active. Ce récit illustre de manière éloquente la transformation du rôle du récepteur, qui passe d'un simple auditeur passif à un participant engagé et à un acteur de la conversation médiatique.

II.3.1. Le processus d'encodage/décodage (Stuart Hall)

Dans le modèle de Stuart Hall d'encodage/décodage, le destinataire n'est pas seulement un passif « destinataire » d'un message, mais un interprète actif qui participe à la création du sens. D'après Hall (1980: 134):

- ✓ L'émetteur (journaliste, publicitaire, réalisateur, etc.) encode un message avec une intention particulière, à l'aide de codes et de symboles qui peuvent transmettre un sens particulier ;
- ✓ Le récepteur, en revanche, décode ce message.

Plusieurs éléments influencent ce processus d'interprétation, tels que le contexte culturel et social du destinataire, ses valeurs, ses convictions et ses expériences personnelles. Il existe trois catégories principales de décodage (Hall, 1980 : 136-138) :

- ✓ Le décodage prédominant (hégémonique) : le destinataire accepte l'intention du message dans sa forme initiale et comprend le message de la manière souhaitée par l'émetteur. Le destinataire identifie l'émetteur à travers le message qu'il lui envoie. Il voit ce contenu comme indispensable pour répondre à ses besoins. Toutefois, le destinataire peut également assimiler les messages de l'émetteur car dans certaines situations, il n'a pas d'autre alternative ou il est contraint par certains facteurs externes qui peuvent restreindre ses capacités de réflexion et de jugement personnelles.
- ✓ Le décodage négocié : le récepteur valide certains aspects du message tout en ajustant son interprétation à son contexte personnel et social, ce qui conduit à une compréhension partiellement distincte. Le destinataire a la possibilité d'utiliser sa culture, son sens critique pour personnaliser les messages de l'expéditeur à sa propre existence. Il comprend que ce qui est produit ailleurs ne devrait pas être perçu de cette manière, mais doit tenir compte des normes socioculturelles de son milieu. Certainement, chaque

individu fait partie d'une famille, d'un groupe, en somme, d'une culture qui possède ses normes et ses valeurs auxquelles nous nous référons afin de vivre en harmonie.
- ✓ Le décodage inverse (ou contre-hégémonique) : le destinataire rejette totalement l'intention de l'émetteur et interprète le message de façon totalement différente, parfois critique ou subversive. Sa situation socioculturelle, son environnement, lui apportent des informations sur le rejet du message de l'émetteur. Dans d'autres contextes, certaines campagnes publicitaires qui ont eu des résultats positifs n'ont pas été particulièrement prises en compte, par exemple lorsque les discours des hommes politiques pendant les élections sont simplement sabotés et rejetés par une certaine catégorie d'électeurs car ils ne répondent pas à leurs préoccupations ou simplement parce que les messages ne les intéressent pas. Ce modèle démontre clairement que le destinataire n'est pas une entité passive ; il joue un rôle actif dans la construction du sens en utilisant ses propres filtres d'interprétation.

II.3.2. Le choix et l'emploi des médias

Créée dans les années 1940-1950 par Elihu Katz et ses collègues, la théorie des usages et des gratifications étudie les motivations et les exigences des destinataires dans l'usage des médias. D'après cette théorie, les destinataires ne sont pas passifs, mais actifs, et ils sélectionnent les médias en fonction de leurs besoins et désirs individuels (par exemple, le besoin de divertissement, d'information, de confirmation des opinions, de socialisation, etc.) (Blumler & Katz, 1974 : 15-20). On considère que les récepteurs ont la possibilité de choisir les médias en fonction de leurs attentes et de leurs contextes. Les récepteurs ont la capacité de gérer leur expérience médiatique en fonction de leurs préférences personnelles. Les récompenses recherchées par les destinataires des médias peuvent être cognitives (obtention d'informations), émotionnelles (recherche de plaisir ou d'émotion), personnelles (renforcer l'estime de soi) ou sociales (établissement de liens sociaux). Une femme au foyer illustre bien ce point en expliquant les différentes motivations qui l'animent dans sa consommation médiatique :

> *"Je regarde la télévision pour me changer les idées, pour ne pas me sentir seule. Quand je regarde les informations, c'est pour savoir ce qui se passe dans mon pays. Je me sens liée aux autres Congolais. La télé, c'est un peu un membre de la famille, qui m'informe et me permet de me sentir connectée au monde, de ne pas être coupée de tout."*

Cette perspective souligne la validité de la théorie des usages et des gratifications en démontrant que la consommation de médias répond à des exigences spécifiques, tant personnelles que sociales : le désir d'évasion, de connexion, d'information ainsi que d'intégration sociale. La réception est donc un acte délibéré, où le public cherche activement des contenus qui lui confèrent un sens et une pertinence dans sa vie de tous les jours. Il met aussi l'accent sur le rôle crucial des contextes socioculturels, des jugements individuels et de la faculté à résister et remettre en question les messages reçus.

Cette approche se concentre sur les habitudes de consommation des médias et illustre que les individus qui participent avec les médias sont animés par des besoins individuels sociaux et émotionnels. Les destinataires choisissent les supports (télévision, Internet, Radio, etc.) et les émissions qui correspondent à leurs exigences individuelles, que ce soit pour le divertissement, l'information, la reconnaissance sociale ou le renforcement de leurs points de vue.

II.3.3. L'individu, les situations socio-culturelles et les évaluations personnelles

Un des aspects clés du rôle actif du récepteur réside dans le fait que la réception des messages médiatiques est fortement influencée par ses environnements personnels, culturels et sociaux. Chaque destinataire se trouve dans un environnement spécifique qui influence sa réception des médias (Sapiro, 2019 : 44).

Parmi ces diverses situations, on peut mentionner : les valeurs, les croyances et les normes sociales qui jouent un rôle essentiel dans l'interprétation des messages dans le contexte culturel et social (Laplante, 2016 : 49). Par exemple, une annonce médiatique relative à la modification ou à la refonte de la constitution en RDC peut être perçue différemment selon le statut socio-économique, l'âge, le genre, l'origine ethnique ou encore les croyances religieuses et principalement politiques du récepteur. Chaque individu filtre les messages selon ses expériences passées, ses sentiments, sa perspective sur le monde et ses anticipations. Il est donc possible qu'un message médiatique suscite des réactions émotionnelles très différentes d'un destinataire à l'autre, en fonction de son histoire personnelle. Pour Vaca (2020 : 87), « le destinataire, selon le contexte et les expériences qu'il a vécues, interprète activement ce qui lui est transmis, ce qui engendre des significations diverses et quelques parfois contradictoires ».

II.4. La remise en question et la résistance

Le destinataire ne se contente pas de participer activement à l'interprétation des messages, il peut aussi jouer un rôle de contestation ou de critique vis-à-vis des contenus médiatiques. L'avancement des médias et la disponibilité d'une multitude de sources d'information facilitent de plus en plus l'adoption d'une posture critique vis-à-vis des messages transmis par les médias. Les concepts ou les images qui leur sont proposés peuvent être sujets à contestation, particulièrement quand ils apparaissent comme idéologiques, manipulants ou stéréotypés. Les personnes qui reçoivent des messages peuvent éprouver une réticence face à certains d'entre eux, surtout ceux qui vont à l'encontre de leurs croyances, valeurs ou vision du monde. Ils ont la faculté de reformuler le message en leur faveur, de le critiquer ou même de l'ignorer. Cette résistance prouve que les individus exposés aux médias ne sont pas uniquement manipulés ; ils détiennent un pouvoir d'interprétation, parfois pour contester les normes ou les messages prévalents.

II.5. La subjectivité du destinataire

Les théories modernes de la réception médiatique accordent une grande importance à la subjectivité du récepteur dans l'interprétation des messages médiatiques. Cette subjectivité estime Fiske (1987 : 5), est basée sur le fait que « chaque destinataire est différent, influencé par ses propres expériences, ses propres valeurs et son contexte socio-culturel ». Ces éléments ont un impact sur la façon dont les messages médiatiques sont accueillis, compris et intégrés dans la vie de chaque personne.

II.5.1. Les expériences personnelles du destinataire

Les expériences antérieures de chaque destinataire jouent un rôle primordial dans son interprétation d'un message médiatique (Livingstone, 1998 : 65). Ses attentes, ses perceptions et ses réactions émotionnelles sont influencées par ces expériences. Le processus de réception implique que les récepteurs apportent leurs propres émotions, expériences et traumatismes. Une personne traumatisée pourrait réagir de manière différente à un message médiatique qui aborde la guerre ou la violence, en fonction de la charge émotionnelle qu'il évoque. Les expériences passées de la vie du destinataire (éducation, famille, carrière) ont un impact sur ses réactions face aux contenus médiatiques. Pour illustrer, une communication médiatique sur le succès professionnel pourrait être perçue comme inspirante par une personne ayant suivi un parcours semblable, mais comme démoralisante par une personne n'ayant pas bénéficié des mêmes opportunités. D'où, le vécu personnel peut influencer la réception d'un même contenu médiatique. Un film sur l'immigration, peut être perçu de manière très critique par un congolais ayant vécu l'expérience migratoire, tandis qu'il pourrait être interprété de manière plus idéalisée par un autre congolais qui n'a pas de lien direct avec ce sujet. Un autre téléspectateur de Kinshasa illustre parfaitement comment les expériences et les intérêts de chacun façonnent l'interprétation d'une œuvre :

> *"Ce qui me fascine, c'est la façon dont un film peut être vu par différentes personnes. Moi, je peux me concentrer sur l'histoire d'amour, mon frère sur la violence, et ma mère sur les leçons de morale. Chacun prend ce qu'il veut du film, et il n'y a pas de bonne ou de mauvaise interprétation. C'est la beauté de la réception active : on est libre de créer notre propre sens à partir du même matériel."*

Ce point de vue est très pertinent car il met en évidence la nature profondément subjective de la réception. Il démontre que la signification d'un message n'est jamais figée, mais qu'elle est activement construite par chaque individu en fonction de ses propres filtres et de ses préoccupations.

II.5.2. Les valeurs individuelles du destinataire

Les valeurs d'un destinataire ont un impact significatif sur sa façon d'analyser et d'interpréter les messages médiatiques. Elles peuvent entraîner des interprétations totalement différentes d'un même message. En contexte congolais, un destinataire de l'Union sacrée de la nation[2] pourrait avoir une interprétation différente d'un message médiatique sur la pauvreté et la redistribution des richesses, alors qu'un destinataire de l'Ensemble pour la République[3] pourrait se focaliser sur les conséquences néfastes d'une politique de redistribution ou sur l'importance de l'individualisme.

---

[2] L'Union Sacrée de la Nation est la plateforme politique dominante en RDC, visant à soutenir l'action du Président Félix Tshisekedi et à mettre en œuvre son programme de gouvernance, en regroupant une large coalition de forces politiques.
[3] Le parti Ensemble pour la République est un parti politique majeur en République Démocratique du Congo (RDC), fondé et dirigé par l'influent homme d'affaires et opposant politique Moïse Katumbi Chapwe. Ce parti est très actif dans le débat politique congolais. Ses membres sont régulièrement présents dans les médias pour dénoncer ce qu'ils considèrent comme des irrégularités ou des dérives du pouvoir en place, et pour proposer des alternatives. Après les élections de 2023, "Ensemble" est devenu l'un des principaux partis d'opposition à l'Assemblée Nationale.

Aussi, un individu qui possède des convictions morales solides peut réagir de manière différente à un message concernant la sexualité, la famille ou les droits humains en fonction de ses convictions personnelles (Hall, 1980 : 136). Un reportage sur les droits des LGBTQ+ pourrait être perçu comme une revendication légitime des droits humains par un destinataire en faveur de l'égalité, mais comme une menace aux valeurs traditionnelles par une personne qui partage une vision conservatrice. Les croyances religieuses ont également un impact sur l'interprétation. La réception d'un message médiatique concernant des pratiques culturelles ou des croyances spirituelles peut varier en fonction de leur harmonie ou de leur conflit avec les convictions religieuses du destinataire (Taylor, 1998 : 47). La réception d'un message médiatique sur la vierge marie n'est pas la même entre un chrétien « catholique » et un fidèle de l'église « la compassion » du pasteur Marcelo TUNASI.

II.5.3. Les environnements socio-culturels du destinataire

Le contexte socio-culturel comprend des facteurs tels que « la classe sociale, l'âge, le genre, l'origine ethnique, le niveau d'éducation, la localisation géographique et bien d'autres facteurs qui influencent l'interprétation d'un message médiatique par une personne » (McLuhan, 1964 : 10). L'accès à l'information est souvent influencé par la classe sociale, ainsi que par les préoccupations et les priorités des destinataires. Un message médiatique portant sur la pauvreté peut être interprété par une personne vivant dans des conditions modestes comme un appel à la solidarité, tandis qu'une personne plus aisée pourrait le considérer comme une demande d'aide humanitaire. Les expériences de réception des messages médiatiques peuvent varier considérablement selon les représentations de genre véhiculées. Un film ou une publicité renforçant les stéréotypes de genre peut être interprété comme une banalisation des disparités par le public féminin, alors qu'il pourrait passer inaperçu pour un homme qui méconnaît la notion d'égalité des sexes. Un acteur de la société civile illustre cette nécessité de contextualiser les messages pour garantir leur bonne réception :

> *"On ne peut plus se contenter de balancer un message. Il faut l'adapter au public, à ses attentes, à sa culture, pour qu'il soit bien reçu. Pour une campagne de santé, par exemple, on ne peut pas utiliser le même langage pour les jeunes urbains et pour les populations rurales. Il faut comprendre leurs préoccupations, leurs croyances, leurs peurs. Le succès d'une campagne ne dépend pas du message, mais de la manière dont il est reçu par la population."*

Ce propos est une preuve concrète que la théorie de la réception a des implications pratiques directes. L'efficacité d'un message n'est pas déterminée par sa qualité intrinsèque, mais par son adéquation avec le contexte et les caractéristiques du public ciblé, ce qui en fait un partenaire de communication, et non plus une simple cible.

Finalement, le contexte ethnique joue également un rôle crucial. Les individus issus de groupes ethniques minoritaires tels que les Banyamulenge.[4] Ils peuvent interpréter un message médiatique traitant des sujets de racisme ou de discrimination de manière plus vive ou critique, selon leur propre vécu d'exclusion. Le niveau d'éducation ou d'information du destinataire peut également avoir un impact sur son interprétation des messages médiatiques. Un individu formé en sciences sociales ou en droit pourrait prendre une interprétation plus analytique d'un message sur les droits humains, tandis qu'un autre individu pourrait le percevoir de manière plus affective ou simplifiée.

II.6. L'importance de la reconnaissance et de l'appartenance

La subjectivité est également influencée par la capacité du destinataire à s'identifier aux messages médiatiques. L'identification est basée sur les caractéristiques du destinataire et la façon dont elles sont associées aux messages. Le destinataire souhaite voir sa propre existence, ses expériences ou ses valeurs représentées dans les messages. Un film sur la révolte contre l'injustice sociale à Kinshasa pourrait être très personnellement interprété par une personne qui a vécu des injustices similaires. Les individus peuvent également se reconnaître dans un groupe social, culturel ou politique et interpréter les messages médiatiques en fonction de leur appartenance. Une campagne médiatique sur les droits des femmes sera, par exemple, interprétée de manière différente par une femme engagée dans les luttes féministes et par un homme qui n'a jamais été impliqué dans ces questions.

II.7. Le processus de construction du sens

En prenant en considération ces éléments, il apparaît que le destinataire construit sa propre interprétation des messages médiatiques en

---

[4] Les Banyamulenge sont une communauté tutsie congolaise minoritaire établie principalement dans le Sud-Kivu en République Démocratique du Congo, descendant de pasteurs tutsis qui ont migré des régions du Rwanda, du Burundi et de la Tanzanie aux XVIIIe et XIXe siècles. Leur identité et leur citoyenneté sont au cœur de tensions et de conflits persistants dans l'Est de la RDC, conduisant à une stigmatisation profonde et à des accusations récurrentes d'être des étrangers.

fonction de ses propres filtres subjectifs (Livingstone, 2005 : 120). Le message n'a pas de signification unique et universelle ; au contraire, il est interprété de différentes manières, en fonction des contextes, des valeurs et des expériences des récepteurs. Le processus de création de sens peut aboutir à des interprétations divergentes ou subtiles d'un même contenu médiatique. Les expériences individuelles, les principes personnels et le cadre socio-culturel d'un individu influencent sa manière de percevoir les messages, sa réponse à ceux-ci, son interaction avec eux et son assimilation à ces messages. Cette implication active de l'individu dans la construction du sens démontre que les destinataires ne sont pas seulement des consommateurs passifs de contenus médiatiques, mais des acteurs dont les perceptions et les décisions influencent la façon dont la communication médiatique se déploie et se structure.

II.8. La conception culturelle et les recherches sur la réception

La théorie de la réception médiatique a été grandement influencée par les études culturelles. On postule que les récepteurs sont influencés par leur contexte social (niveau socio-économique, sexe, âge, origine ethnique, etc.), ce qui affecte la manière dont ils perçoivent et interprètent les messages médiatiques. Des études sur la façon dont les médias sont perçus ont ainsi montré que certains groupes marginalisés (comme les femmes et les minorités ethniques) peuvent élaborer des interprétations différentes des messages médiatiques, voire se confronter à des représentations prédominantes ou stéréotypées. Selon cette perspective culturelle, il est mis en évidence que la réception est localisée et que les interprétations médiatiques ne sont pas universelles, mais sont basées sur les contextes individuels et collectifs des destinataires. À ce propos, une étudiante en communication apporte un éclairage intéressant sur l'importance du contexte communautaire dans la réception :

> *"Quand j'analyse un film ou une série, je ne cherche pas seulement l'intention du réalisateur. Je me demande comment les gens vont le recevoir, comment ma communauté va l'interpréter. La culture populaire congolaise, par exemple, a une manière unique de s'approprier les messages, de les détourner, de se les réapproprier."*

La perspective de cette étudiante montre que l'analyse des médias ne peut se limiter à l'étude des messages en eux-mêmes, mais doit inclure la manière dont une communauté s'approprie et réinterprète ces contenus. Son analyse souligne la capacité des publics à créer un sens localisé et spécifique, confirmant ainsi le rôle du public en tant qu'acteur de la création de sens.

II.9. La théorie de la réception active

À la différence des modèles classiques qui considèrent l'audience passive, la théorie de la réception active voit le récepteur comme un participant actif qui apporte du sens aux messages médiatiques en fonction de ses propres expériences et attentes. De ce fait, « les destinataires sont considérés comme des analystes critiques des contenus médiatiques, et non comme de simples consommateurs d'informations » (Fiske, 1987 : 265). Le modèle de Hall (encodage/décodage) est à l'origine de cette théorie, mais elle avance en affirmant que les récepteurs ont une capacité d'interprétation critique. Les facteurs internes (éducation, croyances) et externes (contexte politique, social) peuvent influencer leur comportement.

Un même message politique ou culturel peut être interprété de manière différente par des groupes sociaux différents (par exemple, les jeunes peuvent adopter une interprétation différente des messages des générations plus âgées). Suivant Orgad (2018 : 7), « l'apparition des médias interactifs et des réseaux sociaux a eu un impact significatif sur cette théorie, car le destinataire devient producteur de contenu, ce qui renforce la dynamique et la collaboration de l'interaction ». Cette manière de recevoir est en opposition à celle connue sous le nom de réception passive, une approche qui voit les récepteurs comme des personnes influençables qui absorbent simplement les messages médiatiques sans les interroger ou les interpréter de manière critique. Il s'agit d'une représentation traditionnelle de l'audience en tant que destinataire passif des messages transmis.

II.9.1. L'analyse des réceptions au sein de la communauté

Ces recherches portent sur l'interprétation collective des messages médiatiques par les groupes sociaux et les communautés. En ce sens, la réception médiatique ne se limite pas à l'individu, mais se fait également au sein de communautés qui partagent des expériences et des contextes similaires (Jenkins, 2006 : 41). Le sens d'un message médiatique peut être discuté et négocié collectivement par les récepteurs d'une même communauté (culturelle, politique ou géographique), ce qui peut avoir un impact sur leur compréhension collective du contenu.

II.9.2. Les destinataires en tant que producteurs du sens

Cette approche des récepteurs actifs repose sur l'idée que la signification des messages médiatiques n'est pas uniquement déterminée par l'émetteur. Au contraire, les personnes qui reçoivent le contenu interagissent activement et construisent leur propre compréhension grâce à un processus de décodage qui est influencé par leurs propres filtres cognitifs, sociaux et culturels.

Les messages médiatiques ne sont pas absorbés de manière linéaire par les récepteurs, mais ils les interprètent, les reconfigurent et les négocient. Ce processus interactif comporte différents stades :

- ✓ Choix : Les destinataires sélectionnent les messages qu'ils souhaitent écouter en fonction de leurs intérêts personnels, de leurs valeurs et de leur environnement social. À titre d'exemple, un acteur politique peut être intéressé par les nouvelles politiques, tandis qu'un autre peut se focaliser sur les divertissements.
- ✓ Interprétation : Les récepteurs ne les interprètent pas de la même façon lorsqu'ils reçoivent les messages. Ils les trient en fonction de leurs propres expériences de vie, de leurs croyances, de leurs attentes et de leurs connaissances préalables, ce qui entraîne une variété de saisine d'un même message. Après avoir interprété un message, le destinataire a la possibilité de réagir en fonction de son propre point de vue. Il a la possibilité d'adopter, de rejeter ou de nuancer le message selon sa propre compréhension. De ce fait, une publicité peut être considérée comme une simple incitation à la consommation par certains, tandis que d'autres la perçoivent comme une critique du matérialisme.

II.9.3. Diverses catégories de récepteurs actifs

Selon Turkle (2011 : 28), on peut classer les récepteurs actifs en différentes catégories en fonction de leur interaction avec les messages médiatiques, notamment :

- ✓ *Les destinataires critiques :* Ces destinataires examinent attentivement le message, l'interprètent selon leur propre perception du monde et peuvent le rejeter ou le critiquer s'ils considèrent qu'il renforce des stéréotypes, des idéologies dominantes ou des injustices. Une personne qui critique une publicité sexiste ou une représentation stéréotypée des minorités pourrait contester la stratégie publicitaire.
- ✓ *Récepteurs Innovants :* Certains destinataires ne se contentent pas de comprendre et d'interpréter les messages, mais les recomposent ou les exploitent dans différents contextes. Cela peut se manifester par des pratiques comme le mash-up, où des éléments issus de divers médias sont

amalgamés pour produire de nouvelles interprétations ou concepts. De même, les utilisateurs interagissent avec les contenus médiatiques en les remixant, les parodiant ou les réinterprétant pour exprimer leurs propres points de vue.

✓ **Les récepteurs impliqués :** Ces destinataires sont impliqués dans des actions concrètes avec les messages médiatiques, telles que s'engager dans un mouvement social, participer à une discussion en ligne ou exprimer leur soutien à une cause à travers des pratiques de partage ou de création de contenu en réponse à un message médiatique spécifique. L'approche des récepteurs actifs met également en évidence les comportements de consommation active des médias, qui vont au-delà de la simple réaction d'un message : De nos jours, les utilisateurs ont une influence considérablement accrue sur le contenu qu'ils consomment, notamment grâce à la prolifération des réseaux sociaux, des sites de streaming et des blogs. Un journaliste sportif de Kinshasa résume bien la transformation du public en co-producteur :

> *"Les réseaux sociaux ont tout changé. Maintenant, les supporters commentent les matchs en direct. Ils créent des pages de fans, des groupes de discussion. Mon travail ne s'arrête plus à la fin de la diffusion. Je dois lire les commentaires, répondre aux questions, corriger les informations si besoin. Le public est devenu un co-producteur de l'information. Il a sa propre voix, sa propre opinion, et il peut me la donner directement."*

Cette vision de la relation entre un média et son public met en lumière la nouvelle dynamique interactive des réseaux sociaux. Elle confirme que l'information n'est plus une simple transmission, mais une conversation continue et un processus de co-création où la voix de l'audience a un poids direct et immédiat. L'interaction avec les médias est de plus en plus considérée comme une conversation plutôt qu'une diffusion unidirectionnelle. Sur des plateformes telles que X, Facebook ou YouTube, les destinataires ont la possibilité de réagir en temps réel aux messages médiatiques, exprimer leur opinion, partager du contenu, voire même produire leurs propres vidéos et commentaires en réponse. Cela donne aux destinataires, à en croire Shirky (2008 : 68), « la possibilité de prendre part activement à la discussion médiatique ». À cet effet, avec l'émergence du contenu créé par les utilisateurs (User-Generated Content, UGC), les destinataires peuvent non seulement consommer des messages médiatiques, mais également en créer eux-mêmes. D'où, les utilisateurs de TikTok ou Instagram produisent des vidéos et des contenus qui peuvent être lus, partagés, remixés et commentés par d'autres, ce qui fait du destinataire un créateur au sens propre du terme.

II.9.4. Les publics et les communautés d'audiences

L'approche des récepteurs actifs prend également en compte l'apparition des communautés d'audience, qui interagissent collectivement entre elles et avec les messages médiatiques. Sur les forums, les réseaux sociaux ou les plateformes de discussion, les destinataires ne se contentent pas d'être des individus isolés recevant des messages, ils sont également membres de communautés où ils partagent, débattent et influencent la compréhension collective des contenus médiatiques. Les fans de certaines séries télévisées ou franchises de films peuvent créer des forums ou des groupes de discussion pour partager leurs opinions sur les épisodes.

Les récepteurs actifs ont aussi la possibilité d'organiser des campagnes, des actions collectives ou en ligne pour soutenir ou critiquer certains messages médiatiques. Par conséquent, un hashtag qui devient rival sur X ou Instagram peut susciter une mobilisation sociale concernant des enjeux politiques, écologiques ou sociaux. Ces communautés peuvent affecter la manière dont les messages sont reçus, amplifiés ou contestés dans l'espace public.

II.9.5. Sensibilisation aux médias alternatifs et aux discours contre-hégémoniques

Les personnes intéressées peuvent aussi être exposées à des médias alternatifs qui présentent des discours contradictoires, souvent en dehors des circuits médiatiques classiques. Ces destinataires optent volontairement pour la consommation de contenus qui s'opposent aux messages dominants, que ce soit aux médias indépendants, aux blogs critiques ou aux chaînes de télévision alternatives. Selon Lindgren (2021 : 24), le choix de chercher la diversité et de s'opposer à la désinformation démontre une intention « de ne pas se laisser influencer passivement par les représentations proposées par les médias traditionnels ». D'après la théorie des récepteurs actifs, il apparaît clairement que les consommateurs de médias ne sont pas des individus passifs, mais plutôt des participants engagés qui peuvent décoder, recontextualiser et répondre aux messages médiatiques selon leurs propres contextes et interprétations. « Ce modèle souligne la diversité des interprétations, la capacité du récepteur à résister ou à créer, ainsi que l'importance de l'interaction entre les récepteurs et les médias dans la construction du sens. Les personnes qui reçoivent ne se limitent pas à être des consommateurs, mais sont également des interprètes et des créateurs de sens, leur interaction avec les messages médiatiques influence l'espace de communication » (Lindgren, 2021 : 44).

II.9.6. Les facteurs qui impactent la réception médiatique

Un ensemble de facteurs influence la réception médiatique, c'est-à-dire la façon dont un individu reçoit et interprète les messages diffusés par les médias. Ces éléments peuvent prendre différentes formes : personnelles, sociales, culturelles, psychologiques et contextuelles.

II.9.6.1. Données individuelles du destinataire

- ✓ Âge et génération : L'âge et l'époque à laquelle une personne est née influencent grandement sa réception des médias. Par exemple, les jeunes adultes pourraient montrer une affinité pour les plateformes de médias sociaux, pendant que les générations plus âgées pourraient être davantage attirées par les médias traditionnels comme la télévision ou la presse écrite. Les espoirs et les principes culturels peuvent aussi différer d'une génération à l'autre.
- ✓ Genre : Le sexe d'une personne influence son exposition à certaines formes de médias ou à des types de contenu. Les médias accentuent certains clichés de genre, influençant ainsi la façon dont les messages sont perçus selon le genre du récepteur.
- ✓ Niveau d'instruction : Les personnes avec un niveau d'instruction supérieur peuvent adopter une attitude plus critique envers les messages des médias, tandis que celles ayant une instruction moins avancée ont tendance à les accepter plus aisément, ce qui peut influencer la façon dont elles comprennent et interprètent l'information.
- ✓ Identité culturelle et ethnique : La provenance ethnique, les traditions ou les convictions d'une personne peuvent donner lieu à différentes interprétations d'un même message publicitaire ou politique selon une personne occidentale comparativement à une personne orientale ou africaine.

II.9.6.2. Le contexte social et environnemental

La réception médiatique est grandement influencée par l'environnement familial et social, ainsi que par les valeurs partagées dans une société spécifique (Livingstone, 2005 : 120). Il est possible d'interpréter un message politique de manière différente en fonction du milieu social et des opinions dominantes au sein de la famille ou de la communauté. Les groupes sociaux, tels que les mouvements politiques, les groupes religieux ou les sous-cultures, peuvent avoir un impact sur l'interprétation des médias. Selon Latour (2005 :194), « certains messages peuvent être acceptés ou refusés par les membres de ces groupes selon leur affiliation à un groupe donné et les valeurs qui y sont véhiculées ». Les interactions avec autrui, notamment durant des discussions ou des échanges d'avis sur les réseaux sociaux, peuvent également influencer la perception des médias. Les discussions et partages d'idées au cours de ces interactions peuvent amplifier ou déformer la réception d'un message médiatique par un individu.

II.9.6.3. Influences psychologiques et affectives

Les émotions qu'un individu éprouve à un moment donné ont un impact sur son interprétation d'un message (Goleman, 1995 : 18). Prenons l'exemple d'une personne en colère ou déprimée qui pourrait réagir différemment à une publicité ou à une information que si elle se sent calme et détendue. Les convictions et les attitudes personnelles d'une personne ont un impact sur sa réception d'un message en fonction de ses convictions politiques, religieuses ou idéologiques. Une personne ayant des convictions politiques de l'Union sacrée de la nation aura la capacité d'interpréter de manière critique un message politique de l'opposition, et vice versa. De la même manière, une personne peut accepter ou refuser des représentations culturelles en fonction de ses propres principes.

II.9.6.4. Situation socio-économique

La classe sociale influence la façon dont les personnes accèdent et utilisent les médias. Les individus issus d'un milieu socioéconomique élevé ont habituellement une meilleure disponibilité des technologies modernes (ordinateurs et smartphones), ce qui peut influencer leur façon de consommer des informations. Slovic (2010 : 14) estime que « l'interprétation des messages médiatiques varie en fonction du statut social et des préoccupations économiques d'une personne».

En effet, la réception des médias et des ressources est également influencée par le type de média auquel une personne a accès (télévision, internet, presse écrite, etc.). La réception médiatique de ceux qui ne disposent pas d'Internet ou de technologies modernes peut différer de celle de ceux qui sont en permanence connectés. De ce fait, « les disparités dans la manière dont les médias sont consommés (traditionnels vs numériques) entraînent fréquemment des interprétations différentes des messages » (Levy, 1997 : 33).

II.9.6.5. Impact des normes et des principes culturels

Des normes et des valeurs culturelles prédominantes ont souvent une influence sur les messages médiatiques. Dans plusieurs entreprises, la mise en avant de produits axés sur la beauté ou la mode peut favoriser des stéréotypes de genre qui affectent la réponse des personnes. Différentes interprétations peuvent exister concernant les représentations de la famille, de la sexualité, des rôles de genre et d'autres éléments de la vie sociale. Dans un monde de plus en plus international, les individus exposés à des contenus médiatiques peuvent être confrontés à des messages issus de diverses cultures, ce qui peut donner lieu à des incompréhensions ou des interprétations divergentes. Des différences culturelles dans l'interprétation des symboles, des récits et des comportements peuvent amener le public occidental et le public asiatique à comprendre un film hollywoodien de façon distincte. La réception d'un message médiatique n'est pas seulement déterminée par son contenu, mais aussi par les attributs et les vécus de la personne qui le reçoit. Cette méthode souligne l'importance de comprendre la diversité des destinataires et des situations de réception pour mieux appréhender l'impact des médias sur la société.

II.10. L'accueil et l'établissement de la culture populaire

Les processus de réception et de création de la culture populaire sont interdépendants et ont un impact sur les normes, les valeurs, les comportements et les représentations sociales au sein d'une société (Grossberg, 1992 : 44). La musique, le cinéma, la mode, les séries télévisées, les jeux vidéo, la littérature populaire, etc. sont autant de formes culturelles accessibles et appréciées par les masses que ces deux aspects jouent un rôle fondamental dans l'élaboration et la transformation de la culture populaire (Bourdieu, 1995 : 21).

II.10.1. La formation de la culture populaire

Les institutions ou les médias dominants ne sont pas les seuls à imposer la culture populaire. Souvent, elle est le résultat de divers éléments, tels que les secteurs culturels, les avancées créatives et les attentes du public (Storey, 2021 : 52-55). Le cinéma, la musique, la télévision et la mode sont des industries culturelles qui ont un rôle essentiel dans la production et la diffusion de la culture populaire. Ces secteurs sont influencés par la demande du public, tout en ayant le pouvoir de façonner cette demande en proposant de nouveaux produits culturels. Ces produits sont élaborés en tenant compte de ce qui semble séduire le grand public, généralement par l'utilisation de techniques de fabrication à grande échelle, des tactiques promotionnelles et des ajustements en fonction des goûts des consommateurs. La réussite de séries télévisées populaires des années 2000, comme Game of Thrones ou Stranger Things, illustre comment les producteurs et les créateurs peuvent répondre aux courants sociaux tout en influençant les goûts culturels à l'échelle mondiale. Les producteurs peuvent également être en mesure de créer un phénomène culturel en créant un effet de mode autour de certains éléments (par exemple, les franchises de super-héros ou les influenceurs des réseaux sociaux).

Les artistes, qu'ils soient réalisateurs, musiciens, écrivains ou autres personnalités culturelles, jouent un grand rôle dans l'évolution de la culture populaire. Toutefois, leur travail n'est pas réalisé dans le vide. Ils sont fréquemment influencés par les mouvements culturels, politiques et sociaux de leur temps. De plus, leur capacité à prévoir ou répondre aux attentes du public peut avoir un impact sur le succès de leurs œuvres. Les créateurs ont aussi la possibilité de modifier ou de réinterpréter des éléments culturels existants pour concevoir de nouveaux symboles populaires. Des artistes tels que Luambo Makiadi, Madilu System, Koffi OLomide et Ferre Gola avec ses Gaulois, ou encore Fally IPUPA et ses Warriors, entre autres ; ont joué un rôle essentiel dans la création de nouvelles représentations de la Rumba en incorporant des messages dans leurs chansons. Une étudiante de Kinshasa précise cette notion d'appropriation culturelle et de création de sens par le public :

> *"J'ai l'impression que la musique de Fally Ipupa, par exemple, a dépassé la simple écoute. Nous, les jeunes, on a pris ses expressions comme 'les warriors', et ça a créé une sorte de code entre nous. C'est plus qu'une chanson, c'est une identité, un sentiment d'appartenance. C'est nous qui donnons le sens à ce qu'il crée, pas seulement lui."*

Cette vision illustre parfaitement comment les publics ne sont pas de simples récepteurs, mais des co-créateurs. Le fait qu'une expression artistique puisse être transformée en symbole d'identité et de cohésion communautaire confirme que la culture populaire est un dialogue constant entre les producteurs et les consommateurs, où la signification est négociée et réappropriée en permanence. De plus, les tendances sociales exercent une influence considérable sur la formation de la culture populaire. Ces tendances peuvent se manifester sous la forme d'événements historiques, de mouvements politiques, d'évolutions technologiques ou de modifications sociales. La révolution numérique a engendré l'émergence de nouvelles formes de culture populaire, comme les mèmes en ligne, les vidéos à succès et des plateformes comme TikTok, qui constamment redéfinissent ce qui est tendance. L'influence des mouvements sociaux (féminisme, droits des LGBTQ+, revendications écologiques) est également présente dans la création culturelle.

II.10.2. La prise en compte de la culture populaire

La réception de la culture populaire désigne la façon dont les individus et les groupes sociaux consomment, interprètent et réagissent aux produits culturels issus des industries culturelles. La réception est influencée par des éléments personnels, sociaux et culturels (Hall, 1997 : 74).

a) Gestion active et passive des ressources : La réception de la culture populaire n'est pas un processus unidirectionnel où l'audience est simplement influencée par ce qui est diffusé. Les individus qui reçoivent les communications culturelles sont généralement des consommateurs engagés qui sélectionnent, déchiffrent et répondent selon leurs goûts, leurs vécus et leurs croyances.

b) Réception en cours : Un même produit culturel peut être perçu différemment par diverses personnes. La perception d'un film ou d'un livre populaire peut varier selon les croyances politiques du public, pouvant être interprété comme un symbole de résistance ou juste une source de divertissement. L'accueil actif peut aussi provoquer des discussions, des débats ou la création d'une communauté de passionnés autour d'une œuvre. Dans certaines circonstances, les individus peuvent adopter pleinement le produit culturel sans remettre en question les messages qu'il véhicule, acceptant ce qui leur est présenté. Prenons l'exemple d'une publicité ou d'une série télévisée qui peut propager des stéréotypes ou des idéaux sociaux qui sont acceptés par un grand nombre de personnes sans considération critique.

c) Analyse contextuelle et évaluation subjective : Le contexte social, culturel et personnel des destinataires a un impact direct sur leur compréhension et leur interprétation de la culture populaire. À titre d'exemple, les jeunes peuvent percevoir les messages médiatiques de manière différente par rapport aux générations plus âgées. De la même façon, les individus issus de diverses couches sociales peuvent percevoir une chanson populaire ou un film sous des angles différents. La théorie de la réception, Stuart Hall que nous avons mentionnée précédemment, met en relief l'importance de l'interprétation personnelle et contextuelle.

Les personnes exposées à la culture populaire ne se contentent pas toujours de la consommer de manière passive ; ils peuvent aussi choisir de l'adopter, de la transformer ou de l'adapter à leurs propres exigences. Par la suite, les passionnés de films ou de séries peuvent créer des fan-fictions, des vidéos humoristiques ou des discussions qui modifient ou réinterprètent les significations d'origine. Selon Jenkins (2006), ce phénomène d'appropriation est particulièrement visibe dans les cultures numériques, où les usagers adaptent et diffusent leurs propres versions des œuvres. Des hashtags tels que Metoo ou BlckLivesMastter ont modifié des phénomènes sociaux d'envergure, en illustrant comment certains aspects de la culture populaire peuvent être catalyseurs de changement social.

d) Effet de la pression sociale : Les interactions sociales et la dynamique de groupe jouent également un rôle dans la manière dont la culture populaire est reçue. Les opinions de pairs, les influences des célébrités, et la pression sociale peuvent pousser certains individus à adopter des goûts ou à rejeter certains éléments culturels.

II.11. La relation entre la création et la réception

La création et la réception de la culture populaire sont en constante interaction. La réaction des consommateurs à certains produits culturels peut à son tour avoir un impact sur la production de nouveaux contenus. « Un phénomène viral sur Internet, peut entraîner la création de nouveaux contenus médiatiques qui tirent parti de cette popularité » (Banet-Weiser, 2012: 22). Les secteurs de la culture, tout en produisant des produits, sont également attentifs aux nouvelles tendances dans la société et à la manière dont la culture populaire est reçue. De même, « les producteurs sont influencés par les discussions publiques, les critiques et les réponses des récepteurs pour ajuster leur proposition culturelle » (Hesmondhalgh, 2019 :44).

Les produits culturels sont façonnés par les demandes sociétales et les courants actuels, tout en étant également adaptés et perçus par les destinataires selon leurs contextes, vécus et principes individuels. Etant donné sa nature accessible et en constante transformation, la culture populaire est ainsi le miroir d'un monde qui change sans cesse où les individus contribuent activement à son édification.

II.11.1. Le rôle des médias dans la réception et la construction de l'identité collective

Les études de la communication, de la sociologie et de la psychologie sociale se concentrent sur la réception et la construction de l'identité collective à travers les médias (Livingstone, 2005). L'objectif est de saisir l'impact des médias, à la fois comme producteurs de messages et comme vecteurs de représentation, sur la construction des identités collectives des personnes et des groupes sociaux. Cette dynamique se situe dans l'interprétation des messages médiatiques par les récepteurs (individus et groupes) et dans la façon dont ces messages contribuent à la définition de ce qui est perçu comme « nous » (le collectif) et « eux » (les autres).

II.11.1. L'idée d'une identité commune

L'identité collective fait référence à toutes les représentations, symboles, valeurs et pratiques répandues au sein d'un groupe social. Selon Castells (2013 : 43), « elle est fondée sur l'acceptation d'un « nous » par rapport à un « eux » ». Cette identité peut être liée à des aspects tels que les critères sociaux, culturels, politiques, ethniques ou religieux. Elle est généralement développée et renforcée par les relations sociales, les activités culturelles et les contenus médiatiques.

Le rôle des médias dans la création et la propagation de représentations collectives est important. Le pouvoir des médias à toucher un public vaste participe à l'élaboration des imaginaires collectifs et des narrations paragées. Ils ont donc un impact sur la réception des groupes sociaux, des événements historiques, des conflits, des valeurs et des idéologies (Anderson, 2016 : 11).

En RDC comme sous d'autres cieux, les médias ont la capacité de renforcer des préjugés à l'égard de groupes sociaux en se basant sur leur classe sociale, leur genre, leur origine ethnique, leur orientation sexuelle, etc. L'image que les membres du groupe ont d'eux-mêmes et celle que les autres groupes ont d'eux est influencée par ces représentations. Les stéréotypes médiatiques jouent à la fois le rôle de catégorisation et de légitimation de certaines hiérarchies sociales. Les groupes minoritaires ou marginalisés sont souvent présentés de manière négative ou réductrice dans de nombreux médias, ce qui a un impact sur la réception de ces groupes et de la société dans son ensemble.

II.11.4. L'impact des messages médiatiques sur l'identité collective

La réception des messages médiatiques n'est pas un processus passif, mais plutôt actif et négocié. L'acceptation des représentations médiatiques telles qu'elles sont diffusées n'est pas suffisante pour les individus et les groupes sociaux. Selon leurs propres expériences, valeurs et identités, les récepteurs ont la possibilité de les accepter, de les adapter, de les contester ou de les détourner.

En consommant des médias, un groupe social peut considérer ces messages comme renforçant, défiant ou redéfinissant son identité collective. En ce qui concerne la représentation des minorités, il se peut que certains groupes s'identifient à des personnages positifs ou, inversement, rejettent les clichés négatifs auxquels ils sont fréquemment confrontés. L'identité est donc construite à travers l'analyse des représentations médiatiques, mais également par la réponse des personnes et des groupes aux discours dominants.

Des groupes qui subissent une représentation insuffisante ou une absence de visibilité dans les médias peuvent donner naissance à des discours alternatifs, des actes de résistance et des tentatives de réappropriation des représentations médiatiques. Cela peut être réalisé grâce à des actions telles que la représentation alternative des groupes dans les médias, ou encore grâce à des formes de média participatif qui permettent aux membres des groupes sociaux la possibilité de contribuer à la création de contenus. De ce fait, les groupes minoritaires ont la possibilité d'utiliser les réseaux sociaux ou les plateformes de production de contenus afin de diffuser leur propre image, lutter contre les stéréotypes et revendiquer une visibilité qui correspond à leur identité collective.

II.12. Les défis de la construction de l'identité collective à travers les médias

La représentation des groupes minoritaires, des conflits identitaires ou des mouvements sociaux dans les médias a un impact sur la réception de ces groupes, sur l'interaction de leurs membres avec d'autres groupes et avec les institutions politiques. En conséquence, dans des contextes de conflits politiques ou sociaux (guerres, révolutions, discriminations, etc.), les médias peuvent jouer un rôle important en donnant une voix aux groupes en lutte pour leurs droits ou en renforçant des narratifs nationaux ou ethniques, ce qui peut à la fois favoriser l'unité interne et exacerber les conflits externes. Un journaliste de Kinshasa insiste sur la responsabilité des médias dans la gestion des conflits :

> *"Notre travail est de donner une information équilibrée, surtout en temps de conflit. Si on ne fait pas attention, on peut devenir une arme qui sème la haine. J'ai vu des médias donner la parole à des personnes qui incitent à la division, sans jamais prendre de recul. C'est dangereux, car le public finit par croire que le stéréotype est la réalité."*

Cette observation du journaliste souligne la grave responsabilité des médias, qui ne sont pas de simples miroirs de la société, mais des acteurs qui peuvent influencer la cohésion sociale ou la dégradation des relations entre les groupes. Le fait d'émettre des stéréotypes sans recul critique démontre comment les médias peuvent favoriser la réception passive et la reproduction de récits clivants. Un chauffeur de taxi de Kinshasa explique son attitude face au choix de l'information :

> *"Moi, je ne regarde plus n'importe quelle chaîne. Je sais déjà qui dit la vérité et qui essaie de manipuler les gens. Quand un journaliste ou un politicien dit quelque chose qui est complètement faux, mon cerveau bloque, je ne peux pas l'accepter. Il y a des chaînes qui parlent dans le vide, qui ne reflètent pas la réalité. Mon expérience me dit qu'il y a des personnes qui essaient de me forcer à croire à leurs histoires. Je choisis ce que je regarde en fonction de ce qui a du sens pour moi."*

Ce témoignage est une preuve de la capacité de résistance et de filtrage du récepteur. L'individu ne se contente pas d'absorber passivement les informations, mais évalue leur crédibilité en fonction de ses propres connaissances, de son expérience et de la cohérence du message. Cette attitude critique illustre la capacité du public à rejeter les discours qui ne correspondent pas à ses valeurs ou à sa perception de la réalité.

Ce chapitre a suivi le parcours et le développement de la théorie de la réception, illustrant la transition d'une perspective linéaire et linéaire et unidirectionnelle de communication vers une compréhension où l'auditoire joue un rôle central et dynamique dans l'élaboration du sens. Ce segment remet en question les modèles de communication traditionnels (Shannon et Weaver, Lasswel, Berlo) en raison de leur simplification excessive, de leur incapacité à considérer la rétroaction, les contextes culturels, les diverses interprétations et les dynamiques humaines multidimensionnelles. Cette évaluation motive l'examen des stratégies centrées sur le destinataire. L'introduction de concepts cruciaux comme l'horizon d'attente de Jauss et le modèle d'encodage/décodage de Stuart Hall est essentielle. Ces idées mettent l'accent sur le fait que le sens n'est pas intrinsèque au message, mais est élaboré conjointement par le destinataire en fonction de son environnement culturel, social et individuel. Les trois types de décodage de Hall (dominant, négocié et opposé) démontrent la diversité des interprétations potentielles et l'autonomie du public.

      Ce chapitre souligne finalement le rôle proactif du public en s'appuyant sur la théorie des usages et des gratifications, démontrant que les audiences sélectionnent et utilisent les médias selon leurs exigences et aspirations. Ces facteurs établissent la base pour les prochains chapitres qui mettront l'accent sur l'implémentation pratique de ces idées dans le contexte congolais, en employant la sociologie de la réception médiatique pour peindre un tableau équilibré des audiences de la RDC.

Chapitre troisième

SOCIOLOGIE DE LA RECEPTION MEDIATIQUE EN RDC

> *La réception médiatique transcende la simple absorption de contenus pour devenir une activité profondément ancrée dans le quotidien, où les publics, qu'ils soient individus ou communautés familiales, configurent activement le sens des messages, les approprient selon leurs réalités culturelles et socio-économiques, et les transforment au prisme des dynamiques interpersonnelles et des rapports de pouvoir au sein du foyer."*
> Rieffel (2005).

L'étude de la sociologie de la réception permet d'analyser l'interaction entre les médias et leurs audiences. Elle va au-delà de la simple diffusion pour examiner comment les messages sont véritablement perçus, compris et employés. Les théories expliquant comment les individus et les groupes interprètent le contenu médiatique se situent au centre de cette discipline. Dans la République Démocratique du Congo, un pays doté d'un paysage médiatique foisonnant et dynamique, l'usage de ces théories offre une compréhension essentielle des relations singulières entre les citoyens, l'information et le divertissement.

III.1. Les fondements de la réception médiatique

Louis Quéré (1996) a identifié trois processus fondamentaux de réception qui éclairent les pratiques médiatiques au niveau national :

- ✓ La réception comme activité située : Il s'agit des pratiques concrètes de consommation médiatique, profondément ancrées dans le quotidien des individus. Au Congo, cela se manifeste de diverses manières. Que ce soit l'écoute collective de la radio sur un transistor dans les quartiers populaires de Kinshasa, la consultation des nouvelles via les smartphones partagés dans les villages reculés, ou le visionnage en groupe de matchs de football à la télévision dans les "nganda⁵", chaque interaction est une activité en soi. Ces activités nécessitent des aptitudes particulières, telles que la faculté de jongler entre les fréquences radio dans un cadre où la bande FM est congestionnée, ou de déchiffrer les données dans une situation où l'accès à Internet peut parfois être fragile. Les réalités socio-économiques, les coutumes culturelles et les restrictions matérielles du pays modèlent ces activités. Une analyse de la scène médiatique à Kinshasa décrit parfaitement le caractère polyvalent de la télévision pour l'audience congolaise :

> *"Pour moi, la télévision n'est pas qu'une source d'information sérieuse. C'est aussi un moyen de me divertir, de me détendre après une longue journée de travail. On regarde les séries congolaises, on se moque des publicités, on rigole ensemble en famille devant les émissions de comédie*

Ce témoignage illustre parfaitement le concept d'activité située. La consommation médiatique n'est pas un acte passif et unidirectionnel, mais un rituel social et un outil pragmatique répondant à des besoins immédiats de détente et de survie.

- ✓ La réception comme « acte de configuration » : Ce processus transcende la simple compréhension et nécessite l'élaboration de sens. Selon Quéré (1996 :36), c'est une sorte d'appréhension qui cherche à « percevoir les éléments ensemble, à organiser un ensemble hétérogène en une entité compréhensible en captant les éléments dans un unique et concret réseau de relations ». Dans le cadre national, où la variété des contenus médiatiques est notable, incluant des journaux d'information officiels, des émissions de divertissement prisées et du contenu provenant des réseaux sociaux, la faculté des destinataires à ajuster ces composantes s'avère cruciale. Par exemple, comment un Congolais intègre-t-il les informations sur un conflit dans l'Est du pays avec les discours politiques entendus à la télévision, ou les rumeurs qui circulent dans son quartier ? Cet acte de configuration permet de donner une cohérence aux messages disparates, de les

---

[5] Un **nganda** est un type de bar ou de restaurant populaire et informel, très répandu en République Démocratique du Congo, en particulier dans les villes comme Kinshasa. Le mot "nganda" vient du lingala et peut se traduire par "lieu de rencontre" ou "endroit où on se rassemble". C'est un lieu emblématique de la culture urbaine congolaise.

contextualiser selon son vécu et ses connaissances locales, et ainsi de former une opinion ou une perception du monde.

Un auditeur de Bukavu met en lumière la dimension communautaire de la radio qui dépasse la simple écoute de l'information :

> *"Dans mon quartier, la radio est une institution. On ne se contente pas d'écouter les nouvelles. On attend les émissions de débats où les auditeurs peuvent appeler pour donner leur avis, pour réagir. C'est plus qu'une simple écoute, c'est une participation active à la vie de la cité. L'animateur est comme un arbitre, il gère la discussion mais c'est nous qui la faisons vivre. La radio est notre place publique, notre agora. On y discute de nos problèmes de société, de la pluie et du beau temps, des nouvelles de la ville. On n'est plus seulement des auditeurs, on est une communauté, et la radio est le lieu de notre rassemblement."*

Cette perspective enrichit la théorie de l'acte de configuration en montrant que cette construction de sens n'est pas seulement individuelle mais collective, se déroulant dans un "agora" médiatique où les auditeurs transforment l'information en un débat vivant et participatif.

- ✓ La réception comme « appropriation » : L'appropriation est le moment où le message médiatique est assimilé et employé par le destinataire afin d'éclairer sa propre situation. Comme le fait remarquer Quéré, cet aspect est associé à ce que l'herméneutique littéraire appelle « application » (1996). Cela implique que l'audience congolaise ne se limite pas à saisir le message, elle l'utilise pour transformer ses schémas de pensée, remettre en cause ses préjugés ou rediriger ses comportements. Une émission de sensibilisation sur la santé publique peut amener une famille à adopter de nouvelles pratiques d'hygiène, ou un reportage sur l'entrepreneuriat peut inciter un jeune à démarrer sa propre activité, nourrissant ainsi ses désirs et attentes.

Un acteur de la société civile de Goma explique comment les messages doivent être adaptés au public pour être appropriés :

> *"Notre travail consiste à comprendre les publics pour mieux les toucher. On ne peut pas se contenter de balancer un message 'clé en main' comme on le ferait en Europe. Le public congolais est très résilient et très créatif. Il détourne les messages, se moque des*

discours politiques creux. Pour une campagne de sensibilisation, il faut parler sa langue, utiliser ses références culturelles, lui donner la parole. C'est la seule façon d'être entendu. Par exemple, pour une campagne de prévention du paludisme, on ne va pas juste donner des statistiques. On va utiliser des conteurs pour raconter l'histoire d'une famille qui a été touchée par la maladie. C'est une approche qui parle au cœur des gens."

Ce point de vue confirme que pour qu'il y ait appropriation, le message doit être ancré dans la réalité et le langage du public. L'exemple de la campagne de prévention du paludisme montre que l'efficacité ne réside pas dans la simple transmission d'informations, mais dans leur reformulation narrative qui permet au public de s'identifier et d'intégrer le message dans sa propre vie.

III.2. Les trois directions de la réception

Dans une perspective similaire, Remy Rieffel (2005) a identifié trois directions complémentaires dans l'étude de la réception :

- L'aptitude individuelle à interpréter les « textes » médiatiques : Comme le précise Quéré (1996 :36), cette perspective suppose que "les utilisateurs de médias, en tant qu'individus, possèdent une capacité raisonnable à interpréter les « textes » médiatiques (textes, sons, images) et détiennent une compétence spécifique dans le processus de décodage". Dans un contexte congolais, chaque personne, enrichie de son éducation, de ses expériences de vie et de sa richesse culturelle, possède une aptitude singulière pour déchiffrer les informations. Lorsqu'il est confronté à un auditeur chevronné sera en mesure de saisir les implicites et les insinuations, alors qu'un autre portera son attention sur le message manifeste.

    Un journaliste de Kinshasa explique l'importance de comprendre les nuances de son audience pour créer un contenu pertinent :

    « En tant que professionnel des médias, il est essentiel d'avoir une connaissance approfondie de mon public. » Ce qui pourrait captiver l'attention d'un jeune à Kinshasa ne serait pas nécessairement la même chose pour un senior à Kisangani. L'audience congolaise est fortement divisée. On distingue le public en ligne qui utilise Twitter et Facebook, du public hors ligne qui a uniquement accès à la radio. Tout, des sujets au top et au format doit être ajusté à ces

circonstances. « Si je ne comprends pas mon auditoire, ma réalisation n'aura aucune portée. »

L'opinion de ce journaliste met en évidence que le public ne constitue pas un ensemble homogène. Il insiste sur la diversité et la fragmentation des auditoires, ce qui met en évidence que la capacité personnelle à interpréter un message est étroitement associée à son contexte social et technologique. Sans cet ajustement, la communication est destinée à échouer.

- L'importance des pratiques de lecture et d'écoute à domicile : Cette approche plus large vise à saisir l'influence du milieu familial et quotidien sur la compréhension des messages (Quéré, 1996 :36) Au Congo, la consommation médiatique est souvent un événement familial ou communautaire. Les discussions autour de la radio après le journal de 20h ou les commentaires échangés devant la télévision influencent fortement la compréhension et l'interprétation des messages. Le foyer devient ainsi un lieu de médiation où les significations sont négociées et partagées.
- Les pratiques sociales des médias en dehors du foyer : La troisième perspective, encore plus vaste, s'intéresse aux "apprentissages sociaux qu'ils engendrent" (Quéré, 1996 : 36). Hormis le contexte domestique, les médias sont consommés dans les lieux publics et semi-publics. Les lieux tels que les salons de coiffure avec la télévision allumée, les « centres d'appels » où l'on accède à Internet, ou encore les minibus de transport public dotés de radios, sont autant d'endroits où l'absorption des médias devient une activité sociale. Ces échanges favorisent le partage d'idées, la confirmation des interprétations et l'établissement de nouvelles compréhensions collectives.

Ces trois axes sont particulièrement pertinents pour les études de communication dans la sphère congolaise, où le public des médias n'est jamais un individu isolé. Comme l'affirme Le Grignou (2001 :56), « tenter de caractériser ses aptitudes à l'interprétation des messages séparément du contexte global dans lequel il est implanté" serait artificiel » (Le Grignou, 2001). La RDC, avec ses multiples facettes culturelles et sociales, illustre parfaitement comment l'individu interagit avec une variété de discours issus des discussions avec sa famille, ses amis et ses collègues ».

III.3. Des joies et plaisirs aux communautés d'interprétation

Sur le plan individuel, Remy Rieffel (2005 :379) a identifié deux mécanismes clés dans le processus d'appropriation : les satisfactions et plaisirs personnels et le déchiffrage individuel au sein des communautés d'interprétation.

III.3.1. Plaisirs et satisfactions personnels

L'interaction avec les médias au niveau national procure des plaisirs et des satisfactions qui aident les individus à gérer leur quotidien. Que ce soit pour le divertissement procuré par les séries télévisées, l'information importante à la survie et à la prise de décision en situation d'incertitude, ou le sentiment d'appartenance généré par les programmes culturels et musicaux, les congolais « font des médias » afin de satisfaire leurs besoins. Selon des chercheurs tels qu'Elihu Katz et Michael Gurevitch, mentionnées par Rieffel (2005), les divers usages et gratifications révélés mettent en évidence que les médias satisfont une multitude d'attentes psychologiques. Cependant, ces gratifications sont fréquemment atténuées par les interactions socailes. Remy Rieffel (2005 :38) met en évidence que « des influences notables proviennent des relations d'amitié, de parenté ou professionnelles qu'un individu tisse autour de lui-même ». En République Démocratique du Congo, l'information est rarement absorbée de manière isolée ; elle est débattue, analysée et tirée à travers les médias sociaux. Un reportage télévisé sera décortiqué en famille, une publication médiatique discutée avec des collègues, et une information radiophonique circulera dans le voisinage, venant enrichir ou transformer l'analyse initiale. Cette tendance souligne que les formes de communication dépassent largement les médias traditionnels, atténuant ainsi leur influence directe. Quelques commentateurs, tel que Ien Ang (2003), ont alerté sur une interprétation trop simplifiée des attentes du public. Dans sa recherche concernant la série Dallas, Ang (2003) a démontré que le plaisir ressenti à l'égard d'une œuvre ne traduit pas nécessairement une adhésion complète à son contenu ou à ses valeurs. Elle a déterminé que le processus de réception représente « une sorte de jeu constant entre, d'une part, l'offre de programmes télévisuels et, d'autre part, son environnement d'appartenance » (2003 :4). Sur le territoire national, les téléspectateurs peuvent apprécier le divertissement de séries étrangères sans pour autant adopter leurs valeurs, ou décrypter les messages politiques avec un sens critique aiguisé. Ils possèdent des "ressources personnelles pour déchiffrer les messages, des compétences spécifiques (distribuées de manière inégale) pour les réinterpréter et qui naviguent entre acceptation et rejet" (Ang, 2003). Richard Hoggart (2015 :14), dans son œuvre sur la culture populaire, a également mis en évidence cette distinction : "les gens du peuple établissent en réalité une nette distinction entre leur univers et le monde extérieur, entre le « nous » et le « eux »". Il voyait la lecture de revues comme une forme d'évasion inoffensive, où le lecteur reste conscient que tout ceci n'est pas 'réel' et que la véritable 'réalité' se passe ailleurs (Hoggart, 2025 :14).

Cette remarque est particulièrement pertinente pour le Congo, où les communautés peuvent apprécier des divertissements médiatiques tout en restant ancrées dans leur réalité culturelle et sociale. Hoggart (2025 :44) a également mis en évidence le danger d'uniformisation des comportements par la culture diffusée, une tendance dont la plupart des individus n'avaient pas connaissance. Dans le contexte propre au pays, la prolifération des chaînes de télévision, des réseaux sociaux et des plateformes de streaming peut entraîner une certaine uniformisation des goûts et des attentes, mais cette standardisation est souvent contrecarrée par des formes de résistance. Sylvie Debras (1998 :45) a par exemple mis en lumière les « divergences dans les attitudes et les jugements entre hommes et femmes face à la presse écrite », démontrant que la résistance à l'homogénéisation peut provenir de facteurs humains et sociaux profonds.

III.3.2. Du décodage individuel aux communautés d'interprétation

Il est crucial de concevoir les usages médiatiques comme des phénomènes socialement et culturellement motivés. Les analyses psychologiques sont complétées par un modèle d'interprétation combinant perspectives sémiologique et sociologique, notamment sous l'influence de Stuart Hall. Selon ce dernier, « les structures économiques et institutionnelles des médias ont une forte incidence sur la création de discours et d'images diffusés par ces entités. La manière dont les messages sont codés est largement déterminée par l'équilibre des forces existantes dans la configuration médiatique (Hall, 1998 :49).

Dans le contexte congolais, cela indique que la production de médias est indissociablement liée aux réalités politiques, économiques et sociales du pays. Face à des contraintes de financement, à une censure possible ou à des influences d'annonceurs, les médias élaborent des discours qui traduisent ces rapports de force. Les journaux, les stations de radio communautaires et les chaînes de télévision (souvent liées à des personnalités politiques ou économiques) influencent la mise en scène des événements et proposent des interprétations privilégiées. Hall (1998) identifie trois logiques de lecture des messages médiatiques :

- ✓ **La lecture de conformité (ou hégémonique)** : Le public accepte passivement le contenu sans résistance. Cela peut se produire lorsque le message médiatique renforce des croyances déjà ancrées ou correspond à une vision dominante de la réalité.
- ✓ **La lecture négociée (position négociée)** : Le récepteur s'approprie en partie les informations, modifiant les significations en fonction de ses propres valeurs et croyances. C'est un type d'accord entre le message véhiculé par le média et la réalité expérimentée par le destinataire. C'est fréquent, par exemple, qu'un citoyen adapte un discours politique national à la réalité de son quartier ou de sa province.
- ✓ **La lecture oppositionnelle** : Le public déchiffre les messages d'une façon qui conteste celle proposée par les médias, généralement à cause d'un écart avec son vécu personnel ou ses propres référentiels critiques.

Ce type de lecture est fréquent dans des contextes où la méfiance envers les institutions ou les médias est élevée. Remy Rieffel (2005 : 390-391) insiste sur la nécessité d'"aller au-delà de l'analyse exclusive du moment de la réception pour saisir le comportement du public des médias". Il préconise une approche "à la fois sémiologique et sociologique qui examine le lien entre production et réception". Hall (1998 :14) lui-même l'a souligné : "la diversité des relations entre production et réception se révèle aussi à travers les décalages qui peuvent survenir entre les messages tels qu'ils sont transmis par les émetteurs et ceux tels qu'ils sont perçus par le public. En d'autres termes, il n'y a pas toujours de correspondance directe entre le moment de la production et le moment de la réception". Cette discordance est due à des motifs culturels et sociaux, notamment à l'asymétrie entre les positions de l'émetteur et du récepteur. Sous l'angle congolais, les compétences de décodage sont inégalement réparties, influencées par des facteurs comme l'accès à l'éducation, le niveau de vie, le genre, l'âge et les groupes culturels d'appartenance. C'est pourquoi "l'interprétation individuelle des messages reste toujours, d'une certaine manière, une interprétation collective" (Rieffel, 2005 : 391). Les communautés d'interprétation sont essentielles dans ce processus. Elles soulignent l'importance des dialogues, des interactions personnelles et du contexte culturel. Elihu Katz et Tamar Liebes (1992), dans leur étude comparative sur Dallas, ont montré que "les spectateurs emploient différents modes d'interprétation et diverses approches de lecture... Selon le groupe culturel auquel ils sont affiliés (pp.73-89). Cela implique que les groupes ethniques, les communautés de foi ou les organisations professionnelles peuvent avoir des interprétations différentes du même contenu médiatique. La « lecture critique » est davantage observée chez ceux qui possèdent une meilleure aptitude à analyser les contenus.

Cette constatation établit un rapport entre le profil sociologique du spectateur et sa compréhension du contenu télévisuel. Selon l'analyse de David Morley mentionnée par Rieffel (2005 :393) concernant l'émission Nationwide de la BBC, il a été prouvé que les facteurs sociologiques et démographiques n'ont pas d'influence directe sur le processus de communication. Ils agissent plutôt « à travers l'effet des discours dans lesquels ils sont exprimés » (Moeley cité par Rieffel, 2005 :393). Deux résultats majeurs en découlent : la multiplicité des significations des messages médiatiques est plus grande qu'on ne le pense, et le lien entre la classe sociale et l'interprétation n'est pas simple. En RDC, où les réalités socio-économiques sont extrêmement variées, cela implique que la compréhension d'une émission télévisée ne peut être réduite à la seule position socio-économique du téléspectateur. Le récepteur congolais possède un "éventail assez large de répertoires symboliques et de ressources culturelles" (Rieffel, 2005 : 393).

Effectivement, regarder la télévision est une expérience à multiples facettes, où chaque personne élabore sa propre compréhension en fonction de la mise en scène de l'émission, de son milieu social, de ses compétences linguistiques (dans un pays polyglotte) et de sa culture quotidienne. Même si certaines catégories sociales peuvent analyser une émission selon leurs propres paramètres, on constate également la présence de groupes diversifiés ayant une interprétation similaire ou d'ensembles socialement semblables ayant des points de vue divergents. La présence de lectures alternatives à la perspective dominante suggère qu'une déconstruction intense peut avoir lieu chez certains spectateurs congolais, particulièrement critiques et engagés. Comme l'affirme Daniel Dayan (1992 :146), ces recherches reposent "principalement sur la notion que le public construit son identité lors de l'interaction avec un « texte » médiatique et que la signification de ce dernier n'est pas entièrement inhérente au texte lui-même". La réception des médias ne consiste pas en une abortion passive de significations prédéfinies. Le destinataire congolais est une personne active et socialisée, qui partage des ressources culturelles avec les membres de sa communauté. L'interprétation des messages médiatiques est directement influencée par ces ressources, qui sont réparties de façon inégale. Une meilleure compréhension de la sociologie de la réception à Congo-Kinshasa offre une vision plus claire des dynamiques de l'information, de l'élaboration, des opinions publiques et des défis liés au développement dans cet pays captivant.

III.3.3. Le contexte de la vie quotidienne et familiale

Le contexte de la vie quotidienne et familiale est un prisme essentiel pour comprendre la réception des médias et des technologies de l'information et de la communication (TIC). Loin d'être un acte isolé, la consommation médiatique est profondément enracinée dans les dynamiques du foyer, influencée par les relations intergénérationnelles, les systèmes d'autorité et les rapports de genre. En République Démocratique du Congo où la famille et la communauté occupent une place centrale dans la société, cette approche apporte un éclairage particulièrement pertinent sur la manière dont les Congolais interagissent avec les médias au quotidien.

III.3.4. L'influence du foyer sur la réception médiatique

Les recherches en sociologie de la réception, se concentrant sur le contexte d'utilisation quotidienne des médias au sein du foyer, ont progressivement mis en lumière l'importance capitale de l'influence du ménage et de l'unité familiale sur le comportement des récepteurs. Selon Remy Rieffel (2005 :400) dans son livre Sociologie des médias, « l'influence des médias est aussi visible dans les interactions intergénérationnelles, le système d'autorité et les relations de genre qui construisent et se déconstruisent au sein du foyer ». Cette réalité est manifeste sur le territoire congolais. Il est courant que les familles fonctionnent comme des structures élargies, englobant plusieurs générations qui vivent sous un même toit. Les dynamiques en question englobent des objets domestiques tels que la télévision, la radio et, de plus en plus, les téléphones portables et les ordinateurs. La manière dont les membres d'une famille interagissent avec ces médias révèle des enjeux identitaires profonds. Ce n'est pas seulement le contenu des émissions qui importe, mais « les types de rapports qui se créent autour du flot de télévision déversé dans le domicile par l'écran" et "les divers degrés d'attention que chaque membre de la famille accorde à tel ou tel programme » (Rieffel, 2005 : 401). Cette perspective de la réception s'articule autour de deux axes principaux : la culture télévisuelle et les modes de communication au sein des familles, et l'évolution des usages des médias vers ceux des TIC.

III.3.5. Culture télévisuelle et modes de communication au sein des familles

L'importance de ces relations familiales est mise en évidence par l'influence de ce que l'on pourrait appeler une "culture télévisuelle", transmise dès la petite enfance. Marie-France Laberge et Serge Proulx (1995 : 121-140) ont soutenu que « cette culture repose sur des compétences et des aptitudes associées à l'utilisation des appareils, la maîtrise plus ou moins poussée des programmes via la consultation de revues spécialisées, les pratiques d'utilisation, les préférences et les avis sur certaines catégories d'émissions ». Ce paysage télévisuel est modelé par des éléments distinctifs dans le contexte congolais. Dans de nombreuses zones, l'approvisionnement en électricité instable fait de la télévision un bien de consommation de luxe ou un moyen de rassemblement occasionnel. Le panorama médiatique le plus couramment consommé se compose de programmes locaux, d'émissions de foi, de rencontres sportives et de séries télévisuelles. La construction de l'identité familiale congolaise s'effectue non seulement par le biais des histoires traditionnelles et des événements imposants (comme les naissances, les mariages, les funérailles, mais aussi de plus en plus à travers les expériences communes vécues devant un écran.

> « Nos pratiques et coutumes d'écoute actuelles sont souvent liées à l'utilisation du petit écran depuis notre plus jeune âge » (Laberge et Proulx, 1995 :121-140).

La manière dont les familles congolaises interagissent avec la télévision soulève plusieurs questions pertinentes pour la recherche : Y a-t-il de nombreux dialogues entre parents et enfants lorsqu'ils regardent la télévision ? Les enfants préfèrent-ils regarder la télé, seuls ou en groupe, ou dans un contexte de partage ? Comment se déroule précisément l'assimilation des valeurs véhiculées par la télévision, en particulier celles qui peuvent être en décalage avec les normes culturelles locales ? Comme le souligne Remy Rieffel (2005 : 404), « toutes ces questions orientent les recherches vers la compréhension de ce qui se passe réellement lors de l'appropriation des messages médiatiques ». Les travaux de James Lull (2005), pionnier dans l'étude des familles américaines, ont identifié deux principales formes d'utilisation de la télévision :

- ✓ **Les usages « structurels »** : La télévision fonctionne comme un bruit de fond lors des tâches domestiques ou pour marquer le rythme de la journée. Cela pourrait consister à écouter la radio ou regarder la télévision tout en préparant les repas, faisant la lessive ou s'adonnant à des travaux manuels, une activité où le niveau d'attention peut fluctuer et être fréquemment sporadique.
- ✓ **Les usages « relationnels »** : La télévision se transforme en un instant de communion et de dialogue, ou, à l'opposé, en un outil pour éviter les interactions individuelles. Elle peut également être un instrument de manifestation du pouvoir sur autrui, par exemple, dans le choix des

programmes ou le contrôle de la télécommande. Il est donc clair que la manière dont les familles communiquent influence leurs habitudes télévisuelles, et que ces dernières sont soumises à des "contraintes et des normes qui peuvent varier d'un milieu familial à l'autre" (Esquenazi, 2003 : 71).

Les recherches de Marie-France Laberge et Serge Proulx (1995) au Québec ont également démontré que la télévision peut tantôt renforcer les liens familiaux, tantôt créer de la distance et des conflits, remettant parfois en question l'autorité parentale. Cette observation est particulièrement pertinente au niveau national, où les discussions autour des contenus médiatiques peuvent devenir des espaces de négociation des normes sociales et des valeurs. Un téléspectateur de Lubumbashi illustre comment le public congolais s'approprie les informations en les reliant à sa propre vie, ce qui confirme l'usage relationnel de la télévision :

> *"J'ai remarqué que le public congolais a une relation très personnelle avec la télévision. Quand on regarde les informations, on ne les voit pas juste comme des faits, on se demande comment ça va nous impacter directement. Un reportage sur la dévaluation de la monnaie, par exemple, ça me touche personnellement, parce que ça veut dire que ma vie va être plus difficile. On ne regarde pas les médias de loin, on les vit."*

Ce point de vue renforce l'idée d'une réception "relationnelle", où les informations ne sont pas de simples données mais des événements qui touchent directement la vie des individus et de leurs familles. L'appropriation du message est ici un processus vital qui permet de comprendre son propre environnement et de s'y adapter.

Les travaux de David Morley, notamment son ouvrage *Family television: culture, power and domestic leisure* (1997), ont affiné l'analyse des rapports de pouvoir et de genre au sein du foyer familial. Morley y décrit « les règles qui régissent l'utilisation de la télévision dans les familles d'un quartier populaire londonien » (p. 356). Il note que « les horaires d'écoute, les sièges pris et les décisions prises sont soumis à une rigueur variable selon les familles, créent des dynamiques de pouvoir et des arrangements mutuels, et structurent d'une certaine manière le quotidien » (Morley, 1997 : 356). Les hommes peuvent privilégier les émissions d'actualité ou les matchs de football, tandis que les femmes sont souvent plus attirées par les feuilletons ou les émissions culturelles. Cette séparation des préférences et des activités peut à la fois refléter et consolider les rôles de genre traditionnels, où les femmes, habituellement multitâches, « portent moins d'attention à la télévision et se lancent volontiers dans une autre occupation » (Morley, 1997 :356) ou, dans le cadre congolais, vers la préparation des repas, le tressage des cheveux ou d'autres tâches ménagères. Selon Dominique Pasquier (1999), les interactions au sein du foyer ont une influence significative sur la façon dont les téléspectateurs déchiffrent les émissions, et cette recherche souligne aussi des préférences et des inclinations basées sur des différences de comportement liées au genre.

III.4. De la réception des médias aux usages des TIC

L'analyse des rapports de genre sociaux permet d'obtenir des perspectives déterminantes pour comprendre le processus de domestication des objets techniques. La distribution des tâches au sein du foyer influence l'usage des médias et l'assimilation de représentations préexistantes liées à la masculinité et à la féminité (Esquenazi, 2003 : 71). Les recherches de Laberge et Proulx (1995) corroborent cela en montrant que les hommes tendent à une écoute silencieuse, tandis que les femmes ont une écoute plus fragmentée, souvent interrompue par les interactions familiales. Un journaliste de Kinshasa expose le regard des étrangers sur le public congolais et souligne son intelligence et sa résilience, ce qui réfute le stéréotype du public naïf :

> *"Les journalistes étrangers qui viennent en RDC ont souvent une vision stéréotypée du public congolais, une vision de victime ou de naïf. Ils ne comprennent pas que notre public est très avisé. Les Congolais sont des experts en survie et en adaptation. Ils savent lire entre les lignes, ils savent déchiffrer les discours. Le public congolais est un public intelligent et résilient, qui a développé ses propres stratégies pour décoder les messages."*

Ce discours est en résonance avec la pluralité des usages médiatiques décrits par Morley, en affirmant que les spectateurs congolais ont une approche sophistiquée et critique de la réception. La capacité du public à "lire entre les lignes" et à "déchiffrer les discours" démontre que la lecture n'est jamais naïve et est toujours influencée par des facteurs sociaux et culturels.

La domination masculine sur les moyens de communication est encore souvent observée sous d'autres cieux comme en République démocratique du Congo, notamment dans le contrôle de la télécommande. Cette domination s'étend aujourd'hui aux jeux vidéo et aux ordinateurs, reflétant des rapports de pouvoir plus larges au sein de la famille. L'étude des usages TIC devient donc un cadre plus large pour comprendre la réception médiatique. Philippe Breton et Serge Proulx (2002 : 255) distinguent trois significations du terme "usage" : l'adoption (acquisition d'un objet), l'utilisation (mise en œuvre selon les instructions) et l'appropriation (une manière unique de faire avec un objet). Un auditeur de Kinshasa évoque le rôle historique et unificateur de la radio, un média qui a toujours été une référence fiable dans les moments de crise, ce qui démontre sa place dans le processus d'appropriation des messages :

> *"La radio, c'est ce qui nous a toujours unis. C'est ce qui nous informait en temps de crise, en temps de paix. C'était comme une boussole. On se fiait à la voix du présentateur pour savoir si on devait rester chez nous, ou si on pouvait sortir. On écoutait les messages de sensibilisation sur les maladies, et on les appliquait sans se poser de questions. C'était la seule chose que l'on avait, et la confiance était totale."*

Cette perspective montre que la radio a été, historiquement, une autorité incontestable, un outil de survie collective et une boussole en temps de crise. Cette confiance totale envers ce média s'inscrit dans un processus d'appropriation qui ne se contente pas d'intégrer les messages, mais les érige en guide pour la conduite de la vie quotidienne.

Les méthodes de communication médiatiques sont aujourd'hui intrinsèquement liées à l'usage du téléphone portable, de l'ordinateur, d'Internet et des réseaux sociaux. Cela implique une réévaluation des processus de domestication de ces technologies qui créent de nouveaux systèmes de communication au sein des foyers congolais. Roger Silverstone et ses collaborateurs cités par Rieffel, (2005 : 408) ont étudié comment les technologies et les médias traversent la frontière entre l'espace public de leur création et l'espace privé de leur adaptation et de leur appropriation personnelle. Dans la situation actuelle au Congo, les technologies de l'information et de la communication ont une importance considérable et modifient le comportement du public envers les médias. L'étude de Michel De Certeau (1980) concernant l'usage d'outils contemporains dans le cadre domestique français est révélatrice. Selon De Certeau (1980), « les utilisateurs exploitent souvent cet instrument de communication à leur profit en concevant des messageries et en manipulant de fausses identités » (p.142). A Kinshasa, la multiplication des smartphones et l'accès de plus en plus fréquent à l'Internet, bien qu'encore restreint, donnent la possibilité aux utilisateurs de

« braconner » et d'explorer des alternatives, adaptant ainsi les technologies à leurs propres exigences et innovations. L'emploi des technologies de l'information et de la communication modifie les relations entre le secteur privé, l'environnement domestiques et le milieu professionnel. Ce processus d'assimilation, habillement divisé en quatre phases (adoption, découverte, apprentissage et banalisation), ne mène pas à l'élimination des moyens de communication traditionnels. Au contraire, « l'usage social des technologies de l'information et de la communication élaboré en combinant de façon variable les médias traditionnels et modernes » (Rieffel, 2005 :409).

Au Congo, bien que la radio conserve sa puissance en tant que média, elle est de plus en plus consommée à travers les applications de diffusion sur smartphone, mettant ainsi en évidence cette hybridation. L'émergence de la téléphonie mobile et d'Internet a incontestablement intensifié la portée des TIC dans la vie de tous les jours. L'utilisation régulière et poussée de ces technologies conduit à une restructuration des relations familiales et à une redéfinition des rapports entre parents et enfants. L'usage collectif de la télévision se heurte désormais à l'usage individualisé du téléphone et de l'ordinateur, obligeant à redéfinir les règles de vie antérieures. Les recherches les plus récentes confirment les différences d'appropriation des nouveaux outils de communication entre les hommes et les femmes (Rieffel, 2005 : 411). Le téléphone, par exemple, est fortement investi par les femmes, plus sensibles à un modèle de communication relationnel et participatif, axé sur le ressenti et le partage. Inversement, « les hommes privilégient davantage les écrans numériques, l'informatique, les jeux vidéo, etc. : leur mode de communication est plus axé sur la fonctionnalité, la compétition et l'action » (Rieffel, 2005 : 411). Bien que les femmes congolaises rattrapent leur retard dans le domaine des TIC, la fréquence et la durée d'utilisation peuvent encore différer. Le "genre", à l'instar de l'âge et de la classe sociale, est un critère essentiel dans la discrimination des modes de communication. Josiane Jouet et Dominique Pasquier (1999 : 45) l'illustrent avec une étude sur la culture numérique des jeunes : « l'univers communicatif des filles se concentre sur le thème du lien, tandis que celui des garçons tourne autour de la notion d'autonomie ». Cette recherche confirme que la cellule familiale est fortement influencée par les usages genrés des médias et des TIC, où les garçons discutent davantage de jeux vidéo avec leur père, et les filles de télévision ou de musique avec leur mère. La surveillance parentale, souvent centrée sur le contenu de la télévision (surtout en ce qui concerne la violence) et les lieux où les médias sont consommés à domicile, démontre comment les messages sont perçus de manière collective et influencent les points de vue et les préférences familiales.

Dans cette perspective, le foyer congolais représente un environnement crucial pour décrypter les messages des médias, où se déroulent des moments de discussion et de désaccord au sujet de l'usage des médias. Enfin, comme le souligne Gwenaël Larmet (2010 : 222), « les médias remplissent un triple rôle au sein de la famille : ils évitent la solitude, favorisent l'unité ou permettent de se réserver du temps pour soi. Les médias audiovisuels apportent aux adolescents l'opportunité de s'émanciper partiellement de leurs parents et contribuent à la socialisation des individus en élargissant leurs horizons et en encourageant de nouvelles formes de sociabilité ». L'analyse de la réception des médias en République Démocratique du Congo nécessite une approche plus complexe qu'une simple étude des préférences personnelles ou des traits démographiques. Elle s'intègre dans un ensemble de mouvements sociaux qui influencent à la fois l'interprétation des messages, la contribution des médias à l'élaboration d'identités, la création de réseaux sociaux et l'émergence de nouvelles habitudes. Il est capital d'examiner comment ces processus se déploient et l'ampleur des contraintes sociales qui les gouvernent dans un contexte aussi diversifié et en évolution que la RDC.

III.5. Les dynamiques sociales et la réception des médias

L'étude des habitudes de consommation médiatique met en lumière des disparités culturelles et sociales significatives dans l'usage de la presse, de la radio et de la télévision. Ces différences ne se limitent pas à de simples choix de programmes, mais s'étendent aux aptitudes inégales des individus à déchiffrer les messages médiatiques. Un mineur du Katanga, un avocat de Kinshasa, un ouvrier à Goma ou un professeur au Kwilu ne disposent pas des mêmes aptitudes intellectuelles initiales pour saisir certains contenus médiatiques, ni des mêmes moyens d'analyse par la suite. Par exemple, le traitement d'événements politiques complexes, qui requiert une connaissance approfondie des institutions et des questions, sera interprété différemment en fonction du niveau scolaire et de l'accès à d'autres sources d'information. Eric Darras, cité par Rieffel (2005), a justement souligné que « les modes d'interprétation varient grandement selon les compétences personnelles et les dispositions mises en place au sein des médias eux-mêmes ». La variété des compréhensions d'un même message résulte non seulement de ses significations possibles, mais également de la façon dont l'attention est orientée selon le contexte social des personnes. Des éléments personnels tels que l'ethnicité, la langue d'origine, le niveau de revenu ou l'expérience d'immigration influencent la manière dont les contenus médiatiques sont perçus. En outre, la structure même des messages médiatiques, qu'il s'agisse du cadrage des nouvelles, de la sélection des sources ou de la mise en scène des événements, peut déjà orienter certaines interprétations, un phénomène particulièrement observable dans un paysage médiatique où les influences politiques et économiques sont souvent prégnantes. Les discussions menées par Eric Darras cité par Rieffel, (2005) avec divers consommateurs de médias révèlent que « les interprétations contraires sont assez rares et que les analyses plus subtiles sont désormais anticipées par les annonceurs et les éditeurs de presse eux-mêmes qui en profitent pour insérer progressivement leurs tactiques marketing ». Cela indique que les producteurs de contenu, tels que ceux du domaine publicitaire et de la communication politique, incorporent de plus en plus la capacité du public à prendre du recul. Ils ajustent leurs tactiques pour réduire les signes de résistance du public, en optant pour des discours plus subtils ou en employant des codes culturels précis afin d'optimiser l'adhésion. Les capacités d'interprétation des personnes ne sont donc pas toujours aussi étendues que le suggèrent certaines études, ce qui met en évidence l'importance des contextes socio-économiques restrictifs. Un acteur de la société civile de Kinshasa insiste sur le pouvoir accru du public, qui ne se laisse plus imposer de messages :

> *"Le public congolais ne se laisse plus faire. Si un artiste sort une chanson avec des paroles qui ne plaisent pas, les gens vont réagir. Si un politicien dit quelque chose de faux, il sera immédiatement corrigé sur les réseaux sociaux. On est dans une ère de feedback permanent. Le public a son mot à dire, et il le fait savoir. Le pouvoir du public a grandi de manière exponentielle."*

Cette observation vient nuancer la théorie de Darras en soulignant que, même si les producteurs de médias s'adaptent, le pouvoir de "feedback permanent" du public congolais est un contre-pouvoir significatif. Cette capacité de réaction, amplifiée par les réseaux sociaux, montre que le public n'est pas simplement un récepteur, mais un acteur actif qui peut remettre en question, corriger et critiquer les messages qui lui sont adressés.

Stuart Hall cité par Rieffel, (2005) avait sans doute raison de souligner les dangers d'une surestimation des pratiques de "braconnage" ou des lectures distanciées. En réalité, un manque d'études de réception basées sur des sondages de longue durée et de grande ampleur rend difficile une certitude. Remy Rieffel (2005 :405) conclut que, « pour le moment, les acquis restent encore fragiles ». Cependant, il met en évidence le rôle bénéfique des médias dans l'apprentissage et l'importance de l'aspect identitaire et générationnel, notamment dans l'écoute de la radio.

III.5. Apprentissages sociaux et la transition du privé vers le public

L'aspect social des formes de réception s'oriente vers de nouvelles directions, invitant à réfléchir sur l'intensité des pratiques médiatiques et leur intégration dans des expériences individuelles et collectives. Cette division de la réception englobe deux aspects clés : les apprentissages sociaux et la transition du privé vers le public.

III.5.1. Les apprentissages sociaux

L'analyse des comportements des jeunes auditeurs et téléspectateurs est particulièrement significative pour comprendre les apprentissages sociaux. Les stations de radio, proposant des programmes consacrés à des styles particuliers (rumba, ndombolo, gospel, musique urbaine congolaise), fonctionnent sur la base de principes sous-jacents qui encouragent ou découragent l'inclusion dans des groupes. Un individu jeune qui apprécie un genre musical particulier partage ses goûts avec préférences similaires, engendrant ainsi un sentiment d'identité commune à une « tribu » possédant ses propres normes et structures de pouvoir. On constante cette tendance dans les communautés de fans de musiciens, les groupes de danseurs pratiquant un style particulier, ou encore les passionnés de courants de mode spécifiques. Comprendre les goûts musicaux des autres est crucial pour s'intégrer et, potentiellement, se démarquer. Le cercle générationnel a une grande influence sur l'expression des préférences musicales. La possibilité d'exprimer ses goûts en matière de style vestimentaire ou d'autres activités telles que le sport, qui constituent autant d'indicateurs identitaires. Les goûts musicaux des adolescent fréquemment associés à leur sexe et à leur environnement d'origine. Par exemple, on remarque une attirance pour la musique de danse chez les jeunes des zones populaires, tandis que les adolescents issus de la classe moyenne urbaine semblent privilégier des styles plus occidentaux.

Ainsi, la radio sert de moyen d'intégration et de socialisation efficace pour les jeunes Congolais, participant directement à l'établissement de leur identité personnelle et collective. De même, la télévision sert de tremplin pour certains apprentissages sociaux et expériences identitaires. L'écoute de séries fictives, qui peut paraître au premier abord être d'un intérêt mineur, s'avère en réalité éducative. L'engagement grandissant pour les séries télévisées étrangères (souvent brésiliennes, mexicaines ou turques), et de plus en plus productions locales, donne naissance à des pratiques culturelles et des formes inédites de sociabilité. Ces programmes offrent aux jeunes spectateurs congolais une expérience complète qui dépasse le contexte traditionnel des problématiques liées à interprétation ou famille. Elles peuvent servir de modèles de comportement, de discussion sur les relations amoureuses ou les dynamiques sociales, et de source d'inspiration pour la mode ou le langage. Un téléspectateur de Kinshasa décrit le lien personnel et d'identification qu'il entretient avec les animateurs de télévision, ce qui met en lumière la dimension affective de la réception :

> *"On n'est pas juste des spectateurs, on est des fans, des 'supporters' des émissions, des animateurs. On s'identifie à eux. Le lien est très personnel. J'aime le style de cet animateur, le ton de sa voix, sa façon de s'habiller. C'est comme s'il faisait partie de ma famille. C'est une relation de proximité qui ne peut pas exister dans les médias occidentaux."*

Cette réception illustre la manière dont les médias et leurs figures publiques créent un sentiment d'appartenance et de familiarité. Cette "relation de proximité" renforce l'idée que les médias ne sont pas seulement une source d'information ou de divertissement, mais des agents de socialisation qui aident à construire une identité partagée et à forger des liens affectifs.

Remy Rieffel (2005 : 405-406) met en exergue l'importance d'examiner le contexte socioculturel de réception pour décrypter les comportements, en se servant de la série télévisée Hélène et les garçons en France comme exemple. Il souligne que cette série provoque des interactions diverses entre parents et enfants selon les catégories socio-économiques. Un phénomène comparable peut être observé avec les soap operas tels que Novelas ou Zee magic. Les pères peuvent se montrer « assez éloignés ou indifférents à ce type de programme », privilégiant plutôt l'information ou le sport. En ce qui concerne les mères, elles peuvent être divisées en deux catégories : celles des classes moyennes et supérieures qui désapprouvent fortement le contenu de ces œuvres de fiction devant leurs enfants, considérant cela comme une « perte de temps » en raison de leur « caractère prévisible et peu profond ». Ces mères optent fréquemment pour d'autres types de loisirs ou d'activités pédagogiques pour leurs enfants.

Cependant, les mères provenant de milieux plus modestes ont souvent l'habitude de visionner les épisodes divers avec leurs enfants, valorisant ces moments de bonheur partagé. Elles peuvent y trouver des éléments de discussion sur la vie quotidienne, les relations humaines, et même des leçons morales. Ces disparités comportementales sont, une nouvelle fois, révélatrices des divisions sociales et montrent que les discussions autour de la télévision sont souvent des discussions sur l'éducation et les idéaux éducatifs au sein de la famille congolaise. Dominique Pasquier (1999) met en évidence que, dans de nombreux cas, les jeunes téléspectateurs préfigurent leur sociabilité et leurs habitudes culturelles en fonction du contexte social où ils devront exprimer leurs préférences télévisuelles, cherchant ainsi à se conformer aux normes des groupes dont ils souhaitent faire partie. Cela se manifeste par la pression des pairs à regarder certains programmes ou à suivre certaines tendances médiatiques pour être "in" ou pour faire partie d'un groupe social donné.

III.6. La conversation médiatique au-delà du foyer

Remy Rieffel (2005 : 407) souligne que les programmes médiatiques « suscitent notamment des discussions dans le milieu professionnel, c'est-à-dire en dehors du simple moment de leur réception immédiate, de la présence physique devant le téléviseur pour les images ou du temps réel de lecture du journal pour les articles imprimés ». Au niveau national, cette observation est particulièrement pertinente. Après le journal télévisé du soir, les débats enflammés sur les radios communautaires ou les émissions de variétés populaires, les conversations se poursuivent le lendemain matin dans les bureaux, les marchés, les transports en commun, et même sur les lieux de culte. Ce que Dominique Boullier citée par Rieffel, (2005) nomme la "conversation télé", ce moment où la télévision "se parle" pendant d'autres activités professionnelles, est un phénomène courant au Congo. Les conversations entre collègues au sujet d'émissions vues la veille ou quelques jours auparavant constituent un éléments clé du débat public. Elles illustrent le passage parfois réussi, parfois moins, de discussions généralement menées dans l'espace privé vers celles qui apparaissent dans l'espace public. Par exemple, une blague ou un numéro comique du humoriste « vue de loin » regardé à la télévision nationale peut se transformer en sujet de plaisanterie et de discussion au bureau, fortifiant les relations interpersonnelles et les références culturelles partagées. De même, une information politique diffusée à la télévision peut alimenter des débats houleux dans les espaces publics, « le parlement debout[6]» de l'Udps, révélant la polarisation des opinions. Une internaute de Kinshasa expose la manière dont les

---

[6] Le parlement debout est une expression emblématique de la vie politique congolaise, intimement liée au parti de l'Union pour la Démocratie et le Progrès Social (UDPS). Il s'agit d'une forme de rassemblement populaire et non-officielle, fonctionnant comme un lieu de débat et de mobilisation citoyenne.

réseaux sociaux renforcent le sentiment d'appartenance à une communauté et créent une nouvelle forme de "place publique virtuelle" :

> *"Sur les réseaux sociaux, on se sent appartenir à une communauté. On discute, on partage les mèmes, on commente les actualités. C'est comme une grande place publique virtuelle où l'on peut se plaindre, s'indigner, mais aussi s'entraider. J'ai un groupe WhatsApp avec des gens de ma province, on échange des informations, des bons plans, des nouvelles. Les médias traditionnels ne peuvent pas créer ce lien aussi fort et aussi personnel."*

Cette vision des réseaux sociaux confirme que le public congolais ne se contente plus de la "conversation télé" ou radio-débats, mais crée ses propres espaces de discussion et d'échange. Ces communautés en ligne illustrent parfaitement le concept selon lequel les individus sont des « participants sociaux » qui exploitent les médias pour établir des réseaux et un sentiment d'appartenance, souvent plus intime et sur mesure que ce que proposent les médias conventionnels.

Ce phénomène démontre que les individus ne se contentent pas d'être de simples observateurs définis par leur interaction avec un média. A l'opposé, ils sont décrits comme « des participants sociaux reliés à divers univers d'appartenace. Sur le sol congolais, une personne peut être à la fois un parent, un collègue, un membre d'une église, un affilié à une association ou un parti politique, et un fan de musique. Chacun de ces rôles est enrichi par les ressources fournies par les médias, les contextes de vie et les interactions avec autrui. Il est donc "impossible de considérer le téléspectateur (ou l'auditeur ou le lecteur) comme un individu détaché de ses différents rôles au sein de la société" (Rieffel, 2005). La compréhension de la réception doit s'inscrire dans le cadre imbriqué de ces divers rôles dans la vie quotidienne. Dominique Boullier citée par Pasquier, (1999) défend cette perspective en cherchant à moderniser les études de la réception, évitant ainsi les modèles explicatifs conventionnels. « Ce que l'on dit sur la télévision est toujours plus nuancé qu'il n'y paraît, car étant positionnés dans plusieurs univers simultanément, nous ne pouvons être définis de manière unidimensionnelle » (Pasquier, 1999). Dominique Pasquier (1999) explique que l'émission de télévision est utilisée dans divers contextes comme ressource et comme outil de projection. Elle évolue à l'intersection de différentes zones ; pour citer le terme employé par la chercheuse, elle constitue un objet "transitionnel", un "produit tangentiel" qui se situe dans une zone grise difficile à cerner. Dans le cadre de la RDC, une série télévisée ou un programme d'actualité peut ainsi être un catalyseur de discussions sur des problèmes sociaux, des aspirations personnelles, ou des visions du monde. Un autre internaute de Kinshasa souligne que l'internet renforce l'autonomie du public en lui permettant de vérifier les informations par lui-même, ce qui montre un nouveau rapport de pouvoir avec les médias :

> *"Sur internet, on a accès à tout, on peut comparer les sources, vérifier les faits. On est notre propre journaliste. J'ai des amis qui ont créé des comptes pour vérifier les fake news. C'est une manière de prendre le pouvoir en main. On ne veut plus être manipulé. Le public n'est pas naïf, il est curieux, intelligent, et il veut comprendre le monde par lui-même."*

Ce témoignage soutient l'idée que les internautes congolais ne se contentent plus d'une simple lecture des messages, mais développent des pratiques de vérification et de déconstruction active. Cette prise de pouvoir par le public, en devenant son propre journaliste, va au-delà de la simple réception et montre un public qui cherche à s'approprier les outils de production et de vérification de l'information pour ne plus être manipulé.

Cette conception de la réception télévisuelle, malgré certaines lacunes dans son interprétation globale des relations humaines (elle tend à minimiser l'importance de certains déterminismes culturels ou sociaux), a le mérite d'attirer notre attention sur un aspect de la réception encore peu étudié : comment se forge une opinion publique à travers les interactions issues des conversations extérieures au foyer. Ici, la "conversation télé" est perçue comme un moyen de passer du privé au public. Ces conversations autour des émissions de télévision n'ont un sens véritable que lorsqu'elles sont placées dans un contexte local précis. Il est essentiel d'associer les autres membres du groupe à l'expérience personnelle, et cette association ne porte ses fruits que si l'expérience personnelle est présentée comme un cas général. En somme, la » conversation télé » facilite le partage d'expériences personnelles et aide à s'orienter dans l'univers complexe d'aujourd'hui, notamment en ce qui concerne la situation actuelle au Congo où les informations sont fréquemment éparpillées et les obstacles quotidiens constants. Un auditeur de Kinshasa évoque les différentes manières de consommer les médias selon les moments de la journée, ce qui souligne la richesse et la fluidité des pratiques de réception :

> *"Le matin, j'écoute la radio. Le soir, je regarde la télé. La journée, je suis sur internet. Je consomme les médias de manière différente en fonction de ce que je fais. La radio, c'est pour m'informer en*

travaillant. La télé, c'est pour me divertir en famille. Internet, c'est pour interagir avec mes amis. Ma relation avec les médias est très dynamique. Il n'y a pas une seule façon de consommer les médias."

Cette perspective corrobore le fait que la notion de public est loin d'être simple. Elle confirme que l'individu congolais ne se définit pas par un seul mode de consommation, mais navigue entre plusieurs, adaptant ses usages en fonction du contexte (travail, famille, loisirs) et du besoin du moment. Cette approche dynamique de la consommation médiatique est une réfutation de toute approche unidimensionnelle de la réception.

III.7. La notion de public(s) et les approches de compréhension

D'après Remy Rieffel (2005 : 408), les études menées sur les "conversations télé" en dehors du domicile des téléspectateurs "posent finalement plusieurs questions relatives à la nature même d'un public de télévision et, plus largement, sur ce que représente réellement un public (ou des publics) pour les médias". L'idée communément admise, mais rarement questionnée, qu'un public est simplement la somme de toutes les personnes qui lisent tel journal ou regardent tel média audiovisuel, « révèle en réalité d'énormes complications conceptuelles et méthodologiques » (Rieffel, 2005 : 408). Pour éclaircir cette ambiguïté, Jean-Pierre Esquenazi (2003) propose une qualification des "publics", une notion qui découle en grande partie de ses choix théoriques. Ses choix placent la relation entre produit et publics dans un cadre théorique préétabli et élaboré sur la base d'une présomption initiale. Il a repéré sept approches de compréhension du public qui, bien qu'elles puissent sembler contradictoires, sont souvent complémentaires :

- *Le public ciblé par l'objet-dont-il-y-a-public* : Cette approche considère que le média façonne le spectateur selon ses propres attentes. Une émission congolaise de divertissement, en ciblant un public jeune et urbain, cherche à influencer ses goûts et ses comportements de consommation.
- *Le public établi par les sondages statistiques* : Les études d'audience offrent des informations chiffrées concernant la dimension et les traits démographiques du public. Dans le contexte congolais, en dépit des enjeux méthodologiques, ces enquêtes visent à dresser une cartographie de la consommation médiatique à l'échelle nationale.
- *Le concept de public à travers les logiques commerciales des fabricants d'objets* : Les entreprises de médias et de publicité déterminent leur audience en fonction de leurs objectifs commerciaux. Cela se voit dans les stratégies des opérateurs de téléphonie mobile ou des producteurs de biens de

consommation qui adaptent leurs messages aux segments de population qu'ils cherchent à atteindre.
- *L'approche axée sur les classes sociales* : Cette perspective fait référence au "capital symbolique" des individus (Bourdieu, 1979). Les classes sociales différentes ont des accès, des préférences et des interprétations des médias distincts. L'accès aux médias (radio comparée à la télévision par câble, smartphone comparé à un téléphone classique) et la façon dont les contenus sont appréhendés sont fortement influencés par les inégalités socio-économiques.
- *Le public sous l'aspect de division sexuelle, culturelle, nationale* : La réception est structurée par les identités de genre, les affiliations ethniques ou régionales et les identités nationales, quelles que soient les produits spécifiques. Les groupes peuvent se distinguer par leur langue (Lingala, Swahili, Tshiluba, Kikongo), leurs coutumes culturelles ou leur lien avec des personnalités politiques locales.
- *Le public analysé à travers le prisme des études qualitatives ethnographiques* : En examinant les interactions symboliques et les impacts des produits culturels sur la vie sociétale des individus qui réagissent dans leur contexte social, on obtient une compréhension plus profonde. Des études de terrain sur le territoire congolais peuvent révéler comment un feuilleton local est discuté dans un groupe de femmes, ou comment une émission d'actualité est débattue dans un "nganda" (bar de quartier).
- *Les réactions provoquées par une œuvre ou un produit comme indicateur d'une structuration symbolique du public* : Cette recherche met en évidence comment la réception d'un contenu médiatique peut révéler des divisions ou des rassemblements symboliques au sein du public.

La réaction à un clip musical controversé ou à un discours politique clivant peut montrer l'émergence de communautés d'opinion. C'est donc en suivant la conclusion de Remy Rieffel (2005 :412) sur ce point que le public, bien qu'invisible physiquement, observable par le biais d'une analyse textuelle (grâce à l'étude des discours des récepteurs) et sociologique (via des sondages et de l'observation participante), « suscite des conversations et crée des communautés d'échange ». En tant qu'entité réflexive, il se manifeste effectivement à travers divers types de public dans le paysage congolais : un public de "fans" (de musiciens, d'équipes de football), un public de grands événements médiatiques (élections, matchs de football importants, concerts), un public provenant de différentes diasporas (qui maintient un lien avec le pays via les médias), ou encore un public d'émissions de télé-réalité (qui montre de plus en plus sa présence croissante sur les écrans télévisés). Cependant, « cette notion de public reste fragile, éphémère et conserve, en partie, son caractère énigmatique » (Rieffel, 2005 : 412).

Les théories de réception ancrées dans la sociologie des réceptions ou publics présentent un éventail de pistes d'exploration. Parmi elles, l'appropriation semble être la plus prometteuse. Cette appropriation est actuellement associée à la théorie de la cognition, qui apporte une perspective intéressante pour comprendre le processus de traitement de l'information chez l'homme. A l'échelle de la RDC, comprendre comment les médias sont perçus est indispensable pour appréhender les dynamiques sociales, culturelles et politiques en cours. Elle nous aide à transcender une perspective simplifiée du public pour comprendre la diversité des interactions entre les individus, leurs communautés et les messages des médias dans leur vie de tous les jours.

Pour conclure, ce chapitre a mis l'accent sur la diversité et l'abondance de la réception médiatique en République Démocratique du Congo, en se basant sur les principes de la sociologie de la réception. Loin d'être un acte passif et individuel, la réception des messages médiatiques au niveau national est un phénomène profondément ancré dans les dynamiques sociales, culturelles et familiales, où l'individu interagit constamment avec son environnement pour donner du sens. En s'appuyant sur les travaux de Louis Quéré et Remy Rieffel, il a été démontré que la réception dans le cadre Congolais s'opère à travers trois processus essentiels :

- Comme une activité située, insérée dans le quotidien des Congolais (écoute collective de la radio, visionnage en groupe de la télévision, utilisation partagée des smartphones).
- Comme un processus de mise en forme, où les destinataires élaborent une cohérence à partir de divers discours médiatiques, en les situant dans le contexte de leurs expériences et de leurs savoirs locaux.
- Comme une forme d'appropriation, où les messages sont assimilés et employés pour transformer les référentiels, stimuler l'action ou remettre en cause des préjugés.

Le chapitre a également souligné l'importance du contexte domestique et familial dans la réception des médias. La télévision et les TIC sont des objets qui s'intègrent dans les dynamiques intergénérationnelles, les systèmes d'autorité et les rapports de genre au sein des foyers congolais. Ces observations sur les pratiques sociales des publics congolais nous poussent à aller plus loin. Pour comprendre pleinement les mécanismes d'interprétation, il est nécessaire de considérer les influences culturelles profondes qui façonnent ces lectures. Le chapitre suivant s'intéressera donc aux *Cultural Studies*, en explorant comment cette approche enrichit notre compréhension des pratiques médiatiques spécifiques au Congo.

Chapitre quatrième
LES *CULTURAL STUDIES* ET LEURS RÉSONANCES EN RD CONGO

> « *Le courant des cultural studies associe un regard critique, attentif aux formes de domination culturelle, à une visée compréhensive des usages de la culture médiatique, au sein d'une nouvelle solution théorique au problème du lien pouvoir et culture* » (Éric Maigret, 2005 : 45).

L'émergence des Cultural Studies trouve son origine dans l'Angleterre des années 1950 et 1960, une époque marquée par d'importantes mutations sociales et culturelles (HARDT, 1992 :174). Bien que formalisé au milieu du XXe siècle, ce courant de pensée trouve ses origines dans les préoccupations engendrées par l'industrialisation du XIXe siècle. Cette période, fréquemment désignée comme le « siècle des nuisances », se distingue par la domination d'une culture de masse et la propagation d'un « mauvais goût » omniprésent. L'essor d'un capitalisme industriel débridé a des répercussions sur la vie de tous les jours : l'automatisation du travail, la croissance urbaine désordonnée, l'homogénéisation des styles de vie et l'invasion de la publicité déforment le panorama social et étouffent « l'envie de créer de belles choses » (MATTELART et NEVEU, 1996). Face à cette crise civilisationnelle, le critique social Matthew Arnold, dans son ouvrage Culture and anrchy, propose l'enseignement de la littérature anglaise comme un remède pour restaurer un socle moral et idéologique que la religion ne peut plus garantir. A l'en croire :

> "La culture, ou la poursuite de notre perfection totale par la connaissance de toutes choses qui nous concernent le plus, nous montre que la raison et la volonté de Dieu sont une seule et même chose, et que la lumière et la douceur sont une seule et même chose."
> (Arnold, 1869: 151)

Cette vision mène à l'intégration progressive des études anglaises dans le cursus universitaire, et c'est dans ce sillage qu'émerge la figure de Frank Raymond Leavis (CUSSET, 2003 : 145). Nous soutenons avec Armand et Michel Mattelart (2003 : 58) que les Etudes de Culture qui vont se déployer dans les années soixante-dix ont leur source dans les études de critique littéraire de Frank Raymond

Leavis publiées dans les années trente. En effet, à cette époque, il fonde la revue *Scrutiny*, qui devient le fer de lance d'une "croisade morale et culturelle" contre l'"abrutissement" des médias et de la publicité. Son ouvrage *Mass civilisation and minority culture* (1930) se dresse en défense des élèves contre la "culture commerciale" qu'il voit comme une menace pour les traditions culturelles. Il s'oppose vigoureusement au capitalisme industriel et à la montée en puissance des médias de masse. Cette préoccupation n'est pas unique et se retrouve également dans d'autres pays européens. Dans l'Hexagone, le poète Paul Valéry fustige la publicité comme l'une des « plus grandes plaies de notre époque », qui « offense nos yeux et dénature tous les adjectifs ». Pour sa part, Georges Duhamel la décrit comme « une entreprise de contrainte et d'abrutissement ». En Italie, le dramaturge et lauréat du prix Nobel Luigi Pirandello critique vigoureusement « l'américanisme » et l'exaltation de l'argent promue par le monde cinématographique. Ces critiques témoignent d'un sentiment partagé de la menace que fait peser la modernisation capitaliste sur les cultures nationales.

A propos des *Cultural Studies*, Frank Raymond Leavis écrit *Mass civilisation and minority culture* qui est un plaidoyer pour la protection des élèves contre la culture commerciale. Pour lui, le développement du capitalisme industriel et ses expressions culturelles (il se réfère au cinéma) ont un effet sur les diverses formes de la culture traditionnelle. Il s'oppose farouchement au capitalisme industriel comme système et à la place qu'occupent les médias en Grande Bretagne de cette époque.

En 1964, R. Hoggart crée le Centre for Contemporary*CulturalStudies* à Birmingham (CCCS), sorte d'académie concurrente où des chercheurs issus de disciplines variées travaillent en synergie. D'emblée, ces chercheurs proposent de repenser les contenus de l'enseignement littéraire et en particulier de procéder à une réévaluation des textes canoniques en tant qu'ils véhiculent une certaine idéologie et participent de la culture hégémonique. Ainsi, par leurs discours transgressifs (ceux-là mêmes qu'ils préconisent de déployer à l'université), ils orchestrent le passage des Literary Studies aux *Cultural Studies* qui incluent désormais, en dehors de la stricte composante littéraire, les dimensions historique, philosophique et sociologique. On assiste alors, dans les années soixante-dix, à un procès de modernisation qui est l'actualisation même des théories énoncées et consiste en une revalorisation des pratiques de la culture de masse comme des formes d'expression légitimes (CHALARD-FILLAUDEAU, 2003 : 36)

En 1957, Hoggart professeur de littérature anglaise moderne publie *The uses of litteracy: aspects of working-class life with special references to publications and entertainments*, traduit en français sous le titre de *La culture du pauvre*. Dans cet ouvrage l'auteur décrit les changements qui ont bouleversé le mode de vie et les pratiques des classes ouvrières (le travail, la vie sexuelle, la famille, les loisirs) dont il est issu face à l'essor de la télévision commerciale et des médias. Il met en lumière que, malgré l'influence de l'industrie culturelle, les classes populaires développent leurs propres "mécanismes de résistance et de réinterprétation culturelle", une idée déterminante pour le développement des *Cultural Studies*.

L'ouvrage est publié à la même année où la télévision commerciale est inaugurée et critique sévèrement la culture commerciale de cette télévision, c'est-à-dire, il étudie l'influence de la culture que les moyens modernes de communication ont diffusé dans la classe ouvrière (MATTELART et NEVEU, 1996 : 20). Ce pionnier des Cultural Studies analyse comment les publications destinées à ce public s'intègrent à ce contexte. L'idée centrale qu'il développe, c'est que l'on a tendance à surestimer l'influence de ces produits de l'industrie culturelle sur les classes populaires.

Selon Hoggart, « la culture n'est ni la production d'un corps d'intellectuels ni l'idéologie des classes dominantes. C'est l'ensemble du mode de vie, des mœurs, des traditions et des valeurs d'un peuple. Il n'y a pas de 'fausse conscience', il y a une 'vraie conscience' » (Hoggart, 1957: 32).

Dans cette même logique, Raymond Williams, avec ses œuvres *Culture and society* (1958) et *The long revolution* (1961), opère une double rupture. Il donne à la culture une définition anthropologique, la considérant comme un processus social de construction de significations. Il prône un marxisme évolutif qui permet d'étudier les liens entre culture et pratiques sociales, s'opposant ainsi à la réduction de la culture à une simple "superstructure" soumise à la base économique.

En effet, *The long revolution,* est une œuvre qui marque une double rupture: d'abord avec la tradition littéraire qui situe la culture en dehors de la société, pour lui rendre une définition anthropologique. Dans ce contexte, la culture est perçue comme un processus global à travers lequel les significations sont socialement et historiquement construites. La deuxième rupture est celle avec un marxisme réducteur, c'est-à-dire, Williams se range en faveur d'un marxisme complexe qui permet d'étudier le rapport entre la culture et les autres pratiques sociales. Il milite pour le primat de la base sur celui de la superstructure qui réduit la culture en la soumettant à l'emprise de la détermination sociale et économique (MATTELART, 1996 : 59). Edward Thompson, quant à lui, publie en 1963 *The Making of the English Working Class*.

Un de leur défi consistera d'emblée à surmonter le déterminisme économique des analyses traditionnelles des catégories socio-culturelles en essayant de retrouver les formes spécifiques du mouvement social en Grande-Bretagne. Autre trait qui caractérise cette période de fondation des *Cultural Studies*, c'est la volonté de situer l'entreprise intellectuelle aux marges des limites institutionnelles et disciplinaires.

Si les premiers représentants des *cultural studies* ont en commun avec les antécédents leavisiens le fait qu'ils viennent pour beaucoup du milieu des enseignants de littérature anglaise, ils s'en séparent radicalement par les liens qu'ils tissent avec la culture des classes populaires, dont beaucoup sont d'ailleurs issus.

Au Cœur des préoccupations des *'Cultural Studies'*, les medias occupent une place de choix en tant qu'appareils idéologiques au service des institutions pour dicter aux masses ce qu'elles doivent faire. Au fait, cette prospection médiatique capitaliste est le fondement même du courant critique dont l'école de Francfort fait partie en tant que instance maîtresse dans le secteur médiatique de l'époque.

En fait, il faut noter que la théorie critique n'est pas fondée sur l'idée vulgaire de stimulus mais plutôt son grand apport est d'introduire une réflexion sur l'idéologie dans le champ de la recherche sur les médias et ce en termes non pas d'effet idéologique mais de réflexion conditionne. Abondant dans le même sens, Macé (2002 : p3) reconnaît que « les théories critiques apparaissent comme des théories de la mystification des masses en posant principalement qu'une emprise idéologique du capitalisme repose sur les esprits des récepteurs médiatiques sous forme de domination culturelle totale ».

IV.1. Objet, épistémologie et objectifs des *Cultural Studies*

L'objectif principal des *Cultural Studies* est de saisir la culture dans toute sa richesse, en analysant son contexte social et politique. Elles rejettent la distinction entre "haute culture" et "culture populaire", considérant la culture comme l'ensemble des pratiques de la vie quotidienne.

IV.1.1. Épistémologie : du marxisme au pluralisme

Les *Cultural Studies* tirent leurs inspirations de l'École de Francfort, du marxisme structuraliste de Louis Althusser et du marxisme évolutif de Raymond Williams. Initialement, une approche marxiste orthodoxe se concentre sur la production de sens, postulant que le pouvoir est détenu par ceux qui contrôlent les moyens de production et, par extension, la culture. Toutefois, ce modèle a été largement critiqué et dépassé. D'autres approches, notamment les études féministes et les études américaines, s'écartent de cette vision déterministe. Du Gay, (1997: 156) précise qu': « Un texte ne livre pas son sens, il ne fait qu'offrir des possibilités de lecture que la personne qui le lit actualise à partir de son propre univers de référence ». Aux États-Unis, les *Cultural Studies* victorieuses regroupent d'abord les études féministes, les études ethniques et les études homosexuelles, pour ne donner que les tendances les plus actives et les mieux représentées, avant de succomber à leurs propres succès et de se diviser entre elles tout en se radicalisant selon des lignes de partage identitaires : les études féministes se transforment en *Gender Studies* (qui ajoutent à l'étude des rôles de la femme la construction de la masculinité), les études ethniques se généralisent au point d'inclure toutes les composantes du melting-pot américain on a tendance à parler aujourd'hui de *Hyphenated Studies*, le"hyphen" ou trait d'union faisant allusion au caractère composite des Américains, qui sont toujours "quelque chose" + Américain), les *Gay Studies* se muent en *Queer Studies*, qui problématisent jusqu'à la différence entre les sexes (BAETENS, 2006 : 36).

Des chercheurs tels que Griselda Pollock, experte en histoire de l'art, et Julia Kristeva, psychanalyste et théoricienne en littérature, ont contribué à approfondir ce domaine en introduisant des points de vue tirés de leurs spécialités respectives. L'ouvrage de Paul du Gay Doing Cultural Studies : The Story of the Sony Walkman (1997) illustre parfaitement cette transition, en démontrant que les consommateurs ne se contentent pas d'être des destinataires passifs. Ils confèrent leurs propres interprétations aux biens culturels, remettant en question la notion que le sens est exclusivement déterminé par les producteurs.

La « mondialisation » des *Cultural Studies* semble patente dans les années 1990. Elle met en évidence un réseau dense d'universités principalement anglo-saxonnes, mais aussi des traductions et des adaptations du modèle américain en Amérique du Sud ou en Inde. En Amérique latine, le courant rencontre les centres d'intérêts des *Estudios culturales* qui fleurissaient depuis les années 1960 dans le sillage d'une importation du concept d'hégémonie de Gramsci. La recherche sur les cultures populaires contemporaines s'est ici enrichie d'autres apports théoriques, que ce soient les approches phénoménologiques de Paul Ricœur, la sociologie de Bourdieu ou les œuvres d'Alberto Cirese. On peut citer ici quatre noms importants : le Colombien Jesus Martin Barbero; l'Argentin Nestor Garcia Canclini, le Brésilien Renato Ortiz ou encore le Mexicain Jorge Gonzalez (VANDAMME, 2003 : 87).

Les *Cultural Studies* ont un contenu. Lawrence Grossberg (2003 : 43) le précise en ces termes :

> *« elles s'occupent de décrire et d'intervenir dans les modalités qui régissent la production, l'insertion et le fonctionnement des t « textes » et des « discours » (c'est-à-dire des pratiques culturelles) dans la vie quotidienne des êtres humains et de formations sociales, afin de reproduire, de lutter contre et peut-être de transformer les structures de pouvoir existantes. »*

Plus loin elle renchérit en soutenant que

> *« Les Cultural Studies essaient de comprendre quelque chose de la manière dont l'organisation du pouvoir est construite à travers la désarticulation et la réarticulation des relations, en prenant la culture comme point de départ, comme porte d'entrée dans l'équilibre complexe des forces construites à partir des relations entre culture, société, politique, économie, vie quotidienne, etc. qui sont des relations plus compliquées encore »* (2003 : 52).

Il apparait bien évident que les *Cultural Studies* ne peuvent pas être comprises en dehors du contexte dans lequel les réalités de la vie quotidiennes se produisent. En d'autres termes, les *Cultural Studies* sont inséparables de la vie quotidienne dans la mesure où cette dernière constitue sa matière première.

Les *Cultural Studies* sont avant tout un axe de réflexion scientifique qui s'enracine dans les études de la réception médiatique laquelle se focalise sur les études de terrain. Sur le plan méthodologique, les recherches sur la réception médiatique recourent à l'approche qualitative considérée comme une approche méthodologique des sciences humaines et sociales qui explore et analyse des phénomènes qui ne sont pas mesurables (Muchielli, 1994 : 21). C'est donc une approche où « le chercheur est nécessairement impliqué dans la recherche et il est actif dans le maniement des données » (Mattelart, A. et Neveu, 1993). La méthode ethnographique et ses techniques d'observation et d'entretiens en profondeur sont une prédilection pour les études de la réception médiatique. Il est donc sans doute que les *Cultural Studies* recourent, elles aussi à la qualitative et plus particulièrement à la méthode ethnographique dans la mesure où elle est d'abord une activité visuelle (Laplantine,1996 : 22) qui consiste à aller voir comment vivent les gens dans leurs milieux, ce qu'ils fonts chaque jour, aller voir les pratiques culturelles des différents groupes humains, etc.

Les *Cultural Studies* fournissent un cadre théorique puissant pour analyser la polysémie de la culture congolaise et ses interactions avec les influences externes et les dynamiques internes. Elles sont en mesure de rivaliser avec la sociologie et l'histoire pour explorer l'humain dans son ethos culturel et dans la société.

IV.1.2. Objectifs et interdisciplinarité

Les *Cultural Studies* ont pour objectif de comprendre la culture sous toutes ses formes complexes et d'analyser le contexte social et politique dans lequel la culture se manifeste.

Par nature, les Cultural Studies adoptent une démarche interdisciplinaire. Elles ont progressé pour intégrer l'étude des cultures populaires, les recherches sur le genre, le féminisme et les conflits ethniques. Aux Etats-Unis, ces recherches comprennent l'étude des communautés afro-américaines, asiatiques-américaines et hispaniques, reflétant les revendications identitaires des années 80 et 90. Au Congo, cette démarche pluridisciplinaire pourrait être mise en œuvre sur une variété de thèmes :

- ✓ L'analyse de la littérature, du cinéma et de la musique congolaise comme reflets des enjeux sociaux et politiques.
- ✓ L'étude des pratiques religieuses et des mouvements de résistance culturelle.
- ✓ L'analyse des représentations des femmes dans les médias congolais.
- ✓ L'étude de l'impact de la mondialisation sur les langues et les traditions locales, en examinant par exemple l'influence du français et de l'anglais sur les langues nationales.

Trois concepts, à savoir médias, pouvoir et culture forment leur trilogie de prédilection. En effet, ceux qui dirigent détiennent et contrôlent les médias à travers lesquels ils influencent la culture en y injectant ce qui leur plaît à eux seuls. Il s'agit donc là d'un système de domination qui impose ses valeurs et ses significations. C'est toute la réflexion que Hall développe dans son article portant sur la culture, les médias et l' « effet idéologique ».

IV.2. Les mérites fondamentaux des *cultural studies* et leur impact global

Les *Cultural Studies* ont révolutionné l'étude académique de la culture, transformant en profondeur la manière dont les individus perçoivent, discutent et analysent les activités et les produits culturels qui les entourent. Leur influence ne se limite pas à une simple modification des paradigmes ; elle a redéfini le champ même de la recherche en sciences humaines et sociales. L'un des phénomènes intellectuels les plus significatifs de l'après-guerre est la réussite des Culturals Studies. Originaires d'Angleterre, elles se sont progressivement répandues dans le monde anglophone, puis francophone et au-delà, devenant une méthode essentielle pour comprendre les dynamiques culturelles contemporaines.

Selon Mattelart & Neveu (2003 :7), « les Cultural Studies examinent lles modes de vie, les usages, les manifestations, les objets, les valeurs et les idéologies qui forment la 'culture' d'un groupe, d'une société ou d'une époque spécifique ». L'un des facteurs clés de leur influence est leur aptitude à se conformer à divers contextes nationaux et à incorporer des enjeux locaux. Opter pour les Cultural Studies comme perspective d'analyse, c'est admettre que, dans un contexte culturel spécifique, des aspects apparemment insignifiants tels que la mode peuvent-être de forts générateurs de significations. Les études culturelles traitent et approfondissent ce sujet, fournissant des instruments théoriques pour analyser et déchiffrer ce phénomène dans un contexte déterminé. A titre illustratif, la manière dont les jeunes s'habillent dans les quartiers populaires de Kinshasa, de Goma ou de Lubumbashi n'est pas qu'une question de mode ; elle peut exprimer une identité générationnelle, une appartenance à un groupe social, une forme de résistance aux normes établies, ou même une aspiration à un certain statut social, reflétant ainsi des dynamiques culturelles profondes.

IV.3. La naissance et l'évolution du centre for contemporary cultural studies (CCCS)

L'établissement du Centre for Contemporary Cultural Studies (CCCS) à Birmingham en 1964 n'est pas une coincidence. Birmingham s'est affirmée comme un centre scientifique remarquable, agissant comme un carrefour pour l'importation et l'adaptation de diverses théories, principalement provenant de la sociologie, de l'analyse littéraire, de l'anthropologie et du marxisme. Ce centre de doctorat s'est vite imposé comme un site favorisé pour l'examen des formes, pratiques et institutions culturelles, ainsi que de leurs relations avec la société et l'évolution sociale.

Le CCCS a été à l'avant-garde en ouvrant de nouveaux horizons dans la recherche. Au départ, ses recherches se sont focalisées sur les cultures populaires et les médias, étudiant comment les classes laborieuses et la jeunesse s'appropriaient et remodelaient les produits de l'industrie culturelle. Par la suite, l'étendue de l'enquête a été élargie pour englober des problématiques importantes liées aux identités sexuelles et ethniques, aux sous-cultures de la jeunesse, ainsi qu'aux dynamiques de pouvoir inhérentes aux représentations culturelles. La richesse des références théoriques mobilisées et la fluidité des centres d'intérêt ont conduit à une hétérogénéité caractéristique des travaux menés sous l'égide du CCCS. Cette diversité a été rendue possible par les talents d'entrepreneurs scientifiques de ses directeurs successifs. Richard Hoggart fut le premier directeur, mais c'est Stuart Hall qui lui succéda en 1968, consolidant la réputation et l'influence du Centre.

IV.4. Les pères fondateurs et la figure charismatique de Stuart Hall

L'émergence des *Cultural Studies* est indissociable des figures de ses "pères fondateurs". Si l'on parle souvent d'un trio, ils étaient en réalité quatre, à l'instar des mousquetaires de Dumas. Il s'agit de Richard Hoggart, Raymond Williams, et Edward P. Thompson. Hoggart, en tant que premier directeur du CCCS, a posé les bases d'une approche attentive aux détails de la vie quotidienne des classes populaires. Avec son approche anthropologique de la culture, Williams a étendu la compréhension de cette notion au-delà des œuvres d'art, englobant toutes les pratiques sociales. Pour sa part, Thompson a fourni une perspective historique importante, en particulier grâce à son ouvrage emblématique The Making of the English Working Class (1963), démontrant de quelle manière la culture est modelée par les conflits sociaux. Stuart Hall, qui est un peu plus jeune que Thompson, fait partie d'une génération qui n'a pas été directement impliquée dans la Seconde Guerre mondiale.

Figure de proue des revues de la nouvelle gauche intellectuelle, Hall a marqué cette distance générationnelle par une production scientifique qui n'a atteint sa pleine maturité qu'au seuil des années soixante-dix. Il a été un personnage clé de la réussite des *Cultural Studies*, contribuant de manière décisive à faire "tenir" le centre de Birmingham grâce à ses talents d'entrepreneur scientifique et à sa curiosité intellectuelle insatiable. Hall est reconnu comme l'un des grands importateurs de modèles conceptuels, intégrant des idées de la sémiologie, de la psychanalyse, du post-structuralisme et du féminisme dans le champ des *Cultural Studies*. Selon lui, « l'idéologie n'est pas simplement un ensemble d'idées ; c'est un ensemble de pratiques qui façonnent notre perception du monde et la manière dont nous agissons ». (Hall, 1977: 165) À bien des égards, Hall incarne la situation liminale et le statut d'interface des *Cultural Studies* elles-mêmes : Jamaïcain établi en Angleterre, il était à la fois savant et politique, un marxiste ouvert à un vaste éventail d'apports théoriques, et un universitaire de formation littéraire s'ouvrant aux sciences sociales. Cette capacité à naviguer entre différentes disciplines et identités a été essentielle pour la vitalité et l'expansion des *Cultural Studies*.

IV.4.1. La légitimation académique et les stratégies du CCCS

La légitimation académique des *Cultural Studies* en tant que filière originale dédiée à la culture ne s'est pas faite sans heurts. Bon nombre de chercheurs issus de disciplines établies, notamment les sociologues et les littéraires, ont initialement mal reçu ce nouveau courant, le percevant comme une menace pour leur propre terrain scientifique et leurs méthodes traditionnelles. L'aspect interdisciplinaire et parfois subversif des Cultural Studies, qui n'hésitent pas à se pencher sur des sujets considérés comme indignes d'intérêt académique, a provoqué des oppositions. Face à cette résistance, les acteurs du CCCS ont élaboré des stratégies astucieuses pour consolider leur légitimité. Comme le soulignent Mattelart et Neveu, l'une de ces approches était d'incorporer dans les jurys d'examen du département des études culturelles des collègues plus conservateurs, parfois ceux connus pour leur rigueur, afin de démonter aux autres l'importance de la formation. Cette approche pragmatique a permis de gagner progressivement la confiance de la doctrine universitaire et de démontrer la rigueur intellectuelle du Centre. Lorsque Richard Hoggart fut nommé directeur général adjoint de l'UNESCO, c'est Stuart Hall qui lui succéda à la tête du CCCS. Cette transition a été cruciale, car Hall a continué à consolider l'assise institutionnelle des *Cultural Studies* tout en les ouvrant à de nouvelles perspectives théoriques. D'où, Mattelart & Neveu, (2003: 122) estiment que : « l'académie a toujours été un lieu de pouvoir, où les savoirs légitimes sont sélectionnés et validés. Les *Cultural Studies* ont dû se battre pour trouver leur place ».

IV.4.2. La planétarisation des *Cultural Studies*

À partir des années 1980, les *Cultural Studies* ont connu une expansion significative, s'exportant au-delà du Royaume-Uni pour se diffuser dans le monde anglo-saxon. Cette diffusion a été rendue possible grâce à la circulation des professeurs britanniques au sein des institutions académiques du Commonwealth, puis à leur établissement aux Etats-Unis, dans les universités de l'Illinois et de l'Iowa. Il est probable que l'augmentation de l'intérêt pour les médias de masse (cinéma et télévision), avec des figures telles que James Carey qui a joué un rôle clé aux Etats-Unis, ait contribué à la rapide et impressionnante montée des Cultural Studies dans les années 80.

Toutefois, les *Cultural Studies* version américaines ont différé sur bien des points de leur sœur britannique. Alors qu'au Royaume-Uni, l'accent était mis sur les questions de classe et de conflit social, aux États-Unis, c'est la politique des communautés, des minorités et des "identités" qui s'est trouvée au centre de l'attention critique. Les *Cultural Studies* victorieuses aux États-Unis ont d'abord regroupé les études féministes, les études ethniques et les études homosexuelles, avant de succomber à leurs propres succès et de se diviser entre elles tout en se radicalisant selon des lignes de partage identitaires. Ainsi, les études féministes se sont transformées en *Gender Studies* (qui ajoutent à l'étude des rôles de la femme la construction de la masculinité), les études ethniques se sont généralisées au point d'inclure toutes les composantes du melting-pot américain (Hyphenated Studies, le "hyphen" ou trait d'union faisant allusion au caractère composite des Américains), et les *Gay Studies* se sont muées en *Queer Studies* (qui problématisent jusqu'à la différence entre les sexes). Pour Fiske, (1987: 18), « la culture médiatique n'est pas simplement un ensemble de textes, mais un processus de production et de réception de significations qui est inséparable des relations de pouvoir ».

La « mondialisation » des *Cultural Studies* est devenue patente dans les années 1990. Elle a mis en évidence un réseau dense d'universités principalement anglo-saxonnes, mais aussi des traductions et des adaptations du modèle américain en Amérique du Sud ou en Inde. En Amérique latine, le courant a rencontré les centres d'intérêts des Estudios culturales qui fleurissaient depuis les années 1960 dans le sillage d'une importation du concept d'hégémonie de Gramsci. La recherche sur les cultures populaires contemporaines s'est ici enrichie d'autres apports théoriques, que ce soient les approches phénoménologiques de Paul Ricœur, la sociologie de Bourdieu ou les œuvres d'Alberto Cirese. On peut citer ici quatre noms importants : le Colombien Jesus Martin Barbero, l'Argentin Nestor Garcia Canclini, le Brésilien Renato Ortiz ou encore le Mexicain Jorge Gonzalez.

En Inde, l'émergence du collectif éditorial des Subaltern Studies en 1982 sous l'impulsion de l'historien bengali Ranajit Guha (né en 1923) a tiré parti à la fois d'une forte tradition critique marxiste inspirée du modèle gramscien d'hégémonie, des travaux de Thompson, et de la mobilité théorique et géographique de ces « Traveling Scholars» indiens qui ont fréquenté temporairement ou définitivement depuis les années 1960 les grandes universités américaines et britanniques. De ce fait, « le rôle du chercheur est de s'engager avec les subalternes pour donner une voix à ceux dont les histoires ont été effacées ou ignorées ». (Spivak, 1988: 271)

Au Canada, les études culturelles se sont parfois portées sur des questions de technologie et société, comme on peut le voir dans les travaux de Marshall McLuhan et d'autres. En Australie, il y a eu un accent particulier sur la politique culturelle. En Afrique du Sud, les aspects de droits humains et du Tiers-Monde sont parmi les sujets traités, ce qui est particulièrement pertinent pour le contexte africain. Plusieurs échanges ont eu lieu entre Birmingham et l'Italie, suite aux recherches sur le gauchisme italien et les théories du postmodernisme. En Allemagne, le mouvement est demeuré sous-développé, sans doute en raison de l'influence persistante de l'Ecole de Francfort, connue pour sa production écrite sur des thèmes comme la culture de masse, l'art contemporain et la musique.

Durant ces années, les *Cultural Studies* sont restées relativement peu développées en France. Toutefois, tout en reconnaissant les hésitations au début de ce courant de recherche, il faut considérer que les travaux de Lyotard, Derrida, mais surtout Barthes, Foucault, Deleuze et de Certeau, sont devenus des textes canoniques dans le paysage des *Cultural Studies*, bien que ces auteurs n'aient pas toujours été directement associés au mouvement. Comme on peut le constater, ces études ne sont pas restées confinées à l'Angleterre, car leur apport dans la recherche scientifique a intéressé de nombreux chercheurs. Amorcé au cours des années 1970, le processus d'expansion planétaire *des Cultural Studies* s'est accéléré dans les années quatre-vingt et quatre-vingt-dix. Ainsi, le Centre for Contemporary Cultural Studies (CCCS) a connu son plein rayonnement, marqué par un décollage scientifique avec l'émergence de ses premières promotions, d'où proviendra la deuxième génération des *Cultural Studies* après la vague des fondateurs. Au rang de ces successeurs des années soixante-dix, l'on peut compter des chercheurs tels que Phil Cohen, Dick Hebdige, Angela Mc Robbie, Paul Willis, dont les recherches sont pour la plupart tournées vers les subcultures.

Au cours des années 1980 et du début des années 1990, l'importance des migrations, de la mobilité et de la transnationalité est devenue des thèmes majeurs. Parmi les chercheurs de la génération quatre-vingt, on peut citer Charlotte Brundson, David Morley, Ien Ang, John Fiske, Henry Jenkins, Janice Radway, John Tulloch, etc., qui ont dans leurs réflexions un intérêt particulier à l'étude des publics et de la réception. Ainsi, les années quatre-vingt-dix ont vu émerger des figures comme John Urry, Scott Lash, Lawrence Grossberg, Douglas Kellner, John Frow, Sonia Livingstone, etc.

IV.5. Les *cultural studies* et leurs parallèles au Congo

Ce qui rend les *cultural studies* particulièrement pertinentes, c'est leur capacité à éclairer des contextes sociaux au-delà de leur berceau britannique. Leurs problématiques (l'influence des médias, l'impérialisme culturel et les résistances des classes populaires) résonnent de manière saisissante en République Démocratique du Congo.

> « Il n'y a pas de production de sens 'objective'. Le sens n'est jamais donné ; il est toujours construit à travers des pratiques sociales » (Williams, 1961: 370).

L'arrivée massive des produits culturels occidentaux a été perçue comme une menace pour l'identité culturelle congolaise, un écho aux craintes des intellectuels européens de l'époque. Comme le soulignait la première génération des *Cultural Studies,* la "menace de l'américanisation culturelle" est une force omniprésente. Au Congo, cette dynamique est double. Elle provient des anciennes puissances coloniales telles que la Belgique et la France, ainsi que des Etas-Unis. Il est évident que des symboles culturels occidentaux sont incorporés dans la vie de tous les jours des Congolais, que ce soit à travers la musique grand public (comme le rap et le R'n'B), les styles vestimentaires ou les habitudes de consommation. Les Cultural Studies offrent un cadre d'analyse pour saisir la manière dont les Congolais assimilent, refusent ou modifient ces influences, engendrant de nouvelles expressions qui sont simultanément locales et universelles. Un auditeur de Bukavu apporte une perspective sur le décodage des messages médiatiques, soulignant les dynamiques de réception entre les générations :

"Moi, je dis que les médias ne peuvent pas être un miroir. Pourquoi ? Parce qu'un miroir est statique, il ne bouge pas. Un média, ça bouge. C'est comme si c'était un serpent ; il se déplace. Il se déplace pour créer une conscience, pour amener les gens à penser. Mais les médias ne disent pas toujours la vérité. Ils orientent la vérité en fonction des intérêts qu'ils défendent. Un bon média, c'est celui qui te montre ce qui se passe. Mais si je suis un vieux de 70 ans, et que je vois une pub pour une boisson énergisante qui s'adresse aux jeunes, je vais la décoder autrement. Je vais me dire que ce n'est pas pour moi, et que c'est pour les jeunes qui veulent faire la fête. C'est à nous de savoir comment consommer, de prendre du recul, de ne pas tout accepter. »

Ce constat critique la vision classique de l'audience comme réceptrice passive, insistant sur sa capacité d'interprétation et de résistance. Ces propos illustrent parfaitement le modèle de l'encodage-décodage de Stuart Hall, lequel postule que le public, en fonction de son "univers de référence" et de son positionnement social, peut adopter une lecture dominante, négociée ou oppositionnelle des messages médiatiques (Hall, 1980: 136). Un journaliste de Kinshasa insiste sur le rôle des *Cultural Studies* pour dépasser l'analyse purement factuelle de l'information :

« C'est vrai, les journalistes se contentent de rapporter les faits. Mais ici, les faits ne suffisent pas, il faut lire le contexte. Dans le Kivu, on peut rapporter des tueries. On va dire qu'il y a eu tant de morts. C'est vrai, on ne va pas mentir. Mais quand vous regardez la photo, si vous ne lisez pas au-delà des faits, vous ne voyez pas les rapports de force en jeu. L'image d'une femme vendant du pain ne se limite pas à illustrer du pain. Elle vous narre un récit de survie, d'ingéniosité et de résilence.

Cette méthode souligne l'aspect sémiotique de l'information, montrant que les faits ne sont jamais « purs » mais constamment contextualisés par des interprétations culturelles et sociales. Selon Mattelart et Neveu, la culture va au-delà d'être une simple « réflexion des rapports de pouvoir », elle représente également un terrain de lutte où le sens est constamment produit, contesté et négocié (Matellart et Neveu, 2003 :15).

Les pionniers des Cultural Studies ont souligné la valeur des cultures populaires, les percevant comme des manifestations valides d'expression et non comme une « sous-culture » à déprécier. Au Congo, la culture populaire regorge d'une créativité débordante. On peut envisager la SAPE (Société des Ambianceurs et des Personnes Elégantes), un courant artistique et social qui a vu le jour à Kinshasa et à Brazzaville. La Sape représente plus qu'une simple recherche d'élégance, elle est également une forme de résistance culturelle. Il s'agit d'une réinterprétation artistique des normes vestimentaires occidentales afin de souligner une dignité et une identité singulière face à l'adversité économique. L'étude du « ndobolo » ou de la rumba congolaise, qui s'inspirent des réalités sociales et des rythmes traditionnels, offre une vision comparable à l'analyse des sous-cultures juvéniles britannique par les chercheurs du CCCS. Les intervenants sur le terrain valident l'optique des Cultural Studies en se basant sur la culture populaire pour leurs initiatives :

> « Nous, on a vu que pour parler aux jeunes, il faut parler leur langage. On a fait des campagnes de sensibilisation contre les violences faites aux femmes, et on a utilisé le rap. On a collaboré avec des jeunes rappeurs. Au lieu de faire des discours moralisateurs, on a produit des sons. Les messages sont passés parce qu'on a utilisé les codes de la jeunesse, leur musique, leurs expressions. On ne leur a pas dit ce qu'ils devaient penser, on a juste ouvert la discussion. »

Ces efforts soulignent l'efficacité d'une communication ancrée dans les pratiques culturelles quotidiennes des groupes ciblés. Cette approche rejoint les travaux de Richard Hoggart qui, dans The uses of literacy, a démontré que les classes populaires ne sont pas de simples victimes de la culture de masse, mais qu'elles développent des "mécanismes de résistance et de réinterprétation" (Hoggart, 1957: 45), faisant de leur culture un terrain fertile pour l'action sociale et la production de sens.

Selon les Cultural Studies, les médias sont perçus comme des « instruments idéologiques » au profit des institutions et de l'autorité. L'analyse des médias est importante au Congo, où ceux-ci sont fréquemment utilisés comme un outil de soutien pour le gouvernement en place ou sous l'influence d'intérêts économiques étrangers. L'analyse de la façon dont les médias tels que la presse, la radio, la télévision et plus récemment les plateformes de réseaux sociaux élaborent les narrations politiques et sociales offre un éclairage sur les dynamiques de pouvoir et de force en jeu. Les chercheurs congolais pourraient ainsi utiliser les outils des *Cultural Studies* pour déconstruire les messages médiatiques et analyser comment ils façonnent la conscience collective, en montrant notamment que les publics ne sont pas de simples "consommateurs passifs" mais des interprètes actifs.

L'émergence des réseaux sociaux donne une nouvelle dimension à la production culturelle, comme l'exprime un internaute kinois :

> « Avec les réseaux sociaux, on n'est plus de simples consommateurs. On est des producteurs. Un jeune Congolais à Kinshasa peut créer un compte TikTok et faire des vidéos qui parlent de son quotidien. Il va utiliser le lingala, les blagues locales. C'est ça la résistance, parce qu'on ne reproduit pas bêtement ce qui vient de l'Occident. On se l'approprie et on crée quelque chose de nouveau. La culture se démocratise. Ce qui était considéré comme marginal devient visible. »

Cette capacité d'appropriation et de création met en évidence la nature active du consommateur culturel, qui ne se contente plus de décoder des messages, mais devient lui-même un émetteur. Cette dynamique rejoint les travaux de Paul du Gay sur la culturalité des objets et des pratiques de consommation, où le sens est co-construit par le producteur et le consommateur dans un "circuit de la culture" (Du Gay, 1997: 156), soulignant ainsi que l'acte de consommer est aussi un acte de production de sens.

IV.5.1. Comprendre les dynamiques culturelles congolaises

Les *Cultural Studies* fournissent une perspective précieuse pour analyser comment la culture est vécue et produite au quotidien sur le territoire congolais. Elles favorisent l'abandon d'une perspective élitiste de la culture au profit des pratiques populaires, des sous-cultures urbaines et des modalités d'expression qui naissent des contextes sociaux. Au Congo, l'art ne se limite pas aux musées ou aux spectacles officiels ; il est profondément ancré dans la vie quotidienne. L'examen des marchés, des églises évangéliques, des moyens de transport public (tels que les « 207 » ou « ketch ») ou encore des lieux de rencontre non officiels met en évidence des dynamiques culturelles vibrantes ainsi que diverses manifestations de créativité de résilience.

Les Culturals Studies offrent la possibilité d'examiner ces pratiques comme des lieux de création de sens et d'identité. L'exemple de la mode, cité plus haut, est particulièrement marquant en République Démocratique du Congo. Le phénomène de la Sape est d'une grande importance culturelle. Plus qu'un simple style vestimentaire, la Sape se présente comme une expression identitaire, un art de vivre qui défie la misère et instaure une dignité et un rang social par le biais de l'exubérance vestimentaire. Les *Cultural Studies* peuvent décrypter les codes, les rituels et les significations profondes de la Sape, la reliant aux histoires coloniales, aux aspirations de modernité et aux dynamiques de consommation.

Le CCCS a largement contribué à défricher les territoires de recherche autour des médias et des identités. Ces domaines sont d'une actualité brûlante dans le cadre national Congolais étant donné que « les médias ne transmettent pas simplement des messages, ils sont un lieu où le sens est produit et contesté » (Hall, 1980: 136). Il est primordial d'examiner de manière critique les chaînes de télévision, les stations de radio, la presse écrite et les plateformes numériques (tels que les réseaux sociaux et les blogs) pour comprendre comment s'élaborent et se consomment les narrations politiques, sociales et culturelles. Les Cultural Studies offrent également la possibilité d'étudier comment ces médias, souvent sous l'influence de facteurs politiques ou économiques, modèlent notre perception de la réalité et comment les citoyens congolais interagissent avec ces messages.

Il est vrai que la RDC est un pays d'une grande diversité tant sur le plan ethnique que linguistique. Les enjeux d'identité, de genre, de religion et d'appartenance communautaire sont au centre des interactions sociales. Les études culturelles proposent une approche pour examiner comment ces identités sont façonnées, négociée et parfois remises en question à travers les pratiques culturelles, les discours des médias et les mouvements sociaux. Ainsi, l'analyse des musique, l'analyse des musiques urbaines congolaises peut démontrer comment les nouvelles générations gèrent leur identité dans un contexte mondialisé, tout en valorisant leurs origines locales.

L'approche d'encodage/décodage de Stuart Hall est particulièrement pertinente pour étudier comment les messages médiatiques sont perçus au sein du contexte sociopolitique congolais, un pays où les réalités sociales et les environnements de vie très diversifiés. Par exemple, un discours politique diffusé sur la chaîne nationale peut être véhiculé avec un message dominant-hégémonique qui a pour but de promouvoir la stabilité et le développement. Toutefois, un résident de l'Est du pays, face à l'insécurité et à la misère, pourrait adopter une attitude contraire percevant le même discours comme une tentative d'occultation des véritables problèmes. Un résident de Kinshasa, malgré la reconnaissance des défis, pourrait choisir une attitude de compromis, adhérant à certains partis.

Dans le contexte congolais, les séries télévisées, les films et la musique étrangers (en particulier ceux des Etats-Unis, du Nigeria ou d'Afrique du Sud) sont largement appréciés et consommés. Avec le modèle de Hall, on peut examiner comment ces produits sont déchiffrés. Un jeune Kinois pourrait prendre une position dominante-hégémonique en se conformant entièrement aux modes de vie occidentaux diffusés. Toutefois, une autre personne pourrait adopter une stance de compromis, appréciant le divertissement tout en critiquant les valeurs qu'elle considère comme étrangères à son contexte. Finalement, une position contestataire pourrait écarter ces produits en tant que manifestation d'impérialisme culturel. Il est tout aussi important d'examiner les enjeux pratiques et théoriques associés à l'intégration des Cultural Studies dans le contexte universitaire de la République Démocratique du Congo, après avoir démontré leur pertinence pour l'analyse des dynamiques culturelles congolaises. Bien que ce cadre d'analyse soit prometteur, son application ne se fera pas sans affrontement des défis majeurs.

IV.5.2. Perspectives et défis pour les Cultural Studies à l'échelle de la RDC

Au-delà de la Sape, la RDC abrite une multitude de sous-cultures (jeunesse, religieuses, artistiques) qui méritent une analyse approfondie. Les *Cultural Studies* peuvent décrypter leurs codes, leurs rituels et leurs formes de résistance. À cet effet, l'étude de l'impact des médias sur la participation citoyenne, la construction de l'identité nationale et la promotion de la démocratie est un champ de recherche concluant, où le modèle d'encodage/décodage de Hall peut être appliqué pour comprendre les dynamiques de réception car « les identités culturelles ne sont pas données, elles sont construites à travers le langage, les images et les pratiques sociales » (Hall, 1996: 18).

Les Cultural Studies peuvent examiner la manière dont le patrimoine culturel congolais est maintenu, redéfini et parfois mis en péril par les dynamiques de la mondialisation, ainsi que la réaction des communautés locales face à ces enjeux. L'étude des représentations de la sexualité et du genre dans les médias, la culture populaire et les comportements sociaux peut dévoiler les normes, les clichés ainsi que les combats pour l'émancipation et la reconnaissance des Cultural Studies en République du Congo ne se font pas sans obstacles, faisant écho aux premiers défis rencontrés par le CCCS en Angleterre. Les universités du Congo, généralement organisées autour de disciplines classiques telles que la sociologie, la littérature et l'histoire, pourraient au premier abord considérer les Cultural Studies comme une menace ou un domaine non académique. Il sera nécessaire de fournir des efforts pour prouver leur rigueur méthodologique et leur pertinence. L'absence de ressources adéquates, de bibliothèques bien approvisionnées et de fonds pour la recherche peut freiner l'évolution de ce domaine d'études. Il est indispensable de former des chercheurs aptes à réaliser des recherches interdisciplinaires, à employer divers types de méthodologies (come l'ethnographie, l'analyse textuelle ou les études de réception) et à participer aux discussions théoriques au niveau international. En dépit de ces obstacles, la méthode des Cultural Studies fournit un prisme critique pour examiner les influences extérieures, les manifestations locales et les combats et les combats pour le sens dans une société en perpétuel changement. En embrassant les *Cultural Studies*, les universitaires congolais peuvent non seulement enrichir le savoir sur leur propre société, mais aussi contribuer de manière significative aux débats théoriques globaux sur la culture et le pouvoir.

IV.6. Les *cultural studies* et leurs racines ethnographiques

Les *Cultural Studies* représentent un champ d'étude interdisciplinaire qui a profondément marqué la compréhension des phénomènes culturels, médiatiques et sociaux. Nées au Royaume-Uni au milieu du XXe siècle, elles se sont initialement développées en réaction aux approches traditionnelles de la culture, souvent élitistes et détachées des réalités quotidiennes des classes populaires. Leurs racines sont intrinsèquement liées aux études ethnographiques et à une interprétation marxiste de la société, cherchant à décrypter les mécanismes de pouvoir et de domination qui sous-tendent les pratiques culturelles.

Le concept central qui a catalysé le débat culturel au sein des *Cultural Studies* était celui de la "culture de la classe ouvrière" en Angleterre. Ce problème capital, lié aux transformations socio-économiques de l'après-guerre et à l'émergence d'une société de consommation de masse, a poussé les chercheurs à s'intéresser aux modes de vie, aux valeurs et aux productions culturelles des travailleurs, souvent ignorés par l'académie classique. Cette préoccupation pour les réalités vécues par les groupes subalternes explique pourquoi les *Cultural Studies* ont puisé dans l'interprétation marxiste de la société, non pas comme une doctrine rigide, mais comme un cadre analytique permettant de comprendre les inégalités de pouvoir et les luttes pour l'hégémonie culturelle. D'après Maigret, (2005: 45), « le courant des *cultural studies* associe un regard critique, attentif aux formes de domination culturelle, à une visée compréhensive des usages de la culture médiatique, au sein d'une nouvelle solution théorique au problème du lien pouvoir et culture ».

En effet, les *Cultural Studies* se sont positionnées comme un courant essentiellement dédié à l'étude des rapports entre médias, culture et pouvoir au sein de la société. Elles se distinguent par une approche critique, attentive aux formes de domination culturelle, tout en cherchant à comprendre les usages et les significations que les individus et les groupes attribuent à la culture médiatique.

Cette double perspective (critique et compréhensive) est fondamentale. Elle offre l'opportunité d'aller au-delà de la simple dénonciation des structures de pouvoir, en étudiant la manière dont ces structures sont négociées, résistées ou même reproduites dans le quotidien des individus.

La contribution des recherches ethnographiques est ici incontournable. Les Cultural Studies, en se focalisant sur les usages culturels des classes laborieuses, des sous-cultures de la jeunesse ou des communautés marginalisées, ont opté pour des approches qualitatives qui privilégient l'observation participante, les interviews détaillées et l'étude des biographies. Dans cette perspective, Williams, (1961: 370) argue : « la culture, comme un ensemble de pratiques sociales, est toujours le terrain où se construisent, se déconstruisent et se reconstruisent les identités, les significations et les rapports de pouvoir ».

Cette approche permet de saisir la variété des significations attribuées aux objets culturels et aux pratiques médiatiques par les acteurs eux-mêmes, loin des interprétations unilatérales des élites ou des théories déterministes. C'est à travers cette lentille ethnographique que la culture est perçue non pas comme un simple produit, mais comme un processus dynamique de construction de sens, de négociation identitaire et de résistance.

IV.6.1. Culture, pouvoir et quotidien : une lecture congolaise

Les idées de Laurence Grossberg résonnent particulièrement avec cette dynamique, pour qui les *Cultural Studies* s'attachent à focaliser l'attention sur l'articulation des relations avec le pouvoir. De ce fait, elles analysent la culture comme étant plus qu'un texte ou un mode de vie. Elles la considèrent comme le lieu de production du pouvoir et de lutte pour sa maîtrise. Le pouvoir est ici compris non pas nécessairement sous la forme d'une domination coercitive, mais toujours comme une relation de forces inégales, qui sert les intérêts de fractions particulières de la population. Cette réalité est omniprésente dans nos sociétés, et le contexte congolais en est un exemple frappant. Peu importe le type de pouvoir (politique, économique, culturel, etc.), la logique reste la même : ceux qui sont au pouvoir cherchent à sauvegarder leurs propres intérêts et mettent en place des stratégies à cet effet, tandis que ceux qui n'en ont pas, cherchent comment y parvenir. « Les *cultural studies* étudient comment les gens sont dotés ou privés de pouvoir par les structures et les forces qui organisent leurs vies quotidiennes, et comment leurs vies sont elles-mêmes articulées à et par les trajectoires du pouvoir économique et politique ». (Grossberg, 1992: 18)

Grossberg continue en affirmant que les Cultural Studies exposent comment les vis quotidiennes des individus sont façonnées par et en lien avec la culture. Ces dernières analysent comment les individus sont investis ou dépossédés de pouvoir par les structures et mécanismes spécifiques qui régissent leur existence quotidienne de manière contradictoire, et comment cette existence (quotidienne) est à son tour liée aux trajectoires du pouvoir économique et politique. En République Démocratique du Congo, on peut observer cette articulation à travers diverses facettes. Considérons le cas du pouvoir politique et son impact sur la culture. Au fil de l'histoire, les différents gouvernements congolais ont fréquemment tenté d'exploiter la culture et les médias dans le but de renforcer leur pouvoir, promouvoir une idéologie ou dominer le discours national. La radio nationale (RTNC) et la télévision publique ont pendant des années servi d'instruments de propagande, modelant l'imaginaire collectif et soutenant une certaine perspective de l'identité congolaise. Les œuvres populaires, qu'il s'agisse de musique, de théâtre ou de littérature, ont pu être soutenues ou réprimées en fonction de leur soutien ou contestation du pouvoir en place. Les Cultural Studies pourraient offrir une analyse de la manière dont ces discours officiels sont perçus, compris, voire déformés par les citoyens dans leur vie de tous les jours.

On observe aussi les défis du pouvoir dans la façon dont les personnes occupent les espaces de communication pour exprimer leurs désirs et leurs mécontentements. Un enquêté illustre bien cette idée :

> *« Quand on a un souci avec le gouvernement ou la politique, on n'a pas un endroit où s'exprimer librement. Les médias ne sont pas ouverts pour ça. Il faut donc s'exprimer par d'autres moyens et nous avons trouvé la sape pour le faire. »*

Ce témoignage met en évidence la culture comme un lieu de résistance. Ce n'est pas seulement une question de style, mais une forme de protestation et d'affirmation de soi face à un manque de liberté d'expression. Cette vision s'aligne sur la conception de Williams, qui voit la culture comme un domaine d'interactions. D'après Williams (1977), les pratiques culturelles représentent des « formations » qui surgissent face aux tensions et contradictions sociétales, et qui autorisent les groupes marginalisés à se réapproprier des significations et à remettre en question l'ordre existant.

L'influence économique joue aussi un rôle considérable. Les aspirations et les comportements des Congolais, notamment des jeunes, sont souvent façonnés par une culture de consommation importée. Les médias véhiculent les marques internationales, les articles de luxe, les styles vestimentaires et les courants musicaux mondiaux, que l'on considère souvent comme des emblèmes de réussite ou de modernité. Cette influence peut engendrer des frictions avec les cultures traditionnelles et locales, tout en donnant naissance à de nouvelles expressions et hybridations culturelles. Par exemple, l'engouement pour la « sapologie » est un phénomène culturel et économique, où le style vestimentaire se transforme en un indicateur social, une expression esthétique de résistance à la précarité, et un moyen d'affirmer son identité dans un cadre globalisant. Les sapeurs investissent des sommes considérables dans des vêtements de marque, défiant les logiques économiques conventionnelles et créant un spectacle urbain qui interroge les notions de richesse, de statut et de visibilité. Cette résistance économique est également mise en lumière par cet enquêté :

> « La sape, c'est la manifestation de la richesse. C'est l'un des rares moyens qui nous permet d'afficher notre réussite à la face du monde. Quand on se sape, on montre au monde que nous aussi, malgré les difficultés économiques du pays, on peut s'en sortir et s'habiller comme les Blancs qui eux, vivent dans de bonnes conditions économiques. »

Ce discours souligne la façon dont la sape est perçue comme un indicateur de réussite sociale et économique. Il confirme le lien entre culture, pouvoir et argent. Cette idée est soutenue par les travaux de Bourdieu, qui démontrent que les pratiques culturelles, loin d'être neutres, sont profondément imbriquées dans les stratégies de distinction sociale. D'après Bourdieu (1979), le capital culturel est un atout qui permet aux individus de se positionner dans la hiérarchie sociale et de transformer des ressources économiques en symboles de prestige.

Le pouvoir culturel lui-même est un champ de bataille. Les pratiques culturelles traditionnelles, les langues locales, les coutumes ancestrales sont parfois menacées par l'hégémonie des cultures occidentales ou par la culture urbaine dominante. Cependant, elles sont aussi des sources de résilience et de réaffirmation identitaire. Les musiques traditionnelles, les danses rituelles, les contes et légendes continuent de jouer un rôle vital dans la transmission des valeurs et la cohésion sociale, souvent en parallèle ou en interaction avec les formes culturelles modernes. À ce niveau, Maigret, (2005: 184) précise que « les médias ne transmettent pas des informations, ils construisent des contextes de la vie humaine comme les milieux de pouvoir ».

Les *Cultural Studies* s'intéressent précisément à ce rôle joué par les pratiques culturelles et les médias dans la construction des contextes de la vie humaine comme les milieux de pouvoir. Elles analysent la manière dont les relations de pouvoir sont organisées par les pratiques discursives qui résultent de la production médiatique du vécu quotidien. Au niveau national, cela se manifeste par exemple dans la popularité de la musique congolaise (Rumba, Ndombolo, Soukous), qui, au-delà de son aspect divertissant, véhicule des messages sociaux, politiques et identitaires. Les textes musicaux peuvent s'opposer à l'autorité, mettre en lumière des inégalités, fêter l'amour ou la ténacité, contribuant de cette manière à l'élaboration d'un discours public alternatif. Grâce à leur influence et à leur potentiel de rassemblement, les artistes possèdent un pouvoir culturel qui peut, à l'occasion, contester l'autorité politique ou économique. L'étude ethnographique des concerts, des vidéoclips, des clubs de fans et des débats sur ces musiques pourrait nous aider à saisir comment ces messages sont perçus et interprétés par diverses communautés congolaises. Une des facettes de la sapologie est également sa capacité à être un outil de communication et d'expression, comme l'explique un enquêté :

> « *La sape est un moyen d'expression de ce qu'on a à dire au monde. C'est le moyen de nous positionner. C'est l'un de nos langages pour s'exprimer.* »

Ce discours confirme l'aspect linguistique et performatif de la sape, où le vêtement devient un langage non verbal, un outil de communication et de positionnement social. Cette perspective est conforme aux théories de Hall, qui met l'accent sur le fait que les identités culturelles ne sont pas naturelles, mais qu'elles se symboles et des actions sociales. D'après Hall (1996), la culture se définit comme un ensemble de significations et d'illustrations qui structurent notre perception du monde et notre position en lui. Un intervenant de la société civile à Kinshasa approfondit cette compréhension du rôle de la sape comme moyen d'expression et d'affirmation dans une situation de précarité :

> « *On vit un peu à travers la sape, on se sent exister. On a l'impression d'être différent, on a une identité à travers notre manière de nous habiller. C'est ainsi que les congolais sont mêmes identifiés sous d'autres cieux* ».

Cet extrait d'entretien met en avant la fonction psychologique et identitaire de la sape. Cette dernière permet aux individus de se sentir vivants et de se distinguer. C'est une forme de création de sens et d'identité dans un environnement qui peut être perçu comme aliénant. Ce point de vue souligne que les activités culturelles ne se réduisent pas à de simples loisirs, mais constituent des procédés par lesquels les personnes s'arrangent avec leur position dans le monde. Elle est en accord avec les travaux de Gramsci sur l'hégémonie culturelle, qui soulignent comment les groupes subalternes peuvent forger leurs propres contre-cultures pour établir leur identité et contester les idéologies dominantes. Gramsci (1971) a démontré que l'hégémonie se fonde non seulement sur la contrainte, mais également sur l'assentiment et l'aptitude des classes dominantes à présenter leurs valeurs comme étant universelles. Les contre-cultures, comme la sape, sont donc des lieux de lutte pour la signification et pour la reconnaissance.

Les *Cultural Studies* essaient d'employer au mieux les ressources intellectuelles disponibles pour atteindre à une meilleure compréhension des relations de pouvoir (entendues comme un état de fait ou un équilibre dans un champ de forces) dans un contexte particulier. Elles nourrissent l'idée qu'un tel savoir donnera aux gens des moyens plus efficaces de changer ce contexte et, partant, les relations de pouvoir. Il s'agit donc d'une analyse de la société à travers trois pôles en synergie : médias, pouvoir et culture, où cette dernière constitue le pôle de connexion entre les deux autres instances.

La culture apparaît au cœur du débat médiatique des *Cultural Studies* comme le primat de la base sur la structure sociale. Plus précisément, la culture au sein des études culturelles est perçue comme ce processus global à travers lequel les significations sont socialement et historiquement construites. En effet, tel que le fait remarquer une fois de plus Grossberg (1992 : 22), « les *Cultural Studies* décrivent la manière dont les vies quotidiennes des gens sont articulées par et avec la culture et étudient comment les gens sont dotés ou privés de pouvoir par les structures et les forces particulières qui organisent leurs vécus quotidiens au travers des modalités et contradictions produites par les médias sous l'influence du pouvoir économique et politique ».

Cette vue d'ensemble est essentielle pour saisir la manière dont les personnes et les groupes se déplacent dans un contexte en constante évolution, caractérisé par des enjeux socio-économiques, des legs coloniaux globaux. Les médias, qu'ils soient classiques ou récents, ont un rôle important dans la transmission de ces significations. La disponibilité des informations et la propagation des histoires diffèrent grandement entre les régions urbaines et rurales, selon les strates sociales et les groupes de langue. Les Cultural Studies offrent la possibilité d'examiner comment ces inégalités d'accès et de consommation des médias influencent la formation des identités, des ambitions et des visions du monde.

L'ethnographie, en tant que méthode de prédilection des *Cultural Studies*, offre des instruments précieux pour cette analyse. En s'engageant auprès des communautés, en étudiant leurs habitudes de tous les jours, en prêtant l'oreille aux acteurs, les chercheurs sont à même de comprendre les subtilités de la création et de la réception culturelle. Une recherche ethnographique pourrait examiner la manière dont les jeunes Congolais issus des quartiers défavorisés de Kinshasa exploitent les médias sociaux pour produire et partager leur propre contenu (musique, humour, danse), défiant ainsi les médias traditionnels et exprimant leur inventivité. Cette méthode faciliterait la compréhension des dynamiques internes de ces créations culturelles, des réseaux sociaux qu'elles produisent, ainsi que des structures de pouvoir et de reconnaissance qui y sont en jeu.

D'ailleurs, l'étude des rituels religieux au Congo, en particulier la montée des églises de réveil, offre un socle solide pour les *Cultural Studies*. Ces groupes religieux, fréquemment exposés dans les médias (télévisions, radios, réseaux sociaux), élaborent des discours forts qui ont un impact sur la vie de tous les jours pour des millions de Congolais. Ils offrent des structures de compréhension, des communautés d'appui et des engagements de changement social et économique. Une approche *Cultural Studies* analyserait comment ces discours religieux interagissent avec les réalités socio-économiques, comment ils sont interprétés et mis en pratique par les fidèles, et comment ils participent à la construction d'identités individuelles et collectives dans un contexte d'incertitude.

IV.6.2. Le tournant ethnographique et la globalisation

La seconde période des *Cultural Studies* se caractérise par un « tournant ethnographique » qui a contribué à valoriser, parmi les objets d'études, outre les médias et les consommations culturelles, les pratiques identitaires et la construction de collectifs. Plusieurs thèmes ont polarisé l'attention aux États-Unis comme en Grande-Bretagne. D'abord, a émergé le problème de la « globalisation » qui rend de plus en plus difficile l'analyse de cultures nationales et remet en cause les représentations de l'État-Nation. Tout un débat a surgi autour des nationalismes et des « communautés imaginées », où les études sur les emblèmes de la Nation et les consommations identitaires ont fleuri sur l'Europe et sur les « aires culturelles » à la fin des années 1980. Ensuite, la dislocation des solidarités ouvrières et la mutation sociale des sociétés post-industrialisées ont entraîné l'analyse de micro-communautés ou de trajectoires individuelles.

Selon Appadurai, (1996: 32), « la mondialisation ne supprime pas les cultures locales, elle les met en tension et les force à se réinventer dans des contextes hybrides ». Dans les années 2000, on a assisté à une diversité de thèmes et d'objets d'étude : les études sur le transgenre avec Judith Halberstam, sur la pornographie avec Linda Williams, sur l'économie politique de la communication et les *Cultural Studies* avec Nick Couldry et David Heemondhaigh sur Internet et culture, etc. Dans leurs débuts, différents chercheurs se sont interrogés sur la nature des *Cultural Studies*, certains les nommant carrément une « école », un « courant », « une problématique », « une institution académique », ou un « fait social ».

Toutefois, l'expansion des *Cultural Studies* a constitué d'abord un essaimage géographique vers l'Amérique du Nord, puis vers l'Amérique latine et l'Australasie. C'est seulement plus tard que l'Europe Occidentale, surtout la France, s'est intéressée aux *Cultural Studies*. En Afrique, ces recherches sont encore à un stade embryonnaire. C'est principalement dans les pays de langue anglaise que l'on suit cette tendance. Bien que la République Démocratique du Congo soit riche en dynamiques culturelles, médiatiques et de pouvoir, les Cultural Studies demeurent un champ de recherche sous-exploitée, du moins sous cette dénomination précise et avec les cadres théoriques et méthodologiques qui lui sont propres. L'approche interdisciplinaire et critique a peut-être été freinée par la prévalence de la recherche francophone, généralement plus influencée par la sociologie et les sciences politiques traditionnelles.

Néanmoins, les sujets traités par les Cultural Studies revêtent une importance primordiale pour la RDC. L'impact d la mondialisation sur les cultures nationales est une réalité qui se vit au quotidien. L'impact des médias internationaux, des plateformes digitales mondiales (facebook, WhatsApp, TikTok), et des mouvements migratoires transnationaux (diaspora congolaise) modifie sans cesse les identités et les comportements culturels. Les études culturelles pourraient examiner comment les Congolais réagissent à ces influences, comment ils intègrent ou refusent les paradigmes culturels venus de l'extérieur, et comment ils façonnent des identités mixtes qui sont à la fois locales et universelles.

La question des communautés imaginées est aussi extrêmement pertinente. Dans un pays aussi immense et hétérogène que la RDC, qui compte plus de 450 ethnies et plusieurs dizaines de langues, l'élaboration d'une identité nationale est fréquemment sujet à controverse. Dans cette construction, les médias, l'éducation, les symboles nationaux et les histoires historiques revêtent une importance cruciale. Les études Culturelles pourraient de pencher sur la manière dont ces narrations sont créées et partagées, comment elles sont perçues et analysées après diverses communautés, et comment elles participent à consolider ou à compromettre l'unité nationale. L'analyse des hymnes nationaux, des productions cinématographiques congolaises ou des programmes télévisés pourrait dévoiler les procédés par lesquels l'identité congolaise est construite.

L'étude de la fragmentation des solidarités et l'examen des micro-communautés sont également des directions de recherche significatives. Devant les enjeux économiques et sociaux, de nouvelles modalités de solidarité voient le jour, généralement autour de collectifs informels, de réseaux locaux, d'organisations religieuses ou de communautés virtuelles. Grâce à leur perspective ethnographique, les Cultural Studies pourraient mettre en lumière ces dynamiques, saisir les mécanismes de survie et de résistance qui les stimulent, et étudier comment la culture et les médias contribuent à consolider ces relations.

En RDC, Fulgence Mungenga (2028) est perçu comme un précurseur des études Culturelles, bien que ce domaine soit toujours en phase d'émergence. Dans le cadre de ses travaux, il a particulièrement examiné l'apparence vestimentaire des jeunes Kinois. Il est arrivé à la conclusion que les jeunes de Kinshasa sont fortement influencés par les messages qui leur proviennent des médias, en particulier la télévision, pour forger un style vestimentaire marqué par l'apparence extérieure. Ce mode hégémonique des médias, dont parle Stuart Hall, décomplexe les jeunes de leurs situations socio-économiques en adoptant sans adapter ce qui vient des médias étrangers. Le travail de Mungenga (2018) est un exemple éloquent de la pertinence des *Cultural Studies* en République démocratique du Congo. Il souligne de quelle manière la culture consumériste et l'influence médiatique mondiale se reflètent dans les habitudes courantes des jeunes, particulièrement en ce qui concerne la mode. Face à des conditions économiques ardues, les jeunes de Kinshasa adoptent la mode comme outil d'expression personnelle, de revendication identitaire et d'intégration dans une culture globale. Ce recours à l'adoption sans ajustement soulève des interrogations cruciales concernant l'aliénation culturelle, ainsi que la créativité et la faculté des individus à renverser les significations prédominantes. Une étude ethnographique approfondie pourrait révéler les motivations sous-jacentes à ces choix vestimentaires, les réseaux de diffusion des tendances, et les dynamiques de pouvoir et de prestige au sein de ces sous-cultures juvéniles.

D'autres domaines d'application des *Cultural Studies* dans le cadre national congolais pourraient inclure :

- ✓ L'étude de la culture urbaine : Comment les villes congolaises (Kinshasa, Lubumbashi, Goma, Bukavu, Kisangani, etc.) produisent-elles leurs propres cultures, musiques, argots, et modes de vie ? De quelle manière l'expression culturelle et la contestation se manifestent-elles dans les espaces publics ?
- ✓ L'examen des médias alternatifs et citoyens : Comment les radios de proximité, les blogs, les chaînes YouTube ou les podcasts congolais offrent-ils des perspectives alternatives aux médias mainstream et contribuent-ils à la démocratisation de l'information ?
- ✓ L'étude des identités de genre et sexuelles : Comment les normes de genre sont-elles élaborées et discutées dans le contexte congolais, et quel est l'impact des médias et des expressions culturelles sur ces constructions ?
- ✓ L'étude de la culture religieuse populaire : En dehors des églises de réveil, comment les pratiques religieuses populaires (comme le fétichisme, la sorcellerie et le syncrétisme) se manifestent-elles dans le contexte médiatique et moderne ?
- ✓ L'analyse de la culture du travail et de l'informel : Comment les expressions culturelles se révèlent-elles dans le domaine informel, où une majorité des Congolais sont employés, et comment ces expressions traduisent-elles les dynamiques de pouvoir et de survie ?

La mode et l'apparence vestimentaire servent de catalyseur à l'affirmation identitaire et au positionnement social, comme l'indique un enquêté :

> « *On veut montrer au monde que nous existons, on se positionne, et le vêtement est le moyen le plus simple d'y arriver.* »

Ce propos met en lumière la dimension performative de la sape. Le vêtement n'est plus un simple objet utilitaire, mais un moyen d'expression qui permet de manifester son existence et de se positionner sur l'échiquier social. Cette constatation est en accord avec les recherches de Judith Butler sur la représentation du genre et de l'identité. D'après Butler (1990), l'identité n'est pas une substance déjà existante, mais un résultat des actions et des coutumes réitérées comme une représentation de l'identité qui façonne comment nous nous percevons et comment les autres nous perçoivent, conférant visibilité et légitimité à ceux qui s'y adonnent. En traitant du sujet du pouvoir économique, une autre dimension de la sape se dévoile : son potentiel à servir d'instrument de critique sociale, comme le souligne un participant à l'enquête :

> « *La sape est un moyen d'expression pour interpeller le gouvernement à regarder l'état de la population qui souffre, parce que ce sont ces*

> *mêmes personnes qui sont les plus sapées. C'est pour dire au gouvernement qu'on veut aussi vivre dans des conditions économiques dignes. »*

Ce témoignage montre comment la sape, en tant que pratique culturelle, se charge d'un sens politique et économique. Les sapeurs utilisent leur apparence vestimentaire extravagante non pas pour cacher leur précarité, mais pour la mettre en évidence de manière spectaculaire, transformant ainsi le vêtement en une forme de protestation silencieuse. Cette vision est en accord avec les théories de Stuart Hall concernant la culture populaire en tant qu'espace de conflit. Hall (1981) défend l'idée que la culture populaire est l'endroit où les forces d'hégémonie et de résistance se croisent et s'opposent. La sape, par son caractère subversif qui remet en question les normes sociales, peut être perçue comme une forme de résistance symbolique. L'idée de l'adoption sans modification, mise en avant par Mungenga -2028), est aussi illustrée par ce témoignage :

> *« On adopte la sape parce que les images des médias nous montrent ce qui se passe à l'extérieur du pays. C'est pour dire qu'on veut aussi vivre de la même manière que ceux qui vivent à l'extérieur. Il y a des difficultés, mais on s'organise. C'est l'adaptation. »*

Ce discours nuance la notion d'adoption sans adaptation. Ce n'est pas une simple imitation passive, mais un processus d'appropriation et d'adaptation. Les sapeurs ne se contentent pas de copier, ils transforment et adaptent les codes vestimentaires occidentaux à leur propre réalité, comme l'indique l'expression « on s'organise ». Ce phénomène est en lien avec les théories de Nestor Garcia Canclini sur les cultures hybrides. Canclini (1995) argue que la mondialisation n'entraîne pas une homogénéisation culturelle, mais plutôt la création de formes culturelles "hybrides" qui combinent des éléments locaux et mondiaux.

Le travail scientifique accumulé pendant plusieurs années d'activité par les pionniers des *Cultural Studies*, et son retentissement dans la communauté académique internationale, constituent des données majeures du paysage des sciences sociales. Il suffit pour s'en convaincre d'évoquer les noms de Richard Hoggart, Edward P. Thompson, Raymond Williams, Stuart Hall, Dick Hebdige, David Morley, Terry Eagleton, Ien Ang et bien d'autres. Ces figures ont posé les bases d'une approche critique et interdisciplinaire de la culture, dont les outils conceptuels et méthodologiques restent d'une grande pertinence pour l'analyse des sociétés actuelles. Le phénomène de la sape est un moyen de se distinguer de la foule, de créer une identité unique, comme l'explique cet enquêté :

> « J'aime la sape. Cela me permet de ne pas me confondre à n'importe qui. On peut me voir comme on veut, on peut me traiter de fou, mais la sape me donne une identité. »

Ce récit met en évidence la fonction de la sape comme un acte d'individualisation et d'affirmation de soi. Dans un contexte où l'anonymat urbain peut être oppressant, la sape permet de se démarquer, d'exister par la visibilité. Ce processus d'individualisation est central dans les sociétés modernes, comme l'a souligné Zygmunt Bauman. Selon Bauman (2000), dans la société liquide moderne, les identités ne sont plus données, mais construites par les individus eux-mêmes. La sape, dans ce sens, est une stratégie pour créer une identité propre et une distinction sociale dans un monde en constante évolution.

Les *Cultural Studies* se situent au centre d'une spirale expansionniste, revendiquant sans cesse de nouveaux auteurs, de nouveaux objets, de nouvelles questions comme constitutifs de leur identité, selon un processus qui s'identifie assez classiquement à l'invention d'une tradition. Cette aptitude à s'adapter et à intégrer de nouveaux enjeux constitue leur atout majeur et leur résilience. Pour la RDC, cela signifie que les Cultural Studies ne sont pas un modèle rigide, mais plutôt une trousse à outils adaptable qui peut être ajustée pour traiter des particularités culturelles et sociale du pays.

Les audiences congolaises ne sont pas des destinataires inactifs des contenus médiatiques, qu'ils soient issus de chaînes de télévision locales, de radios internationales, de plateformes de médias sociaux ou de films étrangers. Ils décodent ces messages en fonction de leurs réalités culturelles, de leurs vécus personnels, de leurs convictions et de leurs ambitions. Ainsi, une même émission télévisée peut susciter des perceptions divergentes chez un jeune citadin de Kinshasa, une femme entrepreneuse de Goma ou un cultivateur d'une région rurale du Kasaï, en fonction de leur accès à l'information, leur appartenance ethnique et leur condition socio-économique.

Dans le contexte sociopolitique congolais, l'avenir des Cultural Studies dépend de leur aptitude à se renforcer sur les plans local et contextuel, à élaborer des modèles théoriques et méthodologiques appropriés aux particularités congolaises, ainsi qu'à éduquer une nouvelle génération de chercheurs aptes à réaliser des études ethnographiques d'une grande rigueur. A travers l'étude des dynamiques de pouvoir, de culture et de médias dans des secteurs divers tels que la musique, la mode, la religion, les mouvements sociaux ou l'utilisation des nouvelles technologies, les Cultural Studies peuvent fournir une analyse plus approfondie et critique des problématiques actuelles de la société congolaise. Elles peuvent également participer à l'émergence d'une connaissance pertinente pour le progrès et le changement social.

Néanmoins, ce chapitre a mis en lumière l'importance des Cultural Studies pour examiner le panorama médiatique congolais. En déplaçant l'attention de la simple influence des médias vers l'étude des pratiques culturelles et des identités, nous avons mis en lumière comment les Congolais utilisent les médias pour construire, négocier et affirmer leur identité culturelle. La musique, la mode, les contes populaires et même les traditions de la SAPE ne constituent pas simplement des divertissements, mais des domaines de combat et de manifestation, fréquemment couverts par les médias.

Nous avons vu que les médias, qu'ils soient traditionnels ou numériques, sont des espaces où se négocient les représentations de la congolité. Loin d'être de simples canaux de diffusion, ils sont des fabriques de sens où les identités, les normes et les valeurs sont constamment remises en question ou réaffirmées. Cette approche nous a permis de comprendre que la réception est une part intégrante d'un processus culturel plus vaste.

Ces habitudes de consommation des médias, qui font partie intégrante de la vie quotidienne, exposent des processus d'interprétation qui ne sont pas toujours conscients. Pour une compréhension véritable de la réception, il faut plonger dans les aspects plus profonds, quasi inconscients, de notre interaction avec les messages des médias. Dans le prochain chapitre, nous étudierons l'esthétique de la réception, en mettant l'accent sur le rôle du lecteur et son horizon d'attente.

Chapitre cinquième

L'ESTHÉTIQUE DE LA RÉCEPTION

> « *La réception d'une œuvre littéraire est perçue comme un processus socio-historique lié à un horizon d'attente culturellement défini. Elle confère au lecteur un rôle actif, qui crée le sens à partir de ses valeurs personnelles, sociales et culturelles* » *(Jauss, 1978 : 30).*

L'école de Constance en Allemagne, fondée dans les années 1960, a donné naissance à l'esthétique de la réception qui a radicalement transformé notre façon d'envisager les œuvres littéraires. En déplaçant l'attention de la critique littéraire du texte et de l'auteur vers le lecteur, elle a engagé une véritable transformation de paradigme. Cette démarche novatrice a établi les fondements d'une interprétation plus subtile de la façon dont le contenu d'un texte est compris et appréhendé, non plus en tant que substance statique, mais comme un processus évolutif et contextuel.

Dans le domaine des Sciences de l'Information et de la Communication (SIC), l'esthétique de la réception a dévoilé des horizons captivants, se situant au croisement de l'analyse littéraire, des études culturelles et des recherches empiriques sur les médias de masse. Elle a facilité l'ajustement des théories d'interprétation textuelle à la réception des médias, remplaçant le concept d'accueil du texte et d'interaction texte-lecteur par une notion plus englobante de réception.

En République Démocratique du Congo, un pays riche en tradition orale et en littérature naissante, l'esthétique de la réception constitue un outil d'analyse efficace. Elle offre l'opportunité de saisir comment les histoires, qu'elles soient transmises à l'oral, à l'écrit ou par les médias, sont perçues par une population aux horizons sociaux, culturels et linguistiques diversifiés. Elle encourage à découvrir comment l'horizon d'attente des Congolais, modelé par leur histoire coloniale, leurs combats actuels et leurs ambitions, façonne leur interprétation des œuvres, des discours politiques et des divertissements.

V. 1. Bases épistémologiques de l'esthétique de la réception

La réception se définit comme "l'appréhension d'une œuvre par le public" (Dictionnaire de la critique littéraire, 2002). Cette définition met en lumière une idée fondamentale : l'interprétation d'une œuvre est toujours influencée par son contexte spatial et temporel. Cela signifie que le sens n'est pas inhérent au texte lui-même, mais qu'il est construit dans l'interaction avec le récepteur.

Cette conception sur la réception souligne deux concepts clés : celui de la lecture et celui du public. Dans les années 1960, lors de leur apparition, les théories de la réception ont privilégié ces notions dans l'analyse des œuvres littéraires. Dans le contexte congolais, cette méthode nous incite à nous interroger sur la manière dont une œuvre littéraire congolaise est » interprétée » par un citadin de Kinshasa, par exemple, en comparaison avec un résident d'une région rurale, ou encore sur la façon dont un propos politique est « perçu » par diverses catégories d'âge et de niveaux scolaires. Un téléspectateur de Kinshasa, fort de son expérience personnelle, met en lumière le rôle actif du récepteur dans la création de sens, en affirmant :

> *"Un film, c'est comme un roman que l'on finit soi-même. Le réalisateur a posé des questions, mais c'est nous, les spectateurs, qui apportons les réponses. Je me souviens d'un film sur la guerre. Certains l'ont vu comme un film d'horreur, moi je l'ai vu comme un film d'espoir, parce que je me concentrais sur la résilience des personnages. C'est nous qui décidons si le héros est bon ou mauvais en fonction de nos valeurs et de notre vécu."*

Cette affirmation soutient la thèse de Hans-Robert Jauss (1978) qui postule que le sens d'une œuvre ne réside pas uniquement dans le texte, mais qu'il est co-construit dans un dialogue entre l'œuvre et l'horizon d'attente du lecteur. Le téléspectateur illustre parfaitement la notion selon laquelle le sens est un processus dynamique, où "l'interprétation est toujours un acte créatif" (Iser, 1978 : 28).

V.2. L'héritage de l'école de constance

L'approche de l'esthétique de la réception, initiée par Hans-Robert Jauss, a été élaborée dans les années 1970 par l'école de Constance, avec des figures de proue telles que Wolfgang Iser, Rainer Warning, Manfred Fuhrmann, Wolfgang Preisendanz, et influencée par Hans-Georg Gadamer. Cette institution, liée à l'Université de Constance, a "révolutionné l'approche de l'œuvre littéraire" et a tracé des "voies toujours pertinentes pour l'examen de tous les artefacts culturels (littérature fictive, cinéma, arts visuels et publicité)" (Rieffel, 2005 : 402). Dans le contexte actuel du Congo où la culture abonde mais est fréquemment négligée en matière de réception, les principes de l'école de Constance sont d'une valeur inestimable.

D'après Jauss, l'analyse de la réception a pour objectif de « reconstituer l'horizon d'attente du public initial, puis d'établir un parallèle avec les contextes historiques des lecteurs successifs, en corrélant les attentes et les perceptions du lecteur tout comme les normes esthétiques et sociales dominantes » (Jauss, 1978 :25). La lecture d'une œuvre récente est toujours influencée par les lectures précédentes, les normes et codes auxquels le lecteur a été habitué" et "elle fait également appel à son expérience dans le monde (Jauss, 1978 : 27).

De plus, la lecture demeure toujours une "réception guidée". Cette perspective est fondamentale pour le Congo-Kinshasa. L'horizon d'attente d'un Congolais est influencé par son vécu collectif et individuel : les guerres passées, les défis socio-économiques, les aspirations démocratiques, les croyances traditionnelles et religieuses. La lecture d'un roman historique sur la colonisation par un jeune Congolais d'aujourd'hui sera inévitablement différente de celle d'un aîné ayant vécu cette période, car leurs horizons d'attente et leurs expériences du monde divergent. Un journaliste de Kinshasa confirme cette collaboration entre créateur et récepteur, en précisant que le rôle du producteur de contenu n'est pas de tout révéler :

> *"Quand j'écris un article, je ne peux pas tout dire. C'est un art de laisser des zones d'ombre, de donner des indices, des pistes de réflexion. Si je donne toutes les réponses, il n'y a plus de place pour l'interprétation du lecteur. Mon but est de semer une graine et de laisser le lecteur la faire pousser dans son esprit. C'est une sorte de collaboration entre l'auteur et le lecteur, où chacun apporte sa pierre à l'édifice."*

Cette perspective corrobore la notion d'indétermination développée par Wolfgang Iser. Loin d'être un défaut, les lacunes et les "zones d'ombre" du texte sont ce qui sollicite l'activité du lecteur, l'obligeant à combler les blancs pour donner un sens. Comme le soutient Iser, "le texte ne peut jamais être complètement compris si l'on ne tient pas compte des « lacunes » qu'il contient" (Iser, 1978 : 167).

Philippe Breton et Serge Proulx (2002) soulignent que « dès la fin des années 1960, l'interrogation sur la réception se pose dans le cadre de la tradition allemande des études littéraires, qui sera ultérieurement désignée sous le nom d'école de Constance" (p. 250). Jauss propose le concept d'une "esthétique de la réception" (1978) afin de "diriger l'attention de la critique littéraire vers le lecteur, l'auditeur ou le spectateur" (Breton & Proulx, 2002 : 251). Ainsi, le paradigme de la critique littéraire évolue, passant du formalisme ou de l'esthétique marxiste à une orientation davantage centrée sur l'analyse des conditions sociales, cognitives et esthétiques liées à la réception des œuvres et créations littéraires.

Breton et Proulx (2002 :252) persistent en affirmant que « en plus de l'objet qui a jusqu'à présent été favorisé par la critique littéraire (analyser ce que la structure des textes littéraires fait aux lecteurs), un second objet est ainsi identifié : l'examen de ce que les lecteurs font de la littérature ». Cela représente une divergence par rapport à l'analyse littéraire d'orientation structuraliste, qui, d'après Jensen et Rosengren cités par Rieffel, (2005 :403), « a été accusée de texto-centrisme : centrée sur l'œuvre (les codes, les significations), elle accorde peu d'attention à l'activité interprétative du sujet récepteur ou la limite à un simple processus linéaire ». Il ne s'agit pas seulement d'analyser la structure d'un reportage télévisé sur la politique, mais aussi de comprendre comment les téléspectateurs congolais s'approprient ce reportage, le discutent, le remettent en question ou l'intègrent à leur propre vision du monde.

Rainer Warning cité par Rieffel (2005 : 403) attribue à l'esthétique de la réception l'étude des « modalités et résultats de l'interaction entre l'œuvre et le récepteur, ainsi que la transcendance des formes classiques de l'esthétique de la création et de la représentation », soupçonnant celles-ci de maintenir des substantialisations obsolètes ». Cette définition est immédiatement problématique puisque le concept de "destinataire" implique que l'esthétique de la réception se construit du point de vue de l'œuvre et non du lecteur, une supposition qui est valable pour Wolfgang Iser ou Rainer Warning, mais qui pose question dans le cas de Jauss. Il existe un écart entre une esthétique des effets (Wirkungsästhetik) et une esthétique de la réception, qui est fondée sur une théorie du public. Ces disparités expliquent pourquoi l'école de Constance a été davantage définie par une communauté d'intérêts scientifiques que par une cohésion théorique, dans le cadre de la réforme universitaire allemande. Elle était également caractérisée par l'ambition de créer une science littéraire qui se démarque de la philologie allemande classique, « par l'établissement d'un département spécifiquement dédié à la science de la littérature, le premier en son genre, et le virage vers une théorie des effets et des réceptions introduites par l'œuvre historique de la littérature comme provocation (1967) et la structure appelante des textes (1970) réalisée par Wolfgang Iser » (Rieffel, 2005 : 404). Malgré ces nuances théoriques, l'esthétique de la réception présente un cadre robuste dont les implications sont particulièrement appropriées pour analyser la réception des œuvres en République Démocratique du Congo.

V.3. Implications de l'esthétique de la réception en RDC

Hans-Robert Jauss a développé son esthétique de la réception en s'appuyant sur l'approche herméneutique du lecteur, qui repose sur l'examen des relations entre "des horizons d'attente historiquement différents", principalement basées sur les travaux de Gadamer et Heidegger. Pour Jauss, « la réception d'une œuvre littéraire est perçue comme un "processus socio-historique lié à un horizon d'attente culturellement défini » (Jauss, 1978 : 30). Elle confère au lecteur un rôle actif, qui crée le sens à partir de ses valeurs personnelles, sociales et culturelles. À ce titre, l'esthétique de la réception vise à être une méthode d'analyse centrée sur la relation existante entre le texte et le lecteur, délaissant ainsi celle du duo texte-auteur, qui a largement dominé les études littéraires jusqu'à présent. Une auditrice de Bukavu illustre ce processus d'appropriation personnelle en déclarant :

> "Une chanson n'est pas juste un assemblage de mots et de sons. C'est comme une partition. L'artiste a écrit la mélodie, mais c'est moi qui la joue en lui donnant mon propre sens, mes propres émotions. Quand j'écoute une chanson sur le départ d'un être cher, je ne pense pas à la vie de l'artiste, je pense à mon frère qui a quitté le pays. C'est ma propre histoire qui se mêle à l'œuvre."

Ce point de vue valide l'idée que le sens d'une œuvre est intrinsèquement subjectif et lié à l'expérience de vie du récepteur. C'est un parfait exemple de ce que Stanley Fish nomme une "communauté interprétative" (Fish, 1980), où l'expérience personnelle (le vécu de l'auditrice) devient le prisme à travers lequel l'œuvre est comprise.

Pour l'école de Constance, l'esthétique de la réception représente une révision de l'histoire littéraire en intégrant cette fois le lecteur et en se concentrant sur l'analyse diachronique des lectures, contrairement à ce qu'elle était auparavant : une histoire centrée sur les textes et leurs auteurs. Ben Zid Aziza (2010 :87) souligne que « les travaux de Jauss émergent lors du pic des théories formalistes, structuralistes et marxistes ». Cela n'a toutefois pas empêché Jauss de critiquer ces dernières, en particulier les approches formalistes et marxistes qui, selon lui, « détachent l'œuvre littéraire de ses conditions réelles de réception et ne saisissent pas les impacts qu'elle a sur ses lecteurs » (Jauss, 1978 : 45).

Cette approche est spécialement adaptée pour la littérature orale et écrite à l'échelle de la RDC. Un conte traditionnel, par exemple, n'est pas juste un texte riche en signification, mais sa « réception » par diverses générations ou groupes ethniques peut mettre en lumière les changements dans les valeurs et les compréhensions culturelles. L'esthétique de la réception offre une perspective pour examiner comment les nouvelles générations, façonnées par la globalisation et les médias numériques, « lisent » et réinterprètent ces récits ancestraux.

Fish a élargi la compréhension du rôle du lecteur, arguant que « la réaction de ce dernier n'est plus perçue comme une réponse à l'interprétation prévue du texte, mais incarne elle-même cette interprétation » (Fish, 1980 :320). Il propose aussi, grâce à sa notion de « communautés interprétatives », d'effectuer un changement important de l'étude du lecteur vers l'analyse des publics. Le concept de « communautés interprétatives » est crucial. Les « communautés interprétatives » distinctes peuvent être formées par des groupes tels que les organisations religieuses, les associations de jeunes, les communautés ethniques ou les réseaux professionnels, partageant des référentiels communs qui guident la façon dont les messages sont perçus et jugés.

Pour donner un exemple, une chanson populaire peut être interprétée de manière différente par un groupe de jeunes catholiques et un autre groupe de jeunes issus des églises évangéliques, selon leurs valeurs et leurs perspectives culturelles et religieuses. Un intervenant de la société civile à Goma met en avant l'importance d'impliquer le public dans la construction du sens, une démarche qui transcende la simple consommation pour intégrer un processus de co-création :

> *"Dans nos pièces de théâtre, on inclut des moments où le public peut réagir, donner son avis. On veut qu'ils ne soient pas de simples spectateurs, mais des participants actifs à la création du sens. Le public n'est pas là pour 'recevoir' une vérité, mais pour la construire avec nous. Le sens d'une pièce de théâtre n'est pas fixe, il est en constante évolution, en fonction des réactions du public."*

Cette approche concorde avec le modèle de la réception active prôné par Stuart Hall, théoricien des *Cultural Studies*. Plutôt que de voir le public comme un réceptacle passif des messages, Hall soutient que les audiences "ne se contentent pas de consommer, elles négocient, s'approprient et résistent" (Hall, 1980 : 134). L'interactivité de la pièce de théâtre est un exemple concret de cette négociation de sens entre le public et l'œuvre.

V.4. Horizon d'attente et écart esthétique

L'esthétique de la réception s'est construite autour de deux concepts majeurs : l'horizon d'attente et l'écart esthétique. Ces idées, issues des travaux de philosophes tels qu'Edmund Husserl, Martin Heidegger et Hans-Georg Gadamer, ont été systématisées par Hans-Robert Jauss au sein de l'école de Constance.

V.4.1. Le cadre d'attente

Le concept d'horizon d'attente trouve ses racines dans la phénoménologie d'Edmund Husserl, qui mettait en avant la notion de conscience dans l'expérience temporelle. Gadamer, pour sa part, a développé l'idée de "fusion d'horizons", soulignant que « le sens d'un texte "est tributaire d'un dialogue incessant entre le passé et le présent", impliquant que "la signification d'un texte ne peut être dissociée de l'histoire de sa réception » (Gadamer, 1996 :302).

Jauss (1978 : 25) intègre ces réflexions pour définir l'horizon d'attente comme étant « influencé par l'expérience antérieure du lecteur en matière de genre, forme et thématique des œuvres précédentes ». Autrement dit, la manière dont un lecteur congolais aborde un nouveau roman, une émission de radio ou un article de presse est préformée par tout ce qu'il a lu, vu et entendu auparavant. Ses connaissances des codes littéraires (réalisme magique, conte moral), des formats médiatiques (journal télévisé, émission de débat politique) et des thèmes récurrents (corruption, unité nationale, souffrance du peuple) construisent un cadre mental à travers lequel il va assimiler le nouveau contenu.

Hans-Robert Jauss (1978 : 31) insiste sur le fait que la communication entre l'œuvre et son interprète ne peut se produire que si elle est "fondée sur des normes, des références et des codes qui guident l'émergence du sens de l'œuvre dans l'esprit du lecteur". Cette vision du monde et l'expérience personnelle du lecteur sont primordiales. De ce fait, « l'horizon d'attente constitue avant tout un code artistique qui aide le lecteur à appréhender une œuvre nouvellement publiée et donc encore méconnue » (Jauss, 1978 : 32).

Localement, la reconstruction de l'horizon d'attente du lecteur est indispensable. « Ce système de normes et de références d'un public lecteur à un moment précis » (Jauss, 1978 : 33) est façonné par des facteurs multiples : l'éducation (formelle et informelle), les traditions orales, les croyances religieuses, les langues parlées, les dynamiques communautaires et les expériences politiques vécues. Un auditeur congolais qui écoute une émission de la radio Okapi sur la réconciliation communautaire va interpréter le message à travers le prisme de son expérience personnelle des conflits passés, des efforts de paix dans sa localité, et des discours des leaders locaux.

Cette définition de l'horizon d'attente engendre de nombreuses implications, notamment celle de l'intertextualité. Aucune œuvre n'est totalement originale ; « les textes continuent de dialoguer, de se superposer et de renvoyer leurs échos de diverses manières tout au long de l'histoire de la littérature et de la culture » (Rieffel, 2005 : 402). Chaque œuvre littéraire s'appuie donc sur un corpus de références culturelles, elle fait allusion à des textes déjà parcourus qui prédisposent son auditoire à sa réception. Cela est particulièrement évident sur l'ensemble du territoire national et spécifiquement à Kinshasa dans la musique populaire. Les morceaux incorporent fréquemment des allusions à des proverbes, des mythes, des figures politiques ou des faits historiques bien connus, établissant de cette manière un ensemble d'interprétations communes qui fait écho aux attentes et aspirations du public.

L'idée d'horizon d'attente est particulièrement adaptée au contexte national. Les audiences congolaises interagissent avec les médias en étant influencées par un mélange de préjugés, de valeurs culturelles, d'histoires passées et de contextes socio-économiques particuliers. Pour illustrer, l'interprétation des informations politiques sera influencée par les précédentes expériences en matière de gouvernances, les relations entre les communautés et les désirs individuels de stabilité et de progrès. Les attentes d'un habitant de Kinshasa, face à l'urbanisation accélérée et aux enjeux du travail, différents de celles d'un agriculteur dans une région rurale isolée.

Cet horizon d'attente est également modelé par les traditions orales, très ancrées dans ce pays. Les contes et les proverbes ont inculqué des modes de pensée, des valeurs morales et des schémas narratifs qui influencent la manière dont les nouveaux récits médiatiques sont interprétés. Une série télévisée traitant de la corruption, pourrait être reçue différemment selon que l'auditoire est habitué aux récits de dénonciation symbolique ou à des formes plus directes de critique.

V.4.2. L'écart esthétique

Le concept d'écart esthétique, indissociable de l'horizon d'attente, représente « la différence entre l'univers du texte et celui de sa lecture » (Jauss, 1978 : 35). Jauss le décrit comme « l'écart entre l'horizon d'attente préexistant et la nouvelle œuvre dont l'accueil peut provoquer un changement d'horizon » (Jauss, 1978 : 36). Du point de vue de l'auteur, cela entraîne une modification de la stratégie poétique, intertextuelle et générique ; du point de vue du lecteur, il devient le critère de l'innovation, pouvant aboutir à l'acceptation ou au rejet de cette nouveauté.

Comme le souligne Jauss (1978 :37), si on réduit au minimum la distance entre l'horizon d'attente du lecteur et l'œuvre, « aucun renouvellement de l'horizon ne serait nécessaire ». Au contraire, l'œuvre répond à la demande immédiate du public, l'appuie dans ses habitudes et le fortifie dans ses expériences connues. Dans cette nation de l'Afrique centrale, la différence esthétique est une clé interprétative des dynamiques culturelles. Une chanson qui adhère bien aux normes musicales établies et qui reprend des thèmes familiers sera rapidement adoptée et aura du succès, consolidant les habitudes d'écoute et les expériences familiers déjà connues. En revanche, un film congolais qui bouscule les normes narratives, traite de thèmes sensibles ou emploie des méthodes artistiques avant-gardistes peut provoquer une notable « différence esthétique ». Cet écart peut entraîner un refus initial si le public n'arrive pas à ajuster son horizon d'attente, ou à l'inverse, une résonance intense et une reconnaissance si l'œuvre parvient à « provoquer » un changement d'horizon, ouvrant ainsi de nouvelles possibilités de compréhension et d'appréciation. Une étudiante en SIC illustre parfaitement la distance qui peut exister entre ce que le public s'attend à voir et une proposition artistique radicalement nouvelle. Elle confie :

> « *Je me souviens d'une pièce de théâtre que j'ai vue à l'Institut Français. La mise en scène était bizarre, très abstraite. Les gens autour de moi ne comprenaient rien. Certains sont même partis. Moi, ça m'a fait réfléchir, ça m'a bousculé dans mes habitudes de spectatrice* ».

Le ressenti de cette étudiante corrobore de manière éloquente la théorie de Jauss, qui stipule que l'accueil d'une œuvre peut générer un changement d'horizon d'attente (Jauss, 1978 : 36). En effet, le trouble initial ressenti par l'étudiante et l'incompréhension du public se manifestent précisément dans cet "écart" entre leurs attentes habituelles et la proposition esthétique de la pièce. Plutôt que de rejeter la nouveauté, son expérience de spectatrice active a été bousculée, l'obligeant à une relecture de ses propres schémas de réception. C'est ce processus qui permet à l'œuvre de ne pas simplement se conformer mais de produire un effet novateur, prouvant que l'écart esthétique ne conduit pas toujours à un rejet, mais peut être le moteur d'une transformation de l'horizon du lecteur.

V.5. La théorie de l'effet esthétique et de l'acte de lecture de Wolfgang Iser

Un autre aspect fondamental de l'esthétique de la réception est le modèle du "lecteur implicite" de Wolfgang Iser. Alors que Jauss se concentre sur l'horizon d'attente historique, Iser élabore une esthétique de l'impact du texte, mettant en lumière la relation dynamique entre le texte et le lecteur. Comme le souligne Nassima Abadlia (2014 :15), « Que l'on se réfère à Jauss, Iser ou Eco, l'interaction entre le lecteur et le texte est au cœur de la question concernant la réception de l'œuvre littéraire. Toutefois, chacun d'eux aborde cette relation selon une méthodologie distincte, tentant de répondre à la question centrale : quel type de lecteur est concerné ici ? ». Wolfgang Iser, dans son ouvrage majeur L'acte de lecture. Théorie de l'effet esthétique (1978), développe une vision phénoménologique de la lecture. Il affirme que le lecteur implicite est un concept abstrait, « un artefact éloigné de toute idée de matérialisation, d'historicité ou contemporanéité » (Iser, 1978 : 55). Selon lui, les attributs du "lecteur implicite" sont "étroitement rattachés à la structure du texte" et, comme son nom le suggère, il est "virtuel et contenu implicitement dans le texte, dérivant intrinsèquement de sa structure sans lien nécessaire avec une existence concrète ou historique" (Iser, 1978 : 56). Iser conteste fermement l'idée du "lecteur idéal" (établie par Ingarden), qui suppose une idée spécifique de réalisation appropriée du lecteur. Dans son esthétique de la réception, il valorise le lecteur implicite, le considérant comme indispensable à la réception et le réduisant à un simple personnage intratextuel.

Quant à Wolfgang Iser (1978 :59), « le lecteur implicite représente le type de lecture suggéré par le texte, (...) considéré comme un préalable à un effet potentiel qui guide l'émergence du sens sans toutefois la fixer ». Au Congo-Kinshasa l'idée de lecteur implicite nous pousse à examiner la manière dont les œuvres (chansons, films, discours) sont élaborées afin d'éveiller un certain niveau d'implication ou de compréhension chez le public. Un chant religieux est élaboré pour susciter une implication émotionnelle et spirituelle particulière, un « auditeur implicite » dévot et réceptif.

L'idée de lecteur implicite est un dispositif textuel destiné à générer un effet sur le lecteur lors de la redéfinition du sens de l'œuvre. Iser soutient que « l'idée du lecteur implicite représente une construction textuelle » (Iser, 1978 : 62).

Dans une perspective épistémologique de l'esthétique de la réception à l'intersection des SIC, on préfigure la présence d'un récepteur sans forcément le définir : ce concept "préstructure le rôle que chaque récepteur est censé jouer, et cela demeure vrai même lorsque les textes semblent négliger ou exclure délibérément leur destinataire potentiel" (Rieffel, 2005 : 406).

En outre, ce concept est étroitement lié à l'idée du "lecteur modèle" d'Umberto Eco, car il s'agit d'une structure intégrée directement au texte lui-même. Selon Abadlia Nassima (2014 :17), « cette structure est définie comme une "structure textuelle d'immanence du récepteur ». Umberto Eco, dans sa perspective de l'esthétique de la coopération interprétative, voit le texte comme « un assemblage de signifiants agencés de manière à ce que le sens demeure en constante évolution et que le lecteur doit décrypter par la lecture" (Eco,1985 : 25). Cela concerne l'acte d'interprétation et comment celui-ci conduit à la réalisation de l'effet esthétique, du plaisir et de la jouissance d'un texte.

Pour assurer ce partenariat, le destinataire élabore sa stratégie textuelle en tenant compte d'un lecteur idéal susceptible de participer à l'actualisation du texte comme le préconisait l'auteur, et également capable d'interpréter le texte comme l'a fait ce dernier. Sur le plan local, on peut observer cette collaboration interprétative dans les discussions sur l'interprétation d'un message prophétique ou d'une chanson ambigüe, où l'auditoire est sollicité pour décoder les strates de significations sous-entendues. Un acteur culturel met en avant la liberté d'interprétation du public qui s'inscrit dans la logique d'Iser. Il explique :

> « Quand on lit un texte, on n'est pas obligé de suivre l'auteur. On a le droit de lire ce que l'on veut. C'est la liberté. C'est la force du lecteur ».

Cette affirmation est cohérente avec les travaux de Wolfgang Iser, qui soutient que l'émergence du sens est guidée par le texte, mais n'est jamais figée, laissant une marge de liberté essentielle au lecteur (Iser, 1978 : 59). L'aspect culturel est central dans l'esthétique d'Iser : le lecteur ne se conteste pas d'être un simple interprète passif, il est aussi un co-auteur du sens. La « force du lecteur » dont il parle fait référence à sa capacité à puiser dans son imagination et ses expériences personnelles pour remplir les « vides « ou « indéterminations » que le texte laisse intentionnellement. La participation active du lecteur dans la mise à jour du texte, loin de compromettre l'intention de l'auteur, est en réalité ce qui rend la lecture possible et vivante, transformant le texte en une expérience personnelle et unique.

V.6. Limites de l'approche et pertinence pour le contexte Congolais

Des décennies plus tard, il est manifeste que la situation a évolué et que l'école de Constance est désormais dépassée pour certains aspects. Comme le souligne Fabien Pillet (2007 :12), « les facteurs qui ont mené à l'obsolescence de l'esthétique de la réception proviennent à la fois des 'tensions' entre les concepts théoriques élaborés et leurs mises en œuvre dans les études pratiques ainsi que de l'évolution critique littéraire depuis les années 1980 ». Ces tensions sont à la fois "internes" et "externes".

V.6.1. Problématique du fossé esthétique

L'une des principales critiques internes concerne la problématique du fossé esthétique. En examinant la manière dont Jauss applique sa théorie dans des cas pratiques, une opposition significative se dessine entre les résultats obtenus et les objectifs théoriques énoncés. L'analyse de Jauss (1978) des deux Iphigénie (Racine et Goethe) révèle que ce qui était perçu comme une "provocation" au XVIIIe siècle pouvait correspondre à l'"ordre bourgeois" au XXe siècle. L'effet et la résonance de la pièce ne sont donc plus les mêmes. Isabelle Kalinowski (2009 :104) indique que « Jauss ne caractérise pas la perspective de l'interprète ou du lecteur comme étant subjective mais attribue clairement l'aspect universel qu'il attribue à cette notion du point de vue de l'interprète », ce qui peut ignorer les spécificités de la réception. Dans le pays, l'application du concept d'écart esthétique doit être nuancée. Ce qui pourrait sembler « novateur » ou « surprenant » dans le cadre urbain et occidental de Kinshasa peut être interprété différemment en milieu rural où les normes culturelles et les principes traditionnels sont plus fortement ancrés. L'écart esthétique peut également être très changeant en raison de l'évolution rapide des technologies et des styles de vie au Congo.

Par ailleurs, l'application du modèle du lecteur implicite dans d'autres documents constitue une contrainte interne. Bien que le modèle d'Iser soit efficace pour des œuvres peu structurées (romans des XVIIIe et XXe siècles), il est difficilement applicable aux textes "hypercodés", caractérisés par une "redondance considérable, une prévisibilité certaine des contenus et nécessite donc peu d'effort de la part du lecteur, à l'instar des romans réalistes du XIXe siècle" (Compagnon, 1979). Au Congo, de nombreux contenus médiatiques, en particulier la publicité ou certains discours politiques voire certaines chansons des artistes tels que Koffi

Olomidé, Ferre Gola, Fally Ipupa, DJ Mombochi, etc., sont "hypercodés" pour assurer une compréhension maximale et une adhésion facile. Le modèle d'Iser, en se concentrant sur les lacunes du texte et l'activité du lecteur pour les combler, est moins approprié pour ces types de médias.

V.6.2. L'absence du lecteur réel et l'élitisme

Les problèmes liés à l'esthétique de la réception ne proviennent pas seulement de l'"intérieur", mais aussi de tensions extérieures, notamment l'évolution de la critique littéraire. La critique majeure porte sur le cœur même de l'école de Constance : sa vision du lecteur. Que ce soit dans sa forme Jaussienne ou Isérienne, elle est considérée comme étant à la fois élitiste, ethnocentrique et "artificielle" car elle ne tient pas compte du lecteur réel ou empirique. La critique la plus appropriée, formulée par le sociologue français Pierre Bourdieu, est cinglante. Dans son livre Les règles de l'art (1992 :150), il affirme que « les lecteurs élaborés par l'école de Constance se superposent donc aux critiques, notamment Iser et Jauss, eux-mêmes ». Cela indique que les destinataires « pertinents » sont ceux qui « saisissent les codes, comprennent l'histoire littéraire et sont prêts à participer au jeu des textes » (Bourdieu, 1992 :151).

Selon Bourdieu, cette réception élitiste du lecteur est le reflet d'un « narcissisme herméneutique » qu'il décrit comme une illusion et une supercherie. Au sein du contexte congolais, la plupart des habitants n'ont pas accès à une éducation littéraire formule avancée et ne détiennent pas forcément une maîtrise des normes académiques. Ignorer le "lecteur réel" congolais, avec ses réalités socio-économiques, ses langues vernaculaires, ses préoccupations quotidiennes et ses manières non-académiques d'interpréter le monde, rendrait toute analyse de la réception lacunaire. Bourdieu (1992 :155) critique l'anhistorisme de ces théories, qui « négligent tout ce qui connecte le texte à une narration et à une société, faisant fi de tous les systèmes coexistants ». En négligeant l'aspect social et historique, « le critique ou le philosophe rate sa cible. En rejetant l'aspect social, il existe seulement dans son univers et perçoit les œuvres, non pas pour ce qu'elles représentent ou peuvent apporter, mais uniquement en fonction de ce qu'il souhaite, en tant que critique ou philosophe, y projeter" (Bourdieu, 1992 : 156). Il examine chaque texte « à travers ses lunettes, observant le contenu comme Narcisse regardait son reflet. La première véritable lacune de l'anhistorisme réside ici : c'est une perspective narcissique, académique, partielle et fréquemment incorrecte de la littérature » (Bourdieu, 1992 : 157). L'idée que l'œuvre littéraire est entièrement autonome est, selon Bourdieu, un mirage. L'autonomie est présente, mais « elle reste toujours relative et en construction, contrairement à l'idée que s'en font les herméneutes, les structuralistes ou les théoriciens de Constance. Il n'existe jamais d'absence totale d'historicité ni de pleine autonomie » (Bourdieu, 1992 : 160).

La lecture anhistorique est un type de lecture que l'on pourrait qualifier d'"autonome", c'est-à-dire une lecture indépendante que l'on considère correcte, authentique, en rejetant l'idée de voir quelque chose de socialement établi. Pour le sociologue, reconnaître que l'horizon du lecteur se confond avec celui du texte est inutile si la dimension historique de chaque horizon n'est pas prise en compte. Tout se joue historiquement et dans l'historicisation des "habitus" (Bourdieu, 1980), qui représentent « l'ensemble des expériences sociales intégrées à la fois par l'auteur et le lecteur » (Bourdieu, 1992 : 165).

Bourdieu remet en question la compréhension de l'effet lors de la Lecture et de la réception, affirmant qu'elle « ne peut se produire que si les contextes sociaux de production et de réception sont établis » (Bourdieu, 1992 :166). Dans certains cas, cela devient irréalisable : l'impact sous-entendu sur le lecteur ne pourrait pas avoir lieu. En d'autres mots, le snobisme et l'égocentrisme des lecteurs provenant de l'école de Constance provoquent leur déhistorisation et leur désocialisation, rendant, d'un point de vue Bourdieusien, l'esthétique de la réception dépassée. Ces critiques insistent sur la nécessité d'une contextualisation scrupuleuse de la réception des médias à l'échelle locale, en prenant en considération les réalités sociales, politiques et économiques qui influencent les habitudes des Congolais. Il est important d'intégrer la dimension congolaise dans l'analyse des théories de la réception, notamment celles issues de l'école de Constance. Si les concepts de Wolfgang Iser et Hans Robert Jauss ont profondément marqué les sciences de l'information et de la communication (SIC) à l'échelle mondiale, leur résonance et leur application dans le contexte spécifique de la République Démocratique du Congo méritent une attention particulière. Dans ce pays où les réalités socio-culturelles, économiques et médiatiques sont distinctes, l'abstraction inhérente à ces théories occidentales se confronte à la diversité d'un lectorat et d'une réception médiatique bien concrets. Un journaliste congolais expose une vision du public congolais qui va à l'encontre de la conception élitiste. Il affirme :

> *« Les gens ici, ils ne lisent pas comme un prof d'université. Ils lisent pour vivre, pour comprendre, pour se débrouiller. Un lecteur congolais, ce n'est pas un théoricien. C'est quelqu'un qui cherche son pain ».*

Cette perspective est une critique radicale de la réception élitiste et anhistorique évoquée par Bourdieu, en soulignant l'importance de l'habitus et du contexte social de la réception (Bourdieu, 1992 : 165). En effet, le journaliste met en lumière la dimension pragmatique de la lecture en RDC, où le récepteur est un « lecteur social », dont la lecture est une activité pratique, liée à sa survie, à sa culture, et à ses luttes quotidiennes. Cette vision s'oppose à la figure du « lecteur théorique » désincarné de l'école de Constance et démontre l'incapacité de ces théories à prendre en compte l'ancrage social des publics, qui, loin de se superposer aux critiques, s'inscrivent dans un monde réel où la lecture est un outil de vie.

V.6.3. La nature abstraite des théories de la réception face aux réalités congolaises

La critique formulée par Michel Picard, selon laquelle les lecteurs théoriques [...] constituent assurément un progrès scientifique pertinent, mais leur nature abstraite, lecteur narrataire engagé dans le texte ou lecteur 'inscrit' [...], lecteur historico-sociologique ou consommateur ciblé, tout en eux semble ascétiquement, cahotement, fuir cette obscénité : le véritable lecteur possède un corps", prend une résonance particulière au niveau national. Dans ce contexte, le lecteur n'est pas une entité sans corps. C'est une personne ancrée dans un milieu riche en diversité : un jeune de Kinshasa qui utilise le lingala et le français sur les réseaux sociaux, un résident du Kivu qui accède à l'information par la radio, ou encore un lecteur de journaux à Lubumbashi, face à des problématiques de diffusion et d'accès. Cet aspect physique et psychologique, fréquemment négligé par les modèles théoriques abstraits, est crucial. Dans un contexte marqué par des dynamiques sociales particulières, des systèmes de conviction, des traditions orales tenaces et des réalités politiques et économiques influentes, les lecteurs congolais ressentent et expérimentent les textes. Ces éléments ont une forte incidence sur leur « horizon d'attente » et leur manière d'interpréter. Il s'agit donc d'enrichir ces modèles par une méthode qui reflète la diversité et la complexité de la réception congolaise. Un participant de Kinshasa fait part de son expérience quotidienne avec la matérialité de l'œuvre, soulignant la critique de l'abstraction. Il raconte :

> *Un film, pour nous, ce n'est pas que l'histoire. C'est la salle, l'ambiance, les commentaires que les gens font. C'est le son, les odeurs. C'est toute l'expérience qui compte.*

Ce point de vue fait écho de manière puissante à la critique de Michel Picard sur la dimension corporelle du lecteur, une perspective qui s'oppose à l'abstraction des modèles théoriques et qui met en lumière que le véritable lecteur possède un corps (Picard, 2005). Cet enquêté décrit la réception comme une expérience totale et polysensorielle, où l'interprétation du message ne se limite pas à sa seule structure textuelle ou narrative. Les conditions de la réception, l'environnement physique et social (la salle de cinéma), le corps du récepteur (le son et les odeurs) et les interactions collectives (les commentaires des autres spectateurs) sont des éléments constitutifs de l'expérience de lecture. Ce témoignage souligne la nécessité d'une approche qui, comme le propose Picard, s'intéresse au lecteur empirique, à sa chair et à son monde, pour saisir l'ambigüité des processus de réception.

V.7. Contributions de l'esthétique de la réception dans le domaine des Sciences de l'information et de la communication

L'apport des théories de la réception allemande aux recherches en communication est indéniable, et les SIC au niveau national ne font pas exception. Les théories de Wolfgang Iser et Jauss, notamment leurs notions de l'horizon d'attente et du lecteur implicite, ont eu un impact significatif sur le développement des théories contemporaines de la réception et des recherches sur la communication écrite. Dans le contexte congolais, caractérisé par un environnement à la fois multilingue et multiculturel, ces théories offrent des schémas d'analyse appropriés pour saisir comment les messages sont perçus et compris par une audience variée. Les SIC en République Démocratique du Congo, par leur nature multidisciplinaire, cherchent à comprendre les divers aspects de la réception, intégrant les textes, qu'il s'agisse d'un article de presse, d'une chanson populaire, d'un discours politique ou d'une publication sur les réseaux sociaux, dans un modèle de communication holistique. Elles considèrent tous les filtres sociologiques, techniques et humains qui interviennent dans la réception. Dans un pays tel que RDC, ces filtres sont particulièrement variés, intégrant l'accès à l'énergie électrique et à Internet, le fossé numérique, l'impact des églises, des collectivités et des leaders traditionnels. Dans le contexte national congolais, les systèmes d'information et de communication tentent de conjuguer l'aspect technique (accès aux médias, infrastructures de diffusion), sémiotique (lecture des signes et symboles locaux) et social 'dynamique communautaire, disparités dans l'accès à l'information), dans le but de mettre en lumière un réseau d'intervenants investis dans un processus d'hétéroconstruction du sens. Cette approche est d'autant plus concluante dans le contexte sociopolitique de la RDC où le sens est souvent négocié et construit collectivement au sein des communautés.

V.8. Fondements théoriques de l'esthétique de la réception dans le domaine des études en communication

Les SIC dans ce pays, positionnées à l'intersection des sciences sociales, ont tiré profit des théories et méthodes issues de l'esthétique de la réception pour établir le fondement épistémologique de leur domaine d'étude. Alexandra Saemmer (2013 : 111-125) le souligne : "l'esthétique de la réception présente constamment des pistes pour l'analyse de tous les artefacts culturels (fiction littéraire, cinéma, arts plastiques et publicité)". Dans le paysage Congolais, cela s'applique non seulement aux productions culturelles classiques, mais aussi aux expressions artistiques urbaines, aux contes traditionnels, aux pièces de théâtre populaires et aux contenus générés par les utilisateurs sur les plateformes numériques. Le concept de « horizon d'attente » suscite l'intérêt des spécialistes en communication, car il offre une description de la manière dont le lecteur, ou de façon plus générale le destinataire, s'approprie un texte ou un média et en analyse le contenu. Ce procédé crée un lien entre le texte et son destinataire, basé sur des normes, des standards et des références qui orientent la réinterprétation du sens de l'œuvre. Ces références et conventions sont fréquemment influencées par l'histoire coloniale, les situations postcoloniales, les conflits, les déplacements internes et les cultures locales, ce qui confère une singularité à l'horizon d'attente du public congolais.

Les SIC dans la réalité congolaise actuelle ont réussi à adapter cette approche, initialement axée sur la réception d'un texte par un lecteur, au domaine plus large des études sur la réception des médias. Robert Escarpit (1958), en percevant le livre et la littérature comme des éléments et des actions de communication, a ouvert la voie à cette transposition. Dans ce pays où les médias traditionnels côtoient les nouveaux médias, cette perspective communicationnelle est primordiale pour comprendre la circulation des informations et des récits.

V.9. Élucidation des notions en littérature et en SIC

A) Lecture et lecteur

Le concept de "lecture" est central dans les deux domaines, et les théories du lecteur implicite d'Iser, ou l'association de la lecture à l'horizon d'attente selon Jauss, trouvent une résonance particulière à l'échelle de la RDC. Les études littéraires congolaises ont commencé à s'émanciper de l'ancrage textuel pour percevoir la lecture comme une action génératrice, où le lecteur congolais, avec sa propre histoire et ses expériences, participe activement à la construction du sens.

L'idée de liberté du lecteur, avancée par les spécialistes du texte, est importante dans u pays où l'accès à l'information et la faculté critique représentent des défis primordiaux. L'autre dimension, l'analyse du livre et des différentes méthodes de lecture pour sensibiliser à la matérialité des formats livresques et à leur « fonction expressive », est aussi pertinente. Dans le contexte congolais, la tangibilité du support joue un rôle crucial : l'accès aux livres est restreint, les bibliothèques peu nombreuses, et le livre numérique progresse lentement. Il est nécessaire de comprendre comment la disponibilité et la forme des supports affectent la lecture. En ce qui concerne les SIC, elles ne se basent pas exclusivement sur des théories de lecture, mais sont plutôt liées à des théories concernant l'usage et le détournement.

Le concept de « braconnage » proposée par Michel de Certeau trouve un écho fort dans le cadre congolais. Au lieu de se soumettre aveuglément à l'autorité de l'écrivain, les lecteurs congolais manifestent astuce et créativité face au texte et aux médias, s'appropriant les informations de façon surprenante, en les adaptant à leurs contextes spécifiques et en les réexaminant pour répondre à leurs besoins ou à leurs objectifs. Ceci se traduit par l'utilisation détournée des applications de messagerie instantanée pour proposer des informations officieuses, ou la réutilisation de chansons populaires afin de transmettre des messages politiques ou sociaux. L'œuvre de Robert Escarpit, qui dès les années 1950 a reconnu l'importance du lecteur dans le processus de communication littéraire, est pionnière. Cette perspective est enrichie par la dynamique de la communication verbale et informelle. Le lecteur congolais, qu'il soit face à un livre, à une radio ou à un smartphone, est un "interlocuteur" actif, dont le "plaisir du texte" (Barthes) réside souvent dans la capacité à interrompre le flux narratif pour lui imposer une lecture insatiable et capricieuse, nourrie par son vécu.

B) Texte

Les études littéraires, malgré leur intérêt pour la dimension visuelle des œuvres, se concentrent principalement sur l'aspect linguistique du texte. Pourtant, la vision plus large du texte proposée par Barthes (1973), selon laquelle « le texte déjoue toute typologie culturelle. [...] partout où une activité de signification est mise en scène selon des règles de combinaison, de transformation et de déplacement, il y a du texte », est particulièrement éclairante dans le cadre congolais. Ici, le texte ne se limite pas aux productions écrites formelles. Il englobe une vaste gamme de productions qui combinent signes, images et objets : les panneaux publicitaires peints à la main, les messages codés dans la musique urbaine, les symboles vestimentaires, ou encore les affiches politiques. L'aspect matériel inhérent à cette méthode d'approche du texte, qui inclus des éléments poétiques et linguistiques, mais également les émises en pages et mises en lignes, espace vides, collages, tout ce qui remet en question la substance du livre », s'avère crucial.

L'impact d'un message est grandement modulé par sa forme et sa présentation, particulièrement dans un contexte où les moyens graphiques et visuels sont fréquemment restreints mais exploités de manière astucieuse. Inspirées par de multiples recherches en sémiotique, les Sciences de l'information et de la Communication envisagent le texte comme un objet polysémique, ce qui signifie qu'il n'est jamais uniquement de nature linguistique. Selon Jeanneret (2012 :23), « chaque texte est un objet composé de plusieurs codes ». Au Congo Kinshasa, la polysémie est une constante : les messages sont souvent codés, faisant appel à des proverbes, des expressions idiomatiques, des références culturelles ou religieuses, qui ne peuvent être pleinement compris que par ceux qui partagent le même "horizon d'attente" culturel. Au-delà de cet aspect polysémique, l'approche en SIC se concentrera sur le texte en tant que sujet communicationnel, comme "un objet symbolique qui circule et contribue aux interactions sociales". L'étude portera sur la façon dont le texte se déplace et évolue d'un média à l'autre (par exemple, d'une rumeur orale à une publication sur WhatsApp), comment l'intertexte façonne l'environnement médiatique, et comment les formats journalistiques, poétiques, symboliques et rhétoriques sont façonnés par une situation de communication orchestrée par un dispositif unique, potentiellement très directif.

V.10. L'élargissement de l'esthétique de la réception dans les théories de la réception en Sciences de l'Information et de la Communication au niveau national

Si l'esthétique de la réception a pu être critiquée pour sa substance dans d'autres contextes, plusieurs de ses questionnements, loin d'être périmés, s'harmonisent avec des démarches contemporaines en sciences de l'information et de la communication sur le territoire congolais, comme les *"media studies"* (basés sur les usages et gratifications de la tradition de l'école de Columbia) et les *"cultural studies"*.

V.10.1. La RDC comme terrain idéal pour l'esthétique de la réception appliquée

L'étude de la réception a revêtu une importance capitale en République Démocratique du Congo depuis les années 70 jusqu'à aujourd'hui. Négliger l'esthétique de la réception, c'est ignorer les fondements épistémologiques qui supportent ces recherches. Le transfert de l'esthétique de la réception, originellement centrée sur le texte littéraire, vers le domaine des Sciences de l'Information et de la Communication a conduit à l'émergence de diverses perspectives sur la réception (études culturelles, études des médias, etc.) qui se révèlent tout à fait applicables dans les recherches en communication au sein du contexte congolais. Comprendre comment les citoyens congolais reçoivent, interprètent et s'approprient les informations et les récits, qu'ils soient traditionnels (contes, légendes, proverbes) ou contemporains (émissions de radio, séries télévisées, réseaux sociaux), est fondamental pour une communication efficace et adaptée dans un pays aux défis et aux richesses uniques.

V.10.2. La question des "blancs" et de la co-création de sens

Le concept des "blancs" ou "indéterminations" d'Iser trouve une résonance particulière dans la culture congolaise, souvent caractérisée par l'implicite, le non-dit et la métaphore. La rumba congolaise, par exemple, est connue pour ses paroles suggestives, ses sens cachés et ses messages voilés qui demandent une écoute attentive de l'auditeur. La signification ne se trouve pas seulement dans le texte, mais également dans la façon dont l'auditeur remplit les vides, établit des connexions avec son expérience personnelle et ses savoirs culturels. Ce processus de co-création de sens est fortement enraciné dans les pratiques de communication congolaises. Les émissions de radio participatives ou les débat » de Top Congo Fm, offrent aussi un lien où les auditeurs remplissent les « blancs » du discours médiatique officiel. Les auditeurs et les spectateurs contribuent avec leurs propres réceptions, leurs ouï-dire et leurs vécus personnels pour enrichir la compréhension des informations présentées. L'accueil se transforme donc en un acte de dialogue et de construction collective de la signification.

V.10.3. L'appropriation au cœur de la réception active

La notion d'appropriation, associée à la théorie de la cognition, s'avère être la plus prometteuse. Elle permet de saisir comment les individus ne sont pas de simples récepteurs passifs, mais des acteurs actifs qui construisent le sens à partir de leurs propres expériences, de leurs horizons d'attente et des interactions au sein de leurs communautés interprétatives. L'appropriation va au-delà de la simple compréhension ; elle implique une internalisation et une réutilisation du message dans la vie quotidienne de l'individu. Michel de Certeau (1980) a brillamment étudié la façon dont les personnes « chassent » les produits de la culture dominante, les modifient et leur attribuent de nouveaux sens. Même si son travail n'est pas directement lié à l'esthétique de la réception, son étude des « arts de faire » des consommateurs s'aligne fortement avec le concept d'une réception active et inventive (De Certeau, 1980 :XIV). Au niveau national congolais, on constate de multiples illustrations d'appropriation inventive des médias :

- ✓ Le détournement des chansons : Une mélodie populaire peut être utilisée pour de nouvelles paroles critiquant la politique, ou transformée en chant religieux.
- ✓ Les "télénovelas" et les séries locales : Les personnages de ces séries deviennent des références culturelles, leurs dilemmes sont discutés dans les familles, et leurs comportements sont parfois imités ou critiqués, montrant une appropriation profonde des récits dans la vie quotidienne. Dans son ouvrage L'autre mondialisation, Dominique Wolton (2000) souligne la faculté des cultures locales à assimiler et réinterpréter les courants médiatiques mondiaux.
- ✓ L'utilisation des téléphones portables et des plateformes de réseaux sociaux : Ces outils ne se limitent pas aux simples fonctionnalités de communication, ils sont également adaptés pour la création de contenu, la diffusion d'informations alternatives, l'organisation de mouvements sociaux ou l'expression des identités locales.

Par exemple, les jeunes Congolais ont recours à des plateformes telles que WhatsApp, Facebook ou TikTok pour diffuser des mèmes, des vidéos comiques ou des messages engagés, témoignant d'une utilisation créative et souvent subversive de la technologie. L'idée d'appropriation est importante car elle souligne la force d'action des publics. Les publics congolais ne sont pas des masses réceptives aux messages médiatiques ; ils ont la capacité de résister, de déchiffrer le sens, de refuser certains contenus ou de les redéfinir pour qu'ils s'alignent à leurs perceptions du monde. Une étudiante en communication soutient l'idée de la réappropriation créative des contenus médiatiques. Elle explique :

> *On a besoin de comprendre comment les gens utilisent les médias. Ce n'est pas le média qui les utilise. C'est nous qui utilisons le média, qui transformons le contenu pour nos réalités.*

Ces propos soutiennent l'idée de la réception active et créative défendue par Michel de Certeau, qui met en lumière les "arts de faire" des consommateurs, leur capacité à transformer les produits de la culture dominante pour les réinvestir de sens nouveaux (De Certeau, 1980 : XIV). L'étudiante crée une inversion du rapport de force existant entre le média et l'utilisateur, passant d'une dynamique de domination à une dynamique basée sur l'usage et la subvention. Cette adaptation du contenu « pour nos réalités » illustre parfaitement le concept de « braconnage », où l'audience congolaise s'approprie les productions médiatiques pour les personnaliser, répondre à ses propres besoins et en modifier le sens initial, générant ainsi une culture hybride et vivante.

V.11. La réception et les transformations sociales et juridiques

L'esthétique de la réception, élargie aux SIC, est également pertinente pour analyser l'accueil des modifications sociales et juridiques relatives à la formation de nouvelles structures familiales. L'urbanisation rapide, les migrations internes et externes, et l'influence croissante des médias mondiaux et des technologies de l'information bousculent les structures familiales traditionnelles et les codes sociaux établis. Cette approche permet d'explorer les tensions psychologiques et les réajustements identitaires résultat du choc entre la modernité et les valeurs ancestrales.

Effectivement, la diffusion de séries télévisées étrangères mettant en scène des structures familiales distinctes (familles nucléaires, mariages interethniques, égalité des sexes) peut se heurter aux normes familiales congolaises, généralement fondées sur la famille élargie, la polygamie (par le passé) ou les rôles de genre conventionnels. L'accueil de ces contenus varie : certains les repoussent en les considérant comme nuisibles, d'autres les adoptent en partie, tandis que d'autres y dénichent de nouvelles ambitions. L'esthétique de la réception offre la possibilité d'examiner ces diverses interprétations et les processus de construction de sens qui en résultent au sein des foyers et des collectivités. Les campagnes de sensibilisation concernant des thèmes tels que le mariage précoce, les violences de genre ou la planification familiale, fréquemment relayées par les médias, constituent aussi des « objets culturels » dont l'accueil devrait être étudié à travers le prisme de l'esthétique de la réception. Les messages ne sont pas perçus de façon neutre ; ils sont filtrés à travers le prisme des convictions religieuses, des coutumes locales, des expériences individuelles et des attentes préconçus des populations.

L'analyse de la réception dans le contexte socio-politique du Congo peut donc permettre de déceler les obstacles culturels et psychologiques à l'acceptation de nouvelles normes. De plus, elle peut conduire à l'élaboration de stratégies de communication mieux ajustées, prenant en considération les sensibilités locales et les façons d'interpréter des audiences. Comme le souligne Livingstone (2009 : 23), « les études de réception dans les SIC mettent l'accent sur la façon dont les publics donnent un sens aux médias dans leur vie quotidienne, en relation avec leurs identités sociales et leurs pratiques culturelles ». Un jeune Congolais témoigne de la manière dont les récits médiatiques s'inscrivent dans sa réalité et influencent ses choix de vie. Il explique :

> *On ne regarde pas les télénovelas en se disant : c'est faux. On se dit : ça peut m'arriver. On s'identifie aux personnages. Le contexte personnel, ce que je vis, ça influence comment je reçois le message.*

Cette perspective est une illustration parfaite de la manière dont les études de réception dans les SIC mettent l'accent sur la façon dont les publics donnent un sens aux médias en relation avec leurs identités sociales et leurs pratiques culturelles (Livingstone, 2009 : 23). Le jeune homme révèle ici le mécanisme psychologique de l'identification et de l'appropriation : la fiction n'est pas perçue comme un simple divertissement, mais comme un miroir éventuellement adapté de sa propre existence. La frontière entre le monde fictionnel et la réalité vécue s'estompe, et le message est filtré et réinterprété à travers le prisme de son "contexte personnel". Cette approche souligne que la réception est une activité profondément subjective et contextualisée, loin d'être un simple processus de décodage.

V.12. Vers une approche holistique de la réception

L'esthétique de la réception, avec ses prolongements dans les *"media studies"* et les *"cultural studies"*, est un outil primordial pour décrypter les nuances de la communication et de l'impact des médias dans la société congolaise actuelle. Elle invite à une approche holistique qui prend en compte le contenu des messages, le contexte de leur production, les caractéristiques des médias, et surtout, les dynamiques de réception des publics. La recherche en SIC, en s'appuyant sur ces cadres théoriques, peut explorer des questions fondamentales telles que :

- ✓ Comment les récits traditionnels (contes, mythes) continuent-ils d'influencer la réception des informations contemporaines ?
- ✓ Comment les jeunes Congolais, confrontés à des cultures médiatiques internationales, naviguent-ils entre tradition et modernité pour définir leur identité ?
- ✓ Comment les médias participent, tels que les radios communautaires et les réseaux sociaux, aident-ils les citoyens à s'approprier les discours ?
- ✓ Quels facteurs sociaux, culturels et psychologiques déterminent l'acceptation ou le refus de nouvelles normes sociales diffusés par les médias ?

L'intégration des principes de l'esthétique de la réception permet de passer d'une vision linéaire et unidirectionnelle de la communication à une vision circulaire et dynamique, où le récepteur est un acteur central de la construction du sens. Cela ouvre la voie à des recherches plus fines et plus contextuelles pour les réalités congolaises. Un enquêté décrit la relation dynamique qu'il entretient avec les médias et les récits. Il déclare :

> « Je suis en mouvement pendant que je regarde la télévision. Je ne suis pas ici simplement pour avaler sans réfléchir. Je sélectionne ce qui attire mon attention, j'écarte ce qui ne me séduit pas je donne mon avis et je diffuse ».

Cette affirmation soutient vigoureusement le concept de la réception active, où l'auditeur joue un rôle crucial dans l'élaboration du sens, perspective qui contraste avec l'idée d'une communication linéaire et unidirectionnelle. Le témoignage met en évidence une réception qui n'est pas isolée, mais qui s'inscrit dans une dynamique de participation et d'interaction sociale. L'acte de « commenter » et de « partager » les contenus télévisuels en fait un objet de conversation collective, où le sens est négocié et co-construit au sein des communautés. Cela transforme la réception en une pratique sociale et discursive, bien loin de la simple absorption passive. Enfin, un musicien explique comment les médias mondialisés influencent son travail et comment il les adapte à la culture locale. Il confie :

> « Aujourd'hui, on est connecté au monde. On écoute la musique américaine, l'afrobeats. Mais on ne peut pas faire comme eux, on doit faire notre musique, avec nos instruments, nos histoires. C'est un dialogue entre ce qui vient d'ailleurs et ce qui est à nous ».

Cette démarche illustre de manière éloquente le processus de négociation identitaire entre la tradition et la modernité, un processus qui s'inscrit parfaitement dans les travaux de Dominique Wolton sur la capacité des cultures locales à s'approprier les flux médiatiques globaux et à les réinterpréter (Wolton, 2000). L'artiste musicien manifeste une appropriation sélective et imaginative, où les inspirations étrangères ne sont pas simplement reproduites, mais réappropriées dans une création locale unique. L'idée n'est pas de rejeter la mondialisation, mais de l'adapter à la culture congolaise en incorporant des aspects étrangers dans un contexte qui lui est propre : ses outils, ses narrations et son identité. Cette « autre mondialisation » représente un dialogue permanent et un processus de réappropriation culturelle, dans lequel tradition et modernité ne se combattent pas, mais se complètent l'une l'autre.

Pour mettre fin à ce chapitre, qui a examiné l'esthétique de la réception et l'importance cruciale du lecteur ou de l'auditeur dans la construction collaborative du sens. Nous avons prouvé que le contenu médiatique, qu'il s'agisse d'un article journalistique ou d'une émission télévisée, n'a pas une signification préétablie et unique. Inversement, c'est un « texte inachevé » qui attend que le public, avec son propre « horizon d'attente » et sa culture personnelle, vienne le compléter. Ainsi, les audiences congolaises ne se contentent pas d'être de simples spectateurs d'œuvres, mais elles participent activement à leur interprétation en tant que co-auteurs.

Nous avons démontré comment les personnes remplissent les « zones d'indétermination » d'un message pour lui attribuer une signification qui résonne avec leur propre existence. Par exemple, un morceau peut revêtir une certaine signification pour le musicien, tout en ayant une interprétation complètement différente pour l'auditeur qui y rattache ses propres souvenirs ou sentiments. L'interprétation créative est centrale à la réception des médias. Bien que l'esthétique de la réception valorise l'interprétation consciente, cela ne rend pas compte de tout. Il existe des processus d'acquisition de sens qui agissent à un niveau plus profond et inconscient. C'est à ce stade que la psychanalyse peut nous apporter beaucoup, comme nous le découvrirons dans le chapitre suivant. Elle révèle comment nos désirs et nos craintes influencent notre perception des médias.

Chapitre sixième

LA PSYCHANALYSE DE LA RÉCEPTION EN CONTEXTE CONGOLAIS

> *"Chaque création imaginaire, qu'elle prenne forme dans une fiction littéraire ou non et génère un texte dans le cadre du processus d'écriture, produit un langage différent qui ne se limite pas à ce qu'il semble vouloir exprimer"* (Picard, 1986 : 55).

La réception des « objets culturels », qu'ils soient des textes rédigés, des contenus médias, des œuvres d'art visuelles, des spectacles musicaux ou de messages médiatiques, constitue une source inépuisable de recherche dans le domaine des sciences sociales et humaines. Diverses disciplines telles que les Sciences de l'Information et de la Communication (SIC), l'histoire, la Science Politique, la Critique littéraire, la Sociologie, et même l'Anthropologie, examinent les différentes dimensions de la façon dont ces objets influencent les destinataires et ce qu'ils en font.

Dans le contexte de la République Démocratique du Congo, le terme « récepteur » ou « réception » se réfère à l'interaction entre un texte, une œuvre achevée ou un message et un auditoire qui les reçoit. Ce public congolais se distingue par des dynamiques psychologiques et sociales uniques, modelées par une histoire particulière, une diversité ethnolinguistique et des conditions socio-économiques spécifiques. L'évolution significative des études de réception est un fait historique. Au départ, leur démarche était axée sur une étude immanente des textes, visant à déceler leurs significations intrinsèques. Cependant, elles ont au fil du temps élargi leur perspective pour se concentrer sur les discours que suscitent les œuvres et les réactions qu'elles génèrent dans le tissu social. Autrement dit, l'objectif ne se cantonne plus à saisir le contenu explicite des textes, mais s'étend à l'examen de leurs effets concrets, de leurs échos et de ce qu'ils nous poussent à réfléchir, à éprouver et à agir.

Cet écosystème se caractérise fréquemment par des problématiques politiques aigues, des conditions économiques ardues, un legs colonial durable et une profusion extraordinaire de traditions orales ainsi que de variétés culturelles. L'interaction triangulaire entre un texte (le contenu produit), un moyen de communication (le canal de diffusion) et des publics destinataires, toujours placés et façonnés dans un contexte social et culturel particulier (Hall, 1980 ; Morley, 1980), détermine donc le sens social d'un « message » médiatique. Il ne s'agit donc pas d'un simple processus d'assimilation de significations préconçues par le producteur et ensuite « décodées » par le récepteur sans modification. C'est un processus vivant et dynamique qui offre une grande place à l'interprétation, à la discussion du sens, et même à la « résistance » face au sens dominant. Cette étude souligne la présence de communautés d'interprétation (Fish, 1980), qui diffèrent largement en fonction des pays, des cultures et des cultures et des sociétés.

A Kinshasa, au Congo, l'impact des « objets culturels » est fortement modifié par des éléments tels que la diversité des langues locales (Lingala, Tshiluba, Kikongo, Swahili entre autres), l'importance prépondérante des traditions orales comme moyens de transmission du savoir et des histoires, la vigueur des croyances religieuses (différentes formes de christianisme, syncrétismes, religions traditionnelles), les expériences historiques communes (colonisation, indépendance, guerres successives, transition vers la démocratie) et les dynamiques de groupe (ethniques, régionales, générationnelles) Ces facteurs créent des cadres d'interprétation distincts, parfois en déviation par rapport aux objectifs initiaux des communicateurs. Les théories de la réception couvrant des champs divers et complémentaires, comme l'esthétique de la réception (Jauss, 1970 ; Iser, 1978), qui met en avant le rôle dynamique du lecteur dans la création du sens de l'œuvre littéraire ; la sémiologie de la réception, qui étudie comment les signes sont déchiffrés par le public ; la réception culturelle, qui s'intéresse à l'intégration des œuvres dans les coutumes culturelles d'une société spécifique ; et, ce qui retient particulièrement notre attention ici, la psychanalyse de la réception. Elle propose une approche singulière en scrutant les dimensions inconscientes de l'engagement du destinataire avec les artefacts culturels.

VI.1. La psychanalyse : origines et cadre conceptuel

Le terme "psychanalyse", forgé par Freud en 1896, désignait initialement une méthode d'investigation de l'inconscient à travers l'exploration des rêves, des lapsus et des actes manqués. Elle évolue ensuite pour devenir un procédé thérapeutique (la cure psychanalytique) et, finalement, une théorie du psychisme humain, centrée sur la notion d'un inconscient régi par les pulsions (sexuelle et de mort). Dans sa définition la plus classique (Freud, 1923), la psychanalyse englobe :

- ✓ Un procédé d'exploration des processus mentaux inaccessibles par d'autres moyens (association libre, interprétation des rêves).
- ✓ Une technique thérapeutique visant à rendre conscients les conflits inconscients pour traiter les troubles névrotiques.
- ✓ Une série de concepts psychologiques qui constituent une nouvelle discipline scientifique : la psychanalyse comme théorie du psychisme humain.

Freud soutenait que « l'inconscient est le psychique lui-même » (Freud, 1915), mettant en évidence l'impact considérable des processus inconscients sur le conscient. Il soulignait aussi l'importance du langage dans l'existence humaine, affirmant que « les mots éveillent des émotions et constituent pour les êtres humains le moyen universel d'interaction réciproque » (Freud, 1926). La psychanalyse cherche à décoder des comportements ou des pensées du point de vue psychologique, postulant un déterminisme psychique où chaque geste ou idée possède une signification et une provenance inconsciente.

Bien que sujette à controverses, la psychanalyse représente une voie pour la connaissance de soi et l'amélioration des rapports avec autrui, en s'appuyant sur l'introspection et la découverte de l'inconscient, notamment via les réminiscences, les songes et les associations libres. Les concepts fondamentaux de la psychanalyse freudienne structurant sa théorie du psychisme incluent :

- ✓ Le Ça : l'aspect inconscient et primitif, réservoir des désirs instinctifs et des pulsions primaires, fonctionnant selon le principe de plaisir.
- ✓ Le Surmoi : la composante qui incorpore les principes éthiques, les restrictions intériorisées et l'idéal de soi, intégrant les normes sociétales et les valeurs.
- ✓ Le Moi : la conscience, qui sert d'intermédiaire entre les demandes du ça, les impératifs du Surmoi et les restrictions de la réalité extérieure, tout en cherchant à maintenir un équilibre psychologique.

Freud a aussi développé les phases de développent de l'enfant (orale, anale, phallique, latence, génitale) ainsi que les mécanismes de défense psychiques inconscients, y compris le refoulement, qui défend l'ego contre l'angoisse et les conflits en éloignant les pensées indésirables vers l'inconscient.

VI.1.2. Les courants post-Freudiens : Lacan et Jung

Adoptée et adaptée dans diverses nations, la psychanalyse a donné naissance à différentes écoles qui ont enrichi le champ :

VI.1.2.1. La psychanalyse Lacanienne

Développée par Jacques Lacan (1901-1981) à partir des années 1950, cette école a revisité l'œuvre freudienne à la lumière de la linguistique structurale et de la philosophie. Lacan insiste sur la primauté du langage dans la constitution du sujet et de l'inconscient (« l'inconscient est structuré comme un langage »). Il introduit des concepts clés comme le stade du miroir (constitution du moi par l'image de soi), les registres du réel (ce qui échappe à la symbolisation), du symbolique (l'ordre du langage et de la loi) et de l'imaginaire (le domaine de l'image et de l'identification).

VI.1.2.2. La psychanalyse Jungienne (psychologie analytique)

Initiée par Carl Gustav Jung (1875-1961), cette école se distingue de Freud par l'introduction de concepts comme l'inconscient collectif (dépositaire des archétypes universels), l'individuation (processus de développement psychologique vers la complétude), et la notion de types psychologiques (introversion/extraversion) qui décrivent des orientations fondamentales de l'énergie psychique.

VI.2. Le modèle psychanalytique de la réception des objets culturels

Pour appréhender la psychanalyse de la réception, il est essentiel de considérer l'interaction humaine avec les produits culturels. Ce modèle propose une approche nuancée pour comprendre les significations profondes et inconscientes que le récepteur attribue aux objets culturels. L'application systématique de la psychanalyse à l'étude de la réception des œuvres fictives et des objets culturels a été développée par des figures clés post-freudiennes :

- Charles Mauron (1950), grâce à sa psychocritique, s'efforce d'identifier les mythes individuels de l'auteur tout en analysant les échos inconscients des œuvres chez le spectateur.
- Jean Bellemin-Noel (1971) insiste sur le fait que le texte littéraire agit comme un rêve, débordant de significations cachées et d'images symboliques.

- Didier Anzieu (1975), grâce à sa théorie du « Moi-peau », décrit comment l'œuvre sert d'enveloppe psychique pour le récepteur, créant un espace propice à la projection et à l'identification. Ces théoriciens défendent une notion importante mettant en lumière que la véritable signification d'une œuvre ne se réduit pas à ce qui est apparent, mais se trouve dans les méandres de l'inconscient du créateur et, plus spécialement, de celui qui la reçoit. L'œuvre se transforme en un reflet où l'interlocuteur manifeste ses désirs, angoisses, fantasmes et vécus antérieurs, généralement de façon inconsciente. La réception n'est donc pas un processus passif. Cela nécessite un engagement émotionnel et symbolique, où l'auditeur s'identifie avec les personnages, s'empare des histoires et attribue un sens individuel aux images et aux sons.

L'analyse psychanalytique de la réception repose principalement sur les processus d'identification, de projection, de transfert et de symbolisation. Les personnages, les circonstances et les sujets résonnent avec les conflits psychologiques du destinataire, déclenchant des couches profondes de son inconscient. L'œuvre joue le rôle d'un agent de catalyse, donnant au récepteur la possibilité d'examiner et de restructurer ses propres schémas psychiques.

Les mécanismes inconscients de la réception

La pertinence du modèle psychanalytique de la réception se révèle avec acuité dans l'analyse des témoignages de téléspectateurs congolais, qui illustrent la manière dont les contenus médiatiques agissent sur des dimensions profondes et non-rationnelles de la psyché. Un **téléspectateur** de Kinshasa déclare :

> *"Quand je vois une émission sur la pauvreté, ça me renvoie à mes propres peurs, à mes propres difficultés. Ce n'est pas juste un reportage, ça touche des choses profondes en moi. C'est comme un miroir, même si je n'en suis pas conscient sur le moment. Le message médiatique réactive des émotions, des souvenirs, des angoisses qui sont en nous."*

Ce propos met en lumière le concept de projection, un mécanisme de défense psychique fondamental identifié par Sigmund Freud. Il consiste à attribuer à autrui ou à un objet extérieur (ici, le reportage) ses propres désirs, affects ou angoisses inacceptables. L'image de la pauvreté diffusée par les médias n'est pas simplement perçue objectivement ; elle devient un miroir symbolique dans lequel le récepteur projette ses propres craintes et vulnérabilités économiques.

Selon le psychanalyste Didier Anzieu, l'œuvre culturelle, y compris un reportage, peut fonctionner comme un "Moi-peau", une sorte de contenant qui protège et structure le psychisme. En se confrontant à ces images, l'individu fait résonner ses propres "contenus" psychiques. Ce n'est donc pas le message en tant que tel qui est reçu, mais la manière dont il réactive des strates inconscientes de la vie affective et des conflits personnels. Un enquêté de Kinshasa, journaliste de son état précise :

> *"On a tendance à penser que le public réagit de manière rationnelle. Mais on oublie que les émotions, les traumatismes, les désirs inconscients jouent un rôle énorme dans la manière dont un message est perçu. Un mot, une image, un son peut déclencher des réactions inattendues. C'est le pouvoir du symbole. Le vert peut signifier l'espoir pour certains, et le danger pour d'autres."*

Ce récit confirme l'idée que le destinataire est un sujet de l'inconscient et non une entité uniquement rationnelle. La perspective freudienne de l'esprit souligne le caractère dynamique des émotions et des pulsions qui opèrent en dehors de la conscience. Le journaliste met en avant la force du symbole, dont l'interprétation n'est pas catégoriquement déterminée, mais est fortement marquée par l'histoire individuelle et collective de la personne. En formulant sa théorie de l'inconscient collectif, Carl Gustav Jung a suggéré la présence d'archétypes, des images fondamentales et universelles qui organisent l'expérience humaine. Par exemple, le vert peut symboliser soit la nature, soit le danger, et son interprétation varie en fonction de sa résonance avec ces couches psychologiques profondes, modelées par l'expérience personnelle et les mythes culturels. Le travail des journalistes dans le déchiffrement des informations s'apparente donc à une véritable herméneutique de l'inconscient collectif. Dans cette perspective, une auditrice de Bukavu argue :

> *"Certaines voix de présentateurs m'apaisent, d'autres m'énervent. C'est irrationnel, mais ça me rappelle des voix que j'ai connues dans mon enfance, des voix de mes parents, de mes grands-parents. J'ai l'impression que la radio fait partie de ma famille. C'est une présence rassurante, même si je ne m'en rends pas compte consciemment."*

Cette expression met en lumière le phénomène du transfert, où les affects et les émotions liés à des figures parentales ou à des relations significatives de l'enfance sont déplacés sur un objet extérieur, en l'occurrence la voix d'un animateur radio. Le transfert, selon Freud, est un mécanisme central de la cure psychanalytique, mais il opère aussi dans la vie quotidienne. Les voix entendues à la radio ne sont pas perçues comme de simples stimuli sonores ; elles réactivent une mémoire affective profonde, liée à l'intimité et à la sécurité de l'environnement familial. Ce lien "irrationnel" est en réalité un lien symbolique, une réactivation de la "mère qui parle" ou du "père qui rassure". Les travaux de Didier Anzieu sur le "Moi-peau" sonore sont particulièrement pertinents ici, décrivant comment le son et la voix agissent comme des enveloppes protectrices et rassurantes pour le psychisme, créant ainsi un sentiment d'appartenance et de familiarité. Un acteur de la société civile de Goma renchérit:

> *"Les symboles sont très importants. Un drapeau, un chant, peuvent déclencher des émotions et des souvenirs très forts, sans que les gens en soient conscients. C'est ça qu'il faut utiliser pour faire passer un message. On ne peut pas juste faire un discours rationnel sur la paix. On doit utiliser des symboles, des images, des chansons."*

Ce point de vue est en résonance directe avec la psychanalyse de Carl Gustav Jung, qui a élaboré le concept d'inconscient collectif et d'archétypes. L'inconscient collectif est une strate profonde du psychisme, partagée par l'humanité entière, et qui contient des symboles et des images primordiales (les archétypes) qui se manifestent dans les mythes, les rêves et les productions culturelles. Un drapeau ou un hymne ne sont pas de simples éléments matériels, ils véhiculent des archétypes forts (le héros, la mère patrie, le sauveur, etc.) qui trouvent un écho dans les mythes partagés d'une nation. Pour une personne congolaise, le drapeau national n'incarne pas seulement un concept politique abstrait, il représente aussi un récit partagé, des blessures du passé et des ambitions à venir, fréquemment inconscientes. Ainsi, l'acteur de la société civile a raison d'avoir cette intuition : pour parler efficacement de sujets tels que la paix, il est nécessaire d'éviter la rationalité superficielle et de toucher directement à la mémoire symbolique et émotionnelle du collectif.

VI.3 La psychanalyse de la réception dans les Sciences de l'Information et de la Communication

Dans le domaine des SIC, la psychanalyse de la réception occupe une place significative, même si elle a parfois été critiquée pour son approche jugée trop "psychologisante". Cependant, en envisageant la société sous l'angle du langage et de ses effets inconscients, elle souligne que le social ne peut être articulé, compris et vécu que par le langage, qu'il soit verbal, visuel ou symbolique. Par exemple, Roland Barthes (1970) a démontré la manière dont les « mythes » contemporains se construisent et influencent l'imaginaire collectif. Les termes, les visuels et les symboles déploient des affects, des fantasmes et des significations. L'engouement pour certaines figures religieuses ou prophètes à Kinshasa, ou l'adhésion à des récits eschatologiques, pourrait être analysé à travers le prisme de ces investissements psychiques.

Selon Filip de Boeck et Marie-Françoise Plissart (2004 : 27), « le leader spirituel ou le message religieux devient un réceptacle des projections, des fantasmes de salut ou de transformation sociale ». De même, l'influence des médias (radios communautaires, télévisions, réseaux sociaux) sur la formation de l'opinion publique et des identités sociales au Congo peut être analysée sous cet angle. Les informations, les programmes de loisirs et les annonces publicitaires agissent comme des incitations qui stimulent des mécanises psychiques, des indentifications, des projections et des consolidations de convictions. L'analyse de la réception psychanalytique permet de décoder comment ces messages contribuent à l'élaboration des imaginaire individuels et collectifs, et comment ils peuvent, parfois sans s'en rendre compte, maintenir ou modifier des modèles de pensée et d'action.

VI.4. Application en contexte Congolais

Appliqué au contexte congolais, le modèle psychanalytique de la réception prend une résonance particulière, offrant des pistes d'analyse inédites pour saisir la profondeur des liens qui unissent les individus à leur patrimoine culturel et aux productions présentes. L'analyse psychnalytique de la réception constitue l'un des axes fondamentaux de la compréhension des dynamiques de sens et d'affect qui se jouent entre les "objets culturels" et leurs publics. Elle porte un intérêt particulier à l'adoption des changements sociaux et juridiques concernant la formation de nouvelles structures familiales, un sujet particulièrement crucial en République Démocratique du Congo. En effet, là-bas, les transformations sociétales majeures telles que l'urbanisation accélérée, les migrations internes et internationales, ainsi que l'influence grandissante des médias mondiaux et des technologies de l'information perturbent les structures familiales traditionnelles et les normes sociales existantes. Cette approche permet d'explorer les tensions psychologiques et les réajustements identitaires résultant du choc entre les valeurs ancestrales.

Depuis l'ère de Freud (1856-1939), la psychanalyse de la réception s'est concentrée sur les œuvres fictives, voyant les personnages dépeints comme des sujets d'investissement. Elle soutient que « toute œuvre fictive, qu'elle soit littéraire ou non, qui se manifeste sous forme structurée et donne lieu à un texte dans le cadre de l'expérience d'écriture, produit un langage distinct qui ne transmet pas simplement ni exactement ce qu'il semble vouloir exprimer » (Picard, 1986 :55). Cette idée est cruciale pour l'étude des histoires orales toujours en vigueur, de la musique populaire (telle que la rumba congolaise ou le ndombolo, fréquemment chargés de significations multiples et d'insinuations), des longs-métrages congolais, des séries télévisées (y compris les feuilletons télévisés et les œuvres locales), ou encore des émissions radiophoniques produites sur place. Dans ces œuvres, les sens sous-entendus, les symboles dissimulés et les échos inconscients sont fréquemment plus engageants que le contenu explicite. Par exemple, la chanson « to ko voter lisusu[7]» de l'artiste Alesh peut, au-delà de sa mélodie entraînante, exprimer des désirs collectifs de libération, de revanche sociale ou de transgression, sans que ces messages soient explicitement formulés.

L'hypothèse de base de la critique psychanalytique est que la lecture ou plus largement la réception d'un "objet culturel" implique d'adopter une posture narcissique. Le sujet est également son propre objet ; ce qui est exprimé dans le texte, notamment l'histoire et ses personnages, est géré par lui comme une extension de son existence. C'est uniquement lorsqu'il réussit à établir ce lien qu'il peut se passionner pour la lecture et en tirer du plaisir" (Picard, 1986 : 55). Dans le contexte congolais, cette posture narcissique peut se manifester par l'identification intense à des figures héroïques dans les récits populaires ou les bandes dessinées (comme le héros de la résistance ou le « self-made man »), à des leaders politiques charismatiques dans les discours et les meetings, ou à des personnages de télénovelas ou de séries locales dont les destins font écho aux propres aspirations, frustrations, luttes ou rêves de réussite du récepteur. Ces identifications peuvent être des mécanismes de compensation face à une réalité souvent difficile, permettant de vivre par procuration des émotions ou des succès.

---

[7] Nous allons encore voter !

VI.4.1. L'héritage des récits oraux traditionnels

L'analyse psychanalytique est d'une pertinence capitale pour comprendre la réception des récits oraux traditionnels (contes, mythes, légendes). Dans la réalité congolaise de nos jours, ces récits constituent le socle de l'identité culturelle et sont transmis de génération en génération. Les figures iconiques et les archétypes (le héros, le mage, l'ancêtre, l'enfant sans parents) vont au-delà du statut de simples personnages ; elles matérialisent des désirs collectifs, des craintes ancestrales et des traumatismes historiques et sociaux fréquemment symbolisés. L'image de l'enfant sans parent, courante dans les récits congolais, peut illustrer la fragilité et la capacité de rebondir face aux difficultés, ce qui fait écho aux vécus de perte et de déracinement auxquels sont confrontées plusieurs communautés (De Boeck & Plissart, 2004). Le sorcier incarne les peurs liées aux forces occultes, tandis que l'ancêtre représente la sagesse et le lien avec le passé. Ces récits fonctionnent comme des miroirs collectifs, permettant aux auditeurs de projeter leurs propres expériences et émotions, de revivre des situations archétypales et de trouver des clés de compréhension ou des stratégies de survie.

VI.4. 2. Les créations artistiques modernes

Le théâtre populaire congolais, souvent improvisé et engagé, met en scène des situations du quotidien, permettant au public de s'identifier directement aux personnages. La musique congolaise (rumba, illustre de manière frappante cet engagement psychanalytique. L'enthousiasme intense pour des artistes tels que Franco Luambo Makiadi ou Koffi Olomide, et la façon dont leurs morceaux sont ressentis, dansés et interprétés, peuvent être considérés comme des espaces où les gens expriment leurs désirs, leurs ambitions. Les paroles des chansons, pleines de métaphores, trouvent un écho puissant dans l'inconscient collectif. La danse, indissociable de la musique congolaise, est une forme d'expression corporelle et de libération des émotions. Comme l'a noté Gary Stewart (2000:25), « la musique congolaise est un puissant vecteur d'émotions et de récits qui structurent l'imaginaire social. Elle peut servir de fonction cathartique collective, permettant l'expression symbolique de réalités difficiles (pauvreté, corruption, violence) ou de désirs inassouvis. Cet investissement affectif va au-delà de la simple appréciation esthétique ; il s'agit d'une appropriation de l'œuvre comme moyen de donner du sens à sa propre existence ». Le cinéma congolais, bien qu'émergent, explore des thèmes tels que la violence, la survie, la quête d'identité et la mémoire collective, invitant le spectateur à une introspection sur les traumatismes et les résiliences de la société.

VI.5. Les mécanismes psychiques centraux de la réception

L'identification, la projection et la sublimation sont des mécanismes psychiques centraux pris en compte dans la psychanalyse de la réception, car ils éclairent les processus inconscients par lesquels le récepteur s'approprie l'objet culturel.

VI.5.1. L'Identification

L'identification est le mécanisme psychologique par lequel « un individu adopte un aspect, une caractéristique ou une qualité de l'autre et se transforme, en totalité ou en partie, à l'image de celui-ci » (Laplanche & Pontalis, 1967: 187). Dans la théorie freudienne, ce processus est crucial puisqu'il constitue un élément fondamental dans la formation de la personnalité et se révèle sans cesse dans nos lectures ou nos échanges avec les médias. En République Démocratique du Congo, les personnes ont souvent tendance à se reconnaître dans des modèles de réussite économique ou sociale (tels que les entrepreneurs ou les artistes de renom), dans des lutteurs pour la justice ou la dignité (en se remémorant collectivement les symboles de résistance), ou encore dans des leaders religieux ou prophétiques. Cela façonne leurs idéaux et comportements, y compris par le biais d'imitations. L'identification peut être éphémère ou persistante, délibérée ou inconsciente, et elle a une influence considérable sur l'établissement des préférences et des principes.

Dans le contexte du Congo, l'identification avec les personnalités médiatisées est particulièrement marquée. Par exemple, les musiciens ne sont pas seulement des artistes ; ils sont fréquemment vus comme des exemples de réussite, des icônes de modernité et de gloire. Les jeues, surtout, s'identifient à leur façon de s'habiller, leur manière de parler et leur style de vie, aspirant à reproduire leurs réussites. Dans leur œuvre Kinshasa : Tales of the invisible city, De Boeck et Plissart (2004) exposent comment les personnalités publiques, qu'elles relèvent du domaine politique, religieux ou artistique, agissent comme des déclencheurs d'identification, fournissant des repères et des aspirations dans un contexte fréquemment instable. Les histoires de « self-made men » relayées par les médias ou dans les discussions quotidiennes amplifient cette tendance, stimulant l'engagement et la ténacité. L'identification peut également être un mécanisme de survie psychique. Face à des conditions de vie difficiles, s'identifier à un héros fictif ou à une figure de résistance permet de projeter un idéal de force et de dignité. Les télénovelas, par exemple, présentent des récits où les personnages surmontent des obstacles énormes pour atteindre le bonheur, ce qui peut résonner avec les aspirations des spectateurs à une vie meilleure. Ces identifications ne sont pas de simples divertissements ; elles participent à la construction de l'identité et à la régulation émotionnelle des individus.

VI.5.2. La projection

La projection, pour sa part, est le processus par lequel « l'individu rejette et identifie en l'autre personne ou entité des caractéristiques, des émotions, des désirs ou même des objets qu'il méconnaît ou refuse de reconnaître en lui-même » (Freud, 1913:49). Quand le sujet perçoit une gêne ou un risque interne, il l'extériorise en la localisant dans le monde extérieur. Par exemple, l'invention de fantômes ou d'entités malveillantes (comme les « jeteurs de sorts » ou les « mangeurs d'hommes » dans certaines croyances) pour extérioriser nos terreurs internes, nos pulsions agressives ou nos frustrations. Dans ce pays où les croyances au monde invisible (sorcellerie, esprits) sont fortes et où les explications rationnelles manquent parfois pour des événements inexplicables, la projection de peurs, de désirs inavoués, de frustrations ou de conflits intra-psychiques sur des entités surnaturelles, sur des "ennemis" politiques ou sur des "boucs émissaires" est un phénomène social et psychique observable et puissant. Les médias, en relayant ou en construisant certaines images, peuvent amplifier ces processus de projection collective.

L'anthropologue Geschiere (1997) analyse comment la sorcellerie, dans de nombreux contextes africains, sert de cadre conceptuel pour exprimer et gérer les tensions sociales, les jalousies et les frustrations économiques. La projection permet de donner une forme tangible aux angoisses diffuses et de les externaliser, ce qui, paradoxalement, peut aider à maintenir une certaine cohésion sociale en offrant des explications et des solutions, même si elles sont irrationnelles. Les discours politiques peuvent également s'appuyer sur la projection, désignant des "ennemis du peuple" ou des "forces obscures" pour fédérer la population et détourner l'attention des problèmes internes.

VI.5.3. La sublimation

Au-delà de l'identification et de la projection, le mécanisme de la sublimation joue un rôle capital dans la réception des objets culturels, surtout dans un contexte marqué par des réalités socio-économiques ardues. Une musicienne de Kinshasa relate :

> *"Quand je compose, je ne pense pas à la politique ou à mes problèmes de famille, mais souvent, les paroles finissent par parler de ça. C'est une façon de transformer la tristesse en une mélodie, la frustration en un rythme. Le public, en écoutant, fait la même chose. Il écoute une histoire de cœur brisé, mais en réalité, il libère sa propre douleur liée à la vie de tous les jours."*

Ce témoignage illustre parfaitement le concept de sublimation, tel que théorisé par Freud. C'est un processus de protection où les impulsions (agressives, sexuelles) sont détournées de leur objectif initial et dirigées vers des activités reconnues socialement, comme l'art, la musique ou la création. L'artiste métamorphose ses luttes internes et ses mécontentements en une création, proposant un débouché symbolique non seulement pour elle-même, mais également pour son auditoire. Le public, à son tour, exploite l'œuvre comme un outil pour gérer ses propres tensions et sentiments négatifs. Selon l'historien de l'art Ernst Kris (1952 : 102), l'art sert d'intermédiaire entre l'inconscient et le réel, favorisant une « satisfaction indirecte » des désirs refoulés. La rumba et le ndombolo, deux genres musicaux congolais, peuvent être interprétés comme un moyen de sublimation collective. Dans ce contexte, les frustrations liées à la misère, la corruption ou l'instabilité politique sont exprimées et gérées par la danse et le chant, créant ainsi un espace de catharsis collectif. Un étudiant de Lubumbashi raconte:

> *"Je regarde beaucoup de documentaires sur l'histoire du Congo. Ça me passionne. C'est comme si en comprenant le passé, je pouvais mieux comprendre ce qui se passe aujourd'hui, et me préparer pour l'avenir. C'est une manière de donner un sens à la souffrance de notre pays, de ne pas la voir comme inutile. C'est un besoin de comprendre les causes profondes."*

Ce propos témoigne de la recherche de sens et d'une tentative d'élaboration psychique face à des événements traumatiques. Dans ce contexte, l'assimilation de contenus historiques ne se limite pas à une simple acquisition de savoir, mais implique un processus de travail de deuil et de symbolisation. En s'immergeant dans l'histoire, l'étudiant cherche à assembler les morceaux d'un passé tumultueux et douloureux afin de leur conférer une structure narrative. D'après le psychanalyste Jean Laplanche (1987 :22), la symbolisation est le mécanisme qui associe des représentations (idées, souvenirs) des émotions, permettant ainsi de rendre les expériences vécues intelligibles et partageables. Pour cet étudiant, la compréhension historique agit comme un moyen de symboliser les traumatismes collectifs et de les intégrer dans un récit cohérent, réduisant ainsi l'angoisse associée. Ce mécanisme est une forme de maîtrise symbolique sur un réel qui, autrement, serait trop violent pour être supporté. Un leader communautaire de Ituri déclare :

> *"Les jeunes regardent trop de films américains et de séries. Ils veulent vivre comme les personnages, avoir des voitures de luxe, des armes. C'est dangereux, ça crée un décalage avec notre réalité. Ils se construisent une identité qui n'est pas la leur, une identité imaginaire qui nous éloigne de nos valeurs et de notre culture."*

Ce discours d'un leader communautaire exprime une préoccupation légitime face à l'influence des médias mondialisés et la construction de l'identité chez les jeunes. Le propos fait écho au concept lacanien de l'imaginaire, le registre de l'image, de l'identification et de la méconnaissance. Les jeunes se reconnaissent dans les personnages imaginaires et leur façon de vivre, construisant leur identité sur l'exemple de l'autre, une représentation idéalisée et fantasmée. Toutefois, cette détermination demeure sur le plan imaginaire, générant un décalage (une méprise) avec la réalité tant matérielle que culturelle. Selon Jacques Lacan, l'identité est toujours un processus complexe, et la phase du miroir représente le moment fondateur où l'individu se forme à travers l'image de l'autre. Dans ce cas, les médias de masse agissent comme un miroir déformant, proposant des images idéalisées qui peuvent conduire à une aliénation identitaire. C'est un processus qui fragilise la capacité des jeunes à se construire à partir des repères symboliques de leur propre culture. Un militant des droits humains, de Kinshasa évoque le ressenti de frustration sous couvert de l'humour :

> *"L'humour et la caricature sont des armes puissantes. Quand on fait une blague sur le pouvoir, les gens rient, mais en réalité, ils libèrent une frustration énorme. C'est une façon de dire des choses qu'on ne peut pas dire directement, de contourner la censure et la peur."*

Ce récit met en lumière le pouvoir de l'humour, de la blague et de la caricature dans la réception médiatique. Freud, dans son ouvrage sur le "mot d'esprit" (1905), a analysé le rire comme un mécanisme qui permet de contourner la censure du surmoi et de libérer une énergie psychique refoulée. L'humour, ou la satire politique, sert de moyen d'expression pour manifester une agression, une critique ou un mécontentement sans en affronter les répercussions immédiates. C'est une sorte de libération mentale qui se manifeste par le biais du détournement du langage. Dans ce contexte, le rire ne se limite pas à une réaction de joie, il représente plutôt une expression de la suppression d'une inhibition. Dans ce contexte, la résistance politique est exaltée et se manifeste de manière ludique et socialement acceptable, permettant au public d'assimiler le message de façon moins intimidante et plus performante.

La sublimation, quant à elle, est essentiellement un processus de transformation ; « nous ne faisons que troquer une chose pour une autre » (Freud, 1908 : 119). C'est la dérivation des pulsions instinctives (notamment sexuelles ou agressives) vers des activités socialement acceptables, valorisées et culturellement productives. C'est un mécanisme de défense mature. Au Congo-Kinshasa, des expressions artistiques et culturelles foisonnantes comme la musique (la rumba congolaise, le rap engagé), la danse, la littérature, ou la peinture peuvent être des canaux de sublimation essentiels pour des émotions intenses, des frustrations sociales, des traumatismes collectifs ou des désirs non réalisables dans la réalité. Ces dernières permettent de convertir l'anxiété, la fureur, le désir ou le chagrin en création artistique, fournissant une libération et un type de catharsis personnelle et collective. L'énergie de la « Société des ambianceurs et des personnes élégantes » (SAPE) peut être interprétée comme une expression sublimée des aspirations à la reconnaissance, au statut et à l'esthétique dans un contexte marqué par la précarité.

La musique du Congo est une illustration typique de sublimation. En réponse aux crises économiques, à l'instabilité politique et aux blessures du passé, de multiples artistes façonnent leurs vécus en morceaux musicaux qui résonnent avec des millions d'individus. Les paroles, même si elles sont enveloppées de métaphores, traduisent les joies, les douleurs, les espoirs et les désenchantements. La danse, souvent associée à la musique, offre un exutoire physique et émotionnel une façon de « danse sa peine » ou de fêter la vie en dépit des circonstances. La créativité artistique devient ainsi un exutoire collectif, un moyen de gérer l'adversité et de maintenir un équilibre psychique. White (2008 : 22), dans *Rumba rules: The politics of dance music in mobutu's Zaire*, démontre « comment la rumba, en particulier, a servi de véhicule pour l'expression de résistances subtiles et de commentaires sociaux dans des contextes politiques répressifs ».

VI.6. Le rôle des institutions primaires dans la réception

La famille, en tant que premier environnement où l'enfant apprend à comprendre le monde, a une influence cruciale sur la formation de cet appareil psychique et de ses processus de réception. C'est dans ce contexte qu'il va assimiler la langue maternelle (souvent multiple en RDC), les histoires fondamentales (mythes, contes familiaux), les premiers repères culturels et les façons d'interagir avec l'autorité. Par la suite, l'école prendra en charge le développement de l'activité de déchiffrage et d'exploration du texte littéraire et des connaissances formelles.

Cependant, dans ce pays francophone où l'accès à l'éducation officielle est disparate et où le niveau d'alphabétisation diffère considérablement en fonction des régions et des sexes, l'importance de la famille, de la communauté élargie et des structures non formelles (comme les églises, les associations ou les marchés) dans la diffusion des connaissances, des récits et les « objets culturels » est d'autant plus manifeste et parfois crucial. Les histoires partagées par les aînés, les chansons mémorisées lors d'événements familiaux ou religieux, les sages paroles et expressions courantes qui ponctuent la vie quotidienne, constituent autant de facteurs qui structurent la perception du monde chez l'enfant et, par conséquent, chez l'adulte. Ces premières expériences de réception sont cruciales puisqu'elles constituent le fondement du mécanisme psychique qui sera activé pour toute réception suivante. Elles offrent les premiers « objets » d'identification et de projection, les premiers scénarios psychiques qui se répéteront tout au long de l'existence.

Particulièrement, les églises ont un rôle prédominant dans la sphère sociale et culturelle du Congo. Les discours religieux, tels que les sermons, les hymnes, les témoignages et les rites, sont perçus et compris de manière intensément émotionnelle et symbolique. Les chefs religieux peuvent jouer un rôle d'identification fort, et les histoires bibliques ou prophétiques peuvent être utilisées comme des bases pour l'expression de souhaits de salut, de guérison ou de changement social. Les recherches de Birman (2012) mettent l'accent sur le rôle crucial des premières relations et des transmissions familiales et culturelles dans la formation du sujet psychique.

VI.7. La polysémie de la réception et la subtilité de l'analyse psychanalytique

Dans le contexte de la psychanalyse, l'individu se détermine et se construit à partir d'une extériorité qui se manifeste dans le processus d'énonciation, ou plus précisément dans la relation à autrui établie par la parole qui donne une dimension subjective au langage. En réalité, l'appréciation ou l'attrait que nous avons pour un texte ou un message repose sur des processus simples en surface mais compliqués à décrire dans leurs profondeurs. Ces outils sont couramment utilisés par les psychanalystes, généralement ignorés par les théoriciens du texte plus structuralistes ou cognitivistes, probablement en raison de leur incapacité à être soumis à une analyse strictement mesurable ou directement observable.

La valeur de la psychanalyse de la réception tient à son aptitude à sonder ce qui échappe à la conscience. Alors que de nombreuses méthodes s'attachent à analyser le contenu explicite ou les trames narratives, la psychanalyse vise à révéler les sens cachés, les éléments sous-entendus, les fantasmes qui agissent en coulisses. Comme le souligne Ricœur (1965:108), « l'herméneutique est indispensable pour décrypter les couches de sens, allant du sens patent au sens latent, et ce principe est au cœur de l'analyse psychanalytique des textes culturels. La réception ne se limite pas à une simple déchiffrage ; elle implique une co-construction de sens, où l'inconscient du destinataire interagit avec l'inconscient de l'œuvre (ou de son auteur) ». La difficulté de l'analyse réside dans le fait que ces processus sont souvent inconscients. L'auteur n'est pas toujours en mesure de comprendre les raisons sous-jacentes qui le poussent à apprécier une chanson, à s'identifier à un personnage ou à réagir avec une certaine émotion à un discours politique. L'analyste psychanalytique s'efforce de dévoiler ces dynamiques sous-jacentes, en se focalisant sur les symboles, les lapsus, les répétitions, les silences et toutes autres manifestations trahissant l'opération de l'inconscient.

VI.8. Implications pour la compréhension des dynamiques Congolaises

Tout acte de lecture ou de réception d'un "objet culturel" implique des processus dynamiques et inconscients de sublimation, de projection et d'identification. Dans le cadre du modèle psychanalytique de la réception, l'accent est mis sur le lecteur/récepteur plutôt que sur le texte lui-même, avec un intérêt porté à l'activité de lecture/réception et à la redéfinition de ses enjeux. On considère donc le texte non pas comme un objet statique doté d'un sens unidimensionnel, mais comme un activateur, une source d'impulsion pour ces processus psychiques. Ces derniers sont à leur tour fortement façonnés et influencés par les contextes sociaux, culturels et historiques dans lesquels ils s'inscrivent.

La compréhension de ces processus aide à comprendre la manière dont les populations perçoivent les messages politiques (discours des dirigeants, propagande), les programmes de divertissement (séries, musiques, sports), les informations d santé (campagnes de prévention) ou encore les récits médiatiques sur des événements d'envergure, au-delà de leur simple contenu apparent. Cela facilite le déchiffrage des significations voilées, des échos émotionnels et des attachements inconscients susceptibles d'expliquer les conduites collectives. L'interprétation psychanalytique peut expliquer comment certains dirigeants politiques charismatiques réussissent à galvaniser de vastes foules, même lorsque leurs discours paraissent, à première vue, dénués de contenu rationnel. Le leader se transforme en un objet d'investissement narcissique, une figure parentale sur laquelle sont transférés les souhaits de protection, de sécurité ou d'excellence. Les histoires de libération ou de renaissance nationale, bien qu'elles soient enracinées dans le passé, peuvent raviver des rêves archaïques de toute-puissance ou de retour à une époque dorée. De même, l'attrait pour les rencontres de football à l'échelle nationale peut être perçu non seulement comme un divertissement en soi, mais aussi comme un lieu d'exutoire pour les tensions sociales et les frustrations. Le stade se transforme en une scène où se rejouent les conflits, les compétitions et les aspirations à la victoire, facilitant une catharsis collective. Les sportifs prennent la place d'icônes sur lesquelles sont transférés les espoirs de succès et de renommée.

Dans le secteur de la santé publique, il est indispensable de saisir les processus inconscients de réception afin d'élaborer des campagnes préventives performantes. L'opposition à certaines mesures sanitaires peut provenir de craintes ancestrales envers l'autre, d'illusions de contamination ou d'inerties inconscientes face à la modification des pratiques habituelles. Une perspective psychanalytique pourrait aider à personnaliser les messages en prenant en considération ces dynamiques profondes.

VI.9. Défis et perspectives d'application

Bien que prometteur, le modèle psychanalytique de la réception fait face à des défis spécifiques dans son application au contexte congolais. Le premier est d'ordre méthodologique. L'exploration de l'inconscient individuel est difficile à transposer à l'étude de la réception collective ou des phénomènes de masse. Cependant, des approches comme l'analyse des discours, l'étude des mythes et des archétypes présents dans la culture populaire, ou l'analyse des témoignages et des récits de vie peuvent servir de passerelles méthodologiques.

Le deuxième défi concerne la trans-culturalité. Les concepts psychanalytiques, développés dans un contexte occidental, doivent être maniés avec prudence et adaptabilité pour éviter toute imposition culturelle. Il est utile de prendre en compte les spécificités culturelles congolaises, les systèmes de pensée locaux, les cosmogonies et les modes d'expression propres à la société. Cela implique un dialogue interdisciplinaire constant entre la psychanalyse, l'anthropologie, la sociologie et les études culturelles congolaises. Malgré ces défis, les perspectives d'application sont immenses. Le modèle permettrait de mieux comprendre :

- ✓ L'impact des messages de santé publique et des campagnes de sensibilisation : Comment les peurs et les fantasmes inconscients liés à la maladie influencent-ils la réception de ces messages ?
- ✓ S'aligner sur des idéologies politiques ou des mouvements sociaux : Outre les raisons logiques, quels sont les investissements émotionnels et les anticipations inconscientes qui motivent les citoyens ?
- ✓ La popularité de certains produits de consommation ou de modes de vie : Comment les désirs et les aspirations profondes sont-ils ciblés et exploités par le marketing ?
- ✓ Les mécanismes de résilience et de *coping* des populations face aux crises : Comment la culture (musique, danse, récits) sert-elle de support psychique et de moyen de sublimation collective ?

Dans le cadre d'une exploration plus approfondie, de nouvelles voix apportent des éclairages supplémentaires sur la diversité des mécanismes de réception en RDC. Un enquêté de Kisangani argue :

> *"La musique de Papa Wemba, c'était notre force. On écoutait 'Analengo', et ça nous rappelait nos jeunes années, la joie, la vie qu'on avait. Même quand on était dans la brousse, on se sentait connectés à Kinshasa, à la modernité, à quelque chose de beau. C'était un espoir, une échappatoire."*

Ce propos met en lumière l'importance de la mémoire affective et du désir de retour dans la réception des objets culturels. La musique, pour cet individu, n'est pas seulement un plaisir esthétique, mais un véritable objet transitionnel au sens de Winnicott (1971), agissant comme un lien symbolique et rassurant avec une réalité passée. La musique de Papa Wemba agit comme un catalyseur de souvenirs heureux, une sorte de "mémoire des sens" qui permet au sujet de s'échapper mentalement d'une réalité traumatisante. Cet investissement affectif sur l'œuvre culturelle est une forme de refuge psychique, un moyen de maintenir une cohérence interne et un lien avec une identité antérieure, face à la brutalité du présent. L'œuvre devient un conteneur d'espoir et de résilience, offrant une forme de sublimation collective face à la violence. Selon une enquête de Kinshasa :

> *"Les télénovelas sur la famille, la trahison, ça m'aide à comprendre des choses dans ma propre vie. Je me dis que mes problèmes ne sont pas uniques, que d'autres personnes vivent des choses similaires. C'est comme une thérapie, même si je sais que ce n'est pas réel. Ça me donne des idées sur la manière de gérer mes propres conflits."*

Cet extrait d'entretien illustre le pouvoir du miroir psychique que l'œuvre culturelle peut constituer. La télénovelas n'est pas perçue comme un simple divertissement, mais comme un espace de projection et d'identification où le sujet se confronte à ses propres problèmes de manière indirecte. Le fait de voir des conflits similaires aux siens mis en scène peut aider le sujet à les symboliser et à les mettre à distance, réduisant ainsi l'angoisse. Cette mise en récit des problèmes du quotidien apporte des pistes de solution et une forme de catharsis qui aide à la régulation émotionnelle. L'œuvre agit comme un "tiers", un espace de parole et de pensée qui permet de dénouer des conflits intra-psychiques. Un étudiant s'intéresse à la beauté du symbolique en ce terme :

> *"Je m'intéresse aux œuvres qui ont un sens caché, qui ne disent pas tout directement. C'est plus stimulant. Les artistes qui utilisent des allusions, des doubles sens dans leurs paroles ou leurs toiles, c'est ça qui m'intéresse. C'est une manière de parler de choses interdites, de critiquer sans être censuré. C'est la beauté du symbolique."*

Les propos de l'étudiant démontrent une compréhension intuitive de la fonction symbolique de l'art. L'artiste se sert de symboles pour esquiver la censure et l'oppression, ce qui résonne avec les processus de l'inconscient définis par Freud. Le langage symbolique est le moyen par lequel se produit le refoulement et le retour du refoulé. En déchiffrant ces symboles et ces allusions, l'auditeur s'implique dans la transgression et le plaisir lié à la découverte d'une signification secrète. Comme l'a souligné Jean Bellemin-Noêl (1971 !22), « le texte, à l'instar du rêve, est une construction de l'inconscient où les désirs et les tensions sont masqués ». L'art, en utilisant ce langage symbolique, permet au sujet d'exprimer des réalités indicibles et d'explorer des thèmes tabous, offrant ainsi un espace de liberté et de résistance. Une militante féministe de Goma évoque le cas des images des femmes sexualisées :

> *"Je suis très attentive aux images des femmes dans les médias. Souvent, elles sont réduites à des rôles stéréotypés, ou elles sont sexualisées. Ça me met en colère. C'est une violence symbolique. Je me sens obligée de réagir, de déconstruire ces images pour montrer que la femme congolaise est plus que ça. Je ne peux pas rester passive face à ces images."*

Ce discours met en évidence un aspect irréfutable de la réception : la résistance. La militante ne se contente pas de recevoir le message de manière passive ; elle y résiste, elle le critique, et elle cherche à le transformer. Cette attitude active et critique peut être analysée comme une manifestation du Moi qui s'oppose aux forces de l'inconscient collectif (les stéréotypes, les mythes de la femme-objet) et cherche à établir une position subjective. La réception ne se limite donc pas à une simple identification ou projection, elle peut également être un acte de déconstruction et de résistance. La violence symbolique, comme l'a conceptualisée Pierre Bourdieu (1998), agit de façon inconsciente. Toutefois, la compréhension de ses processus peut susciter une réaction de résistance. Cette réception transcende le domaine psychique, englobant également des dimensions politiques et sociales. Elle démontre la capacité de l'individu à s'écarter des schémas qui lui sont suggérés pour forger sa propre identité.

Le modèle psychanalytique de la réception, plutôt qu'une simple curiosité théorique, constitue une puissante lentille heuristique pour analyser les dynamiques culturelles et sociales de la RDC. En se détachant d'une simple observation des « objets culturels », il encourage à sonder les abîmes de l'inconscient, où se tissent les désirs, les craintes, les ambitions et les traumatismes personnels et collectifs. Que ce soit par le biais de contes traditionnels, de musique enjouée, de théâtre impliqué ou d'interventions médiatiques, la culture congolaise offre un terrain inépuisable pour l'étude psychanalytique. Elle dévoile la manière dont les œuvres et les messages sont non seulement perçus, mais également éprouvés, assimilés et modifiés par l'esprit de chaque personne. De plus, elle montre comment cette interaction contribue à l'élaboration des identités et des réalités sociétales. En reconnaissant la richesse de cette dynamique inconsciente, nous pouvons mieux appréhender la force des liens qui unissent les Congolais à leur patrimoine et à leurs expressions contemporaines, et ainsi favoriser une compréhension plus profonde et empathique de leur expérience du monde.

Au demeurant, nous avons plongé dans les mécanismes inconscients de la réception médiatique en utilisant la psychanalyse comme grille de lecture dans ce chapitre. Nous avons dévoilé que notre interaction avec les médias est nettement plus éclatée qu'une simple transmission d'information. C'est également un lieu de représentations, d'identifications et de désirs réprimés. Les figures médiatiques, les récits et les récits et les symboles ne se limitent pas à être des constructions narratives ; ils peuvent également servir de reflets ou de soupapes pour exprimer nos inquiétudes et nos aspirations personnelles.

Nous avons démontré comment les audiences congolaises peuvent s'approprier les messages en y insérant leurs propres fantasmes, traumatismes ou aspirations. Les médias, dans ce sens, agissent comme des médiateurs symboliques qui nous permettent de naviguer dans notre propre monde intérieur. L'analyse psychanalytique a ainsi enrichi notre compréhension en révélant les couches de sens cachées qui opèrent au-delà de la conscience. Toutefois, pour compléter cette perspective, il est indispensable d'analyser les signes eux-mêmes et la manière dont ils sont structurés pour produire du sens. La psychanalyse se concentre sur les motivations du récepteur, mais la sémiotique nous donnera les outils pour décrypter le message lui-même, ses codes et ses conventions. C'est l'objet de notre prochain chapitre.

Chapitre septième

SÉMIOTIQUE DE LA RÉCEPTION : HÉRITAGES DE CONSTANCE, DE COLUMBIA ET DE BIRMINGHAM

> *"Le modèle des usages et des gratifications soutient l'idée que les gens utilisent de manière consciente et délibérée les médias pour rechercher quelque chose de spécifique : un conseil, une information, un soutien, en somme une gratification."* (Charron, 2004 :75).

La sémiotique est le domaine théorique qui étudie les signes et leur signification, en s'intéressant à la création, la diffusion et l'interprétation des messages. Bien que des figures de proue comme Charles Sanders Peirce et Roland Barthes aient établi les bases de cette discipline, l'étude de la réception des messages a connu un enrichissement notable grâce aux apports spécifiques de trois courants de pensée majeurs : Constance, Columbia et Birmingham. Ce chapitre se propose d'explorer les héritages de ces approches, démontrant comment chacune, à sa manière, a approfondi notre appréhension du rôle actif du récepteur dans l'élaboration du sens.

VII.1. Fondements théoriques de la sémiotique de la réception

Pour Charles Sanders Peirce, la sémiotique présente un cadre d'analyse des processus de communication où les indices facilitent la transmission de sens. Il a souligné la nature triadique du signe, composé du signe lui-même, de son objet et de son interprétant et a insisté sur le caractère dynamique et jamais fixe de la signification. Le sens se construit en permanence (Peirce,1958 : 228). Roland Barthes a quant à lui perçu la sémiotique comme un système de signification à plusieurs niveaux, où les signes fonctionnent comme des codes transmettant des messages spécifiques (Barthes,1964 : 69). Dans cette optique, le destinataire n'est pas un simple récepteur passif, mais un acteur actif qui participe intrinsèquement à la production du message.

VII.1.1. L'ambiguïté de la réception

Traditionnellement, l'échange de symboles reposait sur des systèmes socioculturels particuliers. Néanmoins, cette perspective a progressé et la compréhension des messages est maintenant considérée comme une tâche d'une complexité remarquable. L'étude scientifique de l'accueil est inextricablement liée à celle de la réception. C'est un processus dynamique qui comprend la « recherche, la différenciation, la distinction, le tri, la comparaison et l'association », en d'autres termes, une réelle reconstruction de la réalité par le destinataire. Uniquement les signaux provenant de sa culture ou de sa communauté peuvent être véritablement décryptés. Il est donc essentiel pour l'émetteur d'établir à l'établir à l'avance les cadres de référence pour l'interprétation des messages qu'il destine à son public. Pour que son message soit réellement compris et non dénaturé, une campagne de sensibilisation en santé publique doit inévitablement se conformer aux normes culturelles, aux langues locales et aux convictions traditionnelles.

VII.1.2. Le décodage sélectif et le rôle actif du récepteur

Nous comprenons que le processus de décodage est sélectif, intimement lié aux prédispositions et expériences individuelles. Umberto Eco a conceptualisé la sémiotique de la réception comme « une synthèse de diverses études sur le rôle joué par le récepteur dans l'œuvre » (Eco, 1979 : 48). Eco distingue clairement l'interprétation comme recherche de l'intention de l'auteur de l'œuvre et la projection de l'intention du lecteur. L'étude d'un texte nécessite donc de considérer du lecteur dans sa compréhension, son actualisation et son interprétation, ainsi que la façon dont le texte incite à cette implication. Cette méthode repose sur la capacité à établir des suppositions relatives au comportement du récepteur, en se basant sur les caractéristiques du message médiatique, perçu comme une incitation. Ceci implique que l'interprétation d'un sujet d'actualité politique de grande envergure dans un reportage télévisé pourrait varier selon qu'il s'agit d'un résident de Kinshasa ou de Bukavu, chacun assimilant l'information à travers son propre prisme socioculturel et ses expériences personnelles.

VII.1.3. Éco-construction du sens et intentionnalité

La sémiotique de la réception est également appelée sémiotique de l'interprétation, fondée sur la sémantique. On observe un phénomène d'éco-construction de signification d'un message, où le destinataire participe activement au processus d'encodage du transmetteur. Il est ainsi primordial de déceler les indices du destinataire ou de l'auditoire dans le contenu du message émis par l'émetteur. Charles W. Morris se concentre, lui, sur « les intentions et les objectifs visés par une entité qui génère des signes pour d'autres entités » (Morris,1946 :110). Pour atteindre ces objectifs, l'organisme destinateur doit impérativement tenir compte de l'environnement dans lequel ses récepteurs opèrent. Pour mieux illustrer ce phénomène d'éco-construction du sens, la perspective d'un professionnel de la communication est éclairante :

> *"A mes yeux, un reportage consiste en une suite de signes à déchiffrer. Le timbre de ma voix, la sélection des etrmes, l'encadrement de l'image que le présente, tout cela véhicule un message. Le public interprète cela à sa façon. Un homme politique qui évite le regard de la caméra lorsqu'il s'exprime témoigne d'un certain malaise. L'image d'un enfant souriant malgré une situation compliquée est un autre indice, celui de la résilience. Ces signes sont déchiffrés par le public qui élabore une interprétation de la situation, souvent sans y réfléchir explicitement. C'est mon rôle d'apprendre à manipuler ces signes pour être le plus clair possible."*

Ce point de vue met en évidence le rôle du journaliste en tant qu'émetteur conscient de la sémiotique. Les travaux de Roland Barthes dans Rhétoriques de l'image (1964) corroborent parfaitement cette perspective. Barthes y soutient que les images ne sont jamais neutres et sont constituées de deux messages : un message linguistique et un message dénoté (l'image telle qu'elle est), mais aussi un message connoté qui transmet une idéologie. Le journaliste, en choisissant consciemment l'angle de caméra ou le ton de sa voix, active ces connotations pour guider l'interprétation du public. C'est une application pratique de l'idée que le message est une construction intentionnelle, une « écriture » de la réalité qui nécessite une maîtrise des signes pour être comprise.

VII.1.4. L'approche descriptive et interprétative du langage

La sémiotique de la réception peut être appréhendée à travers la distinction établie par Dan Sperber et Deirdre Wilson entre l'aspect descriptif et l'aspect interprétatif du langage. Selon ces auteurs, « l'attrait d'une interprétation, d'une pensée ou d'une situation peut être considéré du point de vue de l'orateur (émetteur), du public (récepteur), ou même des deux simultanément avec certaines distinctions » (Sperber & Wilson, 986 :103). Décrire une situation souhaitable du point de vue du destinataire, c'est répondre à ses attentes, c'est incorporer dans son discours la perspective du monde que partagent ces destinataires. Cela implique une convergence cognitive réciproque entre l'émetteur et le destinataire. Un exemple parlant illustre cette dynamique : souligner dans une campagne publicitaire les propriétés éclaircissantes d'un lait de beauté (lotion), c'est répondre aux attentes du consommateur potentiel désireux d'éclaircir sa peau, initialement noire. Cette pratique, bien que controversée sur le plan social, démontre une adaptation du message aux désirs (parfois induits) du public cible.

Cependant, la déclaration historique de l'ère mobutiste selon laquelle « tout Zaîrois est membre du MPR même dans le ventre de sa mère » reflète une rhétorique qui privilégie les désirs de l'émetteur, le dictateur-orateur, sans tenir compte de la réception individuelle ou collective. D'après l'analyse Peicienne, la distinction entre parole et langue laisse place à une caractérisation en trois dimensions du signe, engendrant un processus d'interprétation qui construit le sens. Le signe n'est pas clos sur lui-même ; le dire s'ouvre au faire, reconnaissant ainsi l'impact potentiel du message.

VII.1.5. Niveaux de signification : dénotation et connotation

La sémiotique de la réception ne se limite pas aux éléments du message mais prend en compte son impact potentiel. Dans cette optique, le rôle des interlocuteurs, des contextes et des usages est abordé de manière renouvelée. Barthes distingue deux niveaux de signification:

- ✓ La dénotation : la contraction entre le signifiant et le signifié (le sens littéral).
- ✓ La connotation : une interprétation émergeant de la liaison entre le signe et la réalité externe.

Dans ce dernier niveau, deux aspects s'entrelacent : ce qui est manifeste (la dénotation) et ce qui est implicite, le signe illustrant des significations plus profondes (Barthes, 1957 : 195-200). En se référant aux termes du sémioticien danois Louis Hjelmslev, on évoque ainsi les niveaux de plan d'expression (ce qui est dit) et de plan de contenu (ce qui est signifié), avec des strates de dénotation et de connotation (Hjelmslev, 1943 : 79). Dans cette perspective élargie, la sémiotique de la réception ne se limite pas à la dimension textuelle ou visuelle, comme le révèle le témoignage d'une auditrice de Bukavu :

> "Dans une émission de radio, le silence, la musique, le bruit de fond, tout c'est un signe. On comprend le ton de l'émission avant même que le journaliste ne parle. Un bruit de sirène peut signifier le danger, une musique douce peut signifier la paix. Le choix de la musique, le rythme de la parole, tout cela est un langage en soi."

Cette perspective étend le domaine de la sémiotique au-delà des limites de l'image et du texte. Elle s'inscrit dans les idées de la sémiotique auditive, qui analyse le sens des sons qui ne sont pas liés au langage. Les silences, les rythmes et les bruits ambiants, perçus par l'auditrice comme des indices, sont des facteurs cruciaux pour la création d'un contexte de réception. On pourrait établir une comparaison avec Hjelmslev (1943), qui fait la distinction entre le plan d'expression et le plan de contenu. Le bruit de sirène est une expression sonore qui, dans le plan de contenu, signifie le danger. En mettant l'accent sur ces aspects, l'auditrice illustre une interprétation intuitive et non consciente de ces symboles, qui impacte considérablement sa réception des informations, avant même que les paroles ne soient exprimées. C'est une preuve additionnelle que la réception est une activité de décodage qui touche à tous les sens.

VII.1.6. La sémiotique de la culture

Umberto Eco a cherché à élaborer une théorie globale de la sémiotique, qu'il a caractérisée comme « une théorie universelle de la sémiotique de la culture envisagée en tant que phénomène communicatif basé sur les systèmes de signification » (Eco, 1984 : 110). L'individu, en tant que membre d'une communauté spécifique, déchiffre chaque message en se basant sur son cadre culturel et sa structure d'origine. La sémiotique de la culture, telle que pensée par Eco, trouve une illustration frappante dans l'analyse d'un acteur de la société civile de Goma :

> *"Un slogan de campagne n'est pas juste une phrase. C'est un ensemble de signes qui renvoient à des valeurs, des espoirs, des peurs. 'La RDC d'abord', c'est plus qu'une phrase. C'est une référence à la souveraineté, à l'indépendance. Il faut choisir ces mots avec soin, car ils ont un poids sémantique très fort. Le public les décode en fonction de son propre bagage culturel et politique."*

Cette analyse illustre la complexité de la communication politique. Elle s'accorde parfaitement avec l'idée de connotation élaborée par Roland Barthes. L'expression « La RDC d'abord » ne se limite pas à une interprétation littérale (la RDC est en tête de liste), elle porte également une connotation, notamment des valeurs liées au nationalisme et à la souveraineté. L'acteur de la société civile illustre comment ce sens est en réalité un reflet des références culturelles et politiques d'un public spécifique, comme le met aussi en exergue Umberto Eco. Le message n'est pas unilatéral, il est co-construit entre l'émetteur et le récepteur, et sa puissance réside dans sa capacité à mobiliser des symboles partagés. C'est une preuve du fait que l'efficacité d'un message dépend de la compréhension des codes culturels de l'audience. Il est capital de souligner que la sémiotique de la réception perçoit le public comme une entité active, constituée de citoyens rationnels et moraux, dotés par leurs environnements, leurs liens sociaux primaires et leur formation pour se défendre contre la manipulation des esprits. Cette aptitude à déchiffrer activiment se reflète dans l'interprétation que les groupes font des promesses politiques, des discours religieux ou des messages de développement, généralement avec une perspicacité critique aiguisée par l'expérience. Quand un message médiatique fait écho aux aspects essentiels de sa culture ou de son contexte d'origine, le public est plus susceptible de s'y reconnaître et de le saisir. Il est donc évident que la signification d'un texte n'est pas intrinsèque au texte lui-même. La réception ne se limite pas à l'absorption passive de significations préétablies, mais implique plutôt la production d'un sens. En tant qu'individu socialisé, le récepteur effectue son action d'interprétation de signes au sein de ressources culturelles communes. Un message est constamment décodé sur le terrain, selon les compétences du destinataire. Ce n'est pas une question de savoir si le message est correctement reçu ou s'il y a des fautes lors de la transmission, mais plutôt celle de comprendre comment le message est vigoureusement élaboré et intégré dans le système de significations du destinataire.

VII.2. Les trois générations/écoles de la réception

L'évolution des recherches sur la réception a traversé trois générations distinctes, chacune apportant des éclairages nouveaux sur la manière dont les publics interagissent avec les messages. Il s'agit de :

VII.2.1. L'école de Constance

Selon Breton et Proulx, la question de la réception a commencé à émerger « vers la fin des années 1960 dans le cadre de la tradition allemande des études littéraires », connue sous le nom d'école de Constance (Breton & Proulx, 2005 :118). C'est grâce aux travaux de Hans-Robert Jauss que le concept d'une esthétique de la réception fut introduit (Jauss, 1978). Ce dernier a marqué un tournant en visant à diriger l'attention de la critique littéraire vers le lecteur, l'auditeur ou le spectateur. Cette analyse littéraire devait abandonner le formalisme ou l'esthétique marxiste pour se concentrer sur « l'examen des conditions sociales, cognitives et esthétiques de réception des œuvres littéraires » (Jauss, 1978 : 25).

Plutôt que de se concentrer uniquement sur la structure interne des textes, l'école de Constance a soulevé la question essentielle : « que font les lecteurs avec la littérature ? » (Breton & Proulx, 2005 :119). Dans le contexte congolais, cette vision invite à explorer comment les récits historiques, la musique populaire ou les œuvres de théâtre ne sont pas seulement créées, mais aussi comprises et exploitées par diverses communautés, mettant ainsi en lumière les « horizons d'attente » propres à chaque groupe.

VII.2.2. L'héritage de l'école de Columbia

Le deuxième grand courant de recherche sur la réception est issu des études médiatiques, plus précisément l'approche des usages et gratifications, un courant prépondérant de l'école de Columbia. Son principe fondamental repose sur « l'indépendance relative des messages médiatiques », un thème récurrent dans tous les travaux de Columbia (Rieffel, 2005 : 78). Rémy Rieffel explique que : « Les partisans de cette vision axée sur l'usage et les gratifications, ou perspective fonctionnaliste, qui a prospéré entre 1945 et 1960, étendent et intensifient le concept de l'engagement actif des destinataires » (Rieffel, 2005 : 79). Cette approche a marqué un passage des études strictement quantitatives à des entretiens qualitatifs, cherchant à comprendre les motivations des individus dans leurs choix médiatiques. L'adage central de cette école renverse la perspective conventionnelle : il ne s'agit plus de comprendre « ce que les médias font aux gens », mais plutôt « ce que les gens font avec les médias » (Lazarsfeld & Stanton, 1941, 1941 : IX).

De même, Gregory Derville sous-entend par le terme usage « que l'individu est en mesure de sélectionner en toute connaissance de cause les médias et les messages qui répondent le mieux à ses besoins et lui procurent les bénéfices » (Derville, 2006 : 112). Sur le territoire national congolais, cela se manifeste par exemple dans le choix des chaînes de télévision ou des stations de radio par les citoyens, qui les utilisent pour obtenir des informations pratiques sur les marchés, des divertissements ou des messages d'espoir dans un contexte socio-économique souvent difficile.

VII.2.3. L'héritage du centre d'études culturelles contemporaines de Birmingham

C'est durant la période des années 1960-1970 que le courant d'analyse des travaux sur la réception, connu sous le nom de cultural studies, a émergé au sein de l'école de Birmingham. Ce courant a souligné l'importance du rôle proactif du destinataire dans la construction du sens et la signification cruciale du contexte de réception. Cette focalisation accrue avait pour but de réévaluer les modèles simplifiés (lecteur modèle, lecteur idéal, supereader), afin de mieux représenter la réalité de la réception. Comme le souligne Philippe Le Guen, « c'est grâce aux études culturelles que l'importance des sujets récepteurs dans le modèle de communication a été mise en avant, tout comme la capacité à prendre du recul pour déconstruire les signifiés idéologiques » (Le Guen, 2007 :87).

Dans ce domaine, deux figures majeures se démarquent : Stuart Hall, l'auteur du célèbre ouvrage sur l'encodage et le décodage des programmes télévisuels, qui a conçu et supervisé le projet de recherche associé aux études culturelles centrées sur l'étude de la réception ; et David Morley, qui a œuvré sans relâche pour mettre en pratique le programme élaboré par hall. Leur contribution a été essentielle pour saisir comment les idéologies s'intègrent dans les messages et comment les destinataires peuvent les adopter, les négocier ou les refuser.

VII.2.3.1. La contribution de Stuart Hall

Le texte de Stuart Hall sur l'encodage et le décodage, paru en 1974 sous la forme d'un document de positionnement cherchait à être polémique en posant la question de revoir le pouvoir des médias à partir de la réception (Hall,1980 : 128-138). Ce texte a marqué la naissance du mouvement des cultural studies. Hall visait plusieurs objectifs :

- ✓ Institutionnellement : à ce que le Centre for Contemporary Cultural Studies (CCCS) se distingue dans le domaine des études de communication face au Centre for Mass Communications Research de Leicester, alors le courant prédominant des recherches britanniques en communication.
- ✓ Théoriquement : associer une étude sémiotique des textes médiatiques à une analyse politique des médias, perçus comme un outil de propagation idéologique du pouvoir. Cette approche s'appuie sur les recherches de la sémiologie française, en particulier celles de Barthes, qui mettait en question les études axées sur les significations et les méthodes quantitatives d'un point de vue épistémologique.
- ✓ Politiquement : ce document positionnement invite les intellectuels britanniques de gauche, influencés par le marxisme, à prendre du recul par rapport à l'économie et à leur vision trop simplifiée du rôle de l'idéologie dominante dans la reproduction sociale. Il base son argument principal sur l'idée d'une « lecture imposée » : « les structures institutionnelles des médias, influencées par le cadre plus large des relations de pouvoir social, seraient capables d'insérer (encoder) dans la forme et le contenu des messages médiatiques un angle spécifique à l'audience qui recevra le message » (Hall, 1980 :134). Ce codage mène à une lecture imposée.

La thèse principale de Hall se fonde sur l'idée que, pour déchiffrer l'aspect idéologique d'un message, il est primordial de se concentrer sur l'analyse des modes de réception des sujets (conformité, négociation et contestation), et non pas seulement sur les structures des textes médiatiques. Bien que ces derniers soient considérés comme porteurs d'une interprétation imposée, les significations préétablies ne s'imposent pas de manière univoque aux sujets. Les trois modalités de réception de Stuart Hall peuvent se matérialiser comme suit :

- ✓ La position de domination hégémonique : C'est lorsque le public assimile directement et sans contraintes le sens implicite des informations télévisées ou des programmes d'actualité (Hall, 1980 : 136). En contexte congolais, cela pourrait être le cas d'une information officielle diffusée par la télévision nationale, acceptée sans critique par une partie de la population.
- ✓ La position du code négocié : Le décodage dans la version négociée comprend un amalgame d'éléments adaptatifs et d'opposition. Il admet la validité des définitions dominantes pour déterminer (de manière abstraite) les significations majeures, alors qu'à un niveau plus restreint et contextuel, il établit ses propres principes fondamentaux. Il fonctionne avec des exceptions favorisées aux interprétations prédominantes des situations, tout en laissant aux « conditions locales » et à ses propres positions plus corporatistes le droit de réaliser une mise en œuvre plus négociée (Hall, 1980 : 137). Un exemple en République Démocratique du Congo serait une communauté locale qui accepte le message d'une campagne de vaccination mais adapte sa mise en œuvre aux réalités et croyances spécifiques de son village.
- ✓ Le code oppositionnel : Un téléspectateur pourrait totalement saisir toutes les nuances littérales et connotatives d'un discours, mais interprète le message de façon globalement opposée. Il déchiffre le message dans le code de préférence pour le recoder dans un autre format de référence (Hall, 1980 : 138).

Comme le souligne Laulan, « cette défiance ou ce retrait concerne soit la véracité et l'exactitude de ce qui est présenté ou exprimé, soit ce que les médias peuvent dissimuler : une réticence face à un système de communication qui n'est pas nécessairement toujours fiable » (Laulan, 2009 : 92). Les populations peuvent adopter une lecture oppositionnelle face aux discours politiques qu'elles perçoivent comme déconnectés de leurs réalités ou comme des outils de manipulation, développant ainsi des contre-discours ou une défiance généralisée. Ces concepts de décodage se manifestent de manière concrète chez les récepteurs, comme en témoigne un téléspectateur de Kinshasa :

> *"Je ne me contente pas de regarder le journal, j'analyse. Je me demande : 'Pourquoi il a mis cette image-là ?', 'Pourquoi il a utilisé ce mot-là ?' Je cherche le sens caché, le message subliminal. C'est un jeu de détective. Un reportage sur les élections n'est pas neutre. Le choix de filmer un meeting avec une foule immense ou une petite assemblée, de mettre en avant un discours ou un autre, tout cela est un choix qui produit du sens."*

Cette méthode est en accord avec les travaux d'Umberto Eco. Dans son ouvrage Lector in fabula (1979), Eco introduit l'idée du « lecteur modèle » qui, pour la compréhension d'un texte, est amené à collaborer avec l'auteur en émettant des suppositions et en remplissant les « vides » du texte. Le spectateur assume également un rôle actif, ne se limitant pas à une réception passive, mais participant plutôt à un processus d'interprétation engagé et critique. Il ne se concentre pas uniquement sur l'aspect dénotatif du reportage (les faits), mais recherche également le sens connoté (le biais idéologique, les messages subliminaux). Il démontre une lecture oppositionnelle, au sens de Stuart Hall, qui ne se laisse pas imposer le sens dominant, mais le déconstruit activement.

VII.2.3.2. L'apport crucial de David Morley dans l'analyse de la réception

David Morley a joué un rôle pionnier dans le développement de la recherche sur la réception, concrétisant les propositions théoriques de Stuart Hall. Entre 1975 et 1979, Morley a mené une étude systématique des téléspectateurs de l'émission britannique de la BBC, Nationwide, un programme de reportages d'affaires publiques mêlant information et divertissement (Morley, Nationwide Audience, 1980). En partenariat avec Hall et Charlotte Brunsdon, Morley a lancé une démarche innovante, délaissant les modèles psychologiques conventionnels (tels que ceux des usages et gratifications) au profit d'une analyse sémantique détaillée des textes de programmes (Morley, 1980 :14). Il a remis en question l'évaluation des « types de personnalités » des téléspectateurs, affirmant que pour appréhender la nature et la fonction des programmes sélectionnés, il est indispensable de considérer le contexte socio-culturel et socioéconomique du public (Moley,1980 :15). L'approche de Morley concernant la question de la réception peut être divisée en trois phases distinctes :

✓ Première phase : L'étude de « Nationwide » et la déconstruction idéologique. Morley a analysé la structure sémiotique du texte télévisuel et les méthodes de déchiffrement des spectateurs. Son objectif était d'exposer l'idéologie sous-jacente à la structuration textuelle des émissions et les méthodes d'interprétation employées par le public (Morley, 1980 : 20-25). Pour adapter cela au contexte du Congo, nous pourrions envisager une étude comparable des programmes d'information sur les chaînes de télévision locales (comme la RTNC ou Télé 50), en analysant la façon dont les histoires politiques ou sociales sont élaborées et comment les spectateurs, provenant de divers environnements urbains ou ruraux de Kinshasa, Lubumbashi ou ailleurs, interprètent ces messages selon leurs réalités journalières et leurs vécus. Un militant associatif de Kinshasa, confronté aux médias locaux, illustre la pertinence de cette analyse :

"Les reportages sur les conflits dans l'Est du pays, il faut les lire avec une loupe. On ne vous montre pas la cause profonde, on vous montre les effets. C'est ça l'idéologie cachée. Le choix des images de souffrance, le ton dramatique de la voix du journaliste, le silence sur les intérêts économiques... Tout ça, ce sont des indices. Mon travail, c'est de lire entre les lignes, de déconstruire cette narration pour comprendre ce qui est réellement en jeu et informer ma communauté."

Cette analyse critique est en parfaite résonance avec l'approche de David Morley. Comme le soutient Morley, l'analyse de la réception ne peut se contenter d'étudier la psychologie individuelle du spectateur, elle doit se pencher sur le "contexte socio-économique et socioculturel" qui influence l'interprétation. Ici le militant illustre la capacité du destinataire à ne pas se soumettre à une « lecture imposée », comme conceptualisé par Stuart Hall (1980 :134). Il déchiffre le message en le replaçant dans un cadre plus étendu, en repérant les omissions et les choix idéologiques qui façonnent le récit. Son approche démontre un décodage dynamique, voire contestataire, qui s'appuie sur une matrice d'analyse critique développée par son implication sociale, afin de construire sa propre interprétation du message.

✓ Deuxième phase : la réception dans le cadre familial et domestique. Morley a momentanément mis de côté l'examen idéologique pour se focaliser sur l'étude ethnographique du cadre familial, présentant le domicile comme le contexte « naturel » de la réception (Morley, 1986 :5-10). Il s'est penché sur la sociologie du pouvoir dans le cadre familial, en étudiant les relations sociales qui définissent les interactions domestiques associées à l'usage de la télévision. Au Congo, où la télévision est souvent un point central des réunions familiales et communautaires, l'on observe comment les discussions et les hiérarchies familiales influencent le choix des programmes, les interprétations des nouvelles, ou même la réception des publicités. Le rôle de la famille dans la médiation des messages est un aspect central des travaux de Morley, et un jeune étudiant de Kinshasa nous donne un aperçu concret de cette dynamique :

> *"Chez nous, le soir, c'est la télévision. Mon père, c'est lui qui a le contrôle de la télécommande. Il a ses émissions d'information qu'il regarde. Quand il y a une information qui le choque ou qui le fait réagir, il explique ce qui se passe. Moi, je ne connais pas tous les détails de la politique, mais quand mon père dit que c'est un tel qui a raison, je le crois. On discute en famille, et ma vision des choses est influencée par celle de mes parents."*

Le témoignage de l'étudiant démontre très clairement la deuxième étape des recherches menées par Morley.. La réception ne s'effectue pas dans un isolement social, mais au sein d'un environnement familial où la sociologie du pouvoir a une importance significative. Le choix des programmes et, plus crucial encore, la gestion de l'information sont influencés par l'autorité du père qui tient la télécommande. Cette interaction relationnelle joue un rôle crucial dans la façon dont le message est interprété. Autrement dit, l'interprétation ne se forge pas uniquement par la rencontre de l'individu avec le texte médiatique, mais également au sein de « communautés d'interprétation » domestiques, où les points de vue des figures d'autorité telles que les parents ont tendance à dominer. Ces communications journalières confirment ou réfutent l'information, prouvant que la réception est un processus à la fois social et relationnel.

✓ Troisième phase : La maîtrise des technologies de l'information et de la communication. En collaboration avec Roger Silverstone, Morley a élargi son champ d'étude pour inclure la réception de la télévision dans l'ensemble plus vaste des technologies de l'information et de la communication (TIC) présentes au foyer (Silverstone & Morley, 1996 :1-15). Cette phase a consisté en une ethnographie de la « domestication des technologies », qui a conduit les chercheurs à déployer une sociologie des « significations ».

Dans le contexte congolais actuel, marqué par la prolifération des smartphones et de l'accès à internet, comment les familles congolaises intègrentelles ces nouvelles technologies ? Quelles nouvelles significations leur sont attribuées ? Comment le téléphone portable, par exemple, modifie-t-il les habitudes de consommation médiatique et les interactions familiales ? Ces questions sont au cœur de la domestication des technologies dans le cadre national congolais. Un jeune entrepreneur de Goma témoigne de son rapport aux médias dans cette ère de prolifération des smartphones. :

> *"Avant, on regardait la télé pour s'informer, maintenant, on a le téléphone. Quand il y a une information, je ne me contente pas de la chaîne de télé. Je vais sur WhatsApp, sur les réseaux sociaux. Je lis ce que mes amis partagent, ce que les groupes disent. Parfois, l'information de la télé est complètement différente de ce que je lis sur mon téléphone. Le téléphone est devenu un filtre, une source de contre-information. C'est là que je me fais ma propre idée."*

Cette perspective est en parfaite adéquation avec la troisième phase de l'approche de Morley et Silverstone sur la domestication des technologies. Le smartphone dépasse le statut d'un simple instrument, il s'inscrit au sein de l'environnement familial et social du destinataire, influençant considérablement sa relation à l'information. L'entrepreneur se sert de son téléphone comme d'un instrument de contrôle et de recoupement des informations, ce qui illustre une réception active et critique. Il ne reste pas figé sur une seule source prédominante, mais il évolue à travers diverses plateformes, jonglant entre les médias traditionnels et les réseaux sociaux. C'est une illustration concrète de la manière dont les technologies sont « domestiquées » par les récepteurs, qui leur attribuent de nouvelles significations (ici, le téléphone comme source de contre-information) et les intègrent dans leurs pratiques quotidiennes. Ce processus de « faire avec » le message est au cœur de la tension dialectique entre la puissance des médias et la résistance du récepteur, comme le décrit Daniel Dayan (1992 : 27).

VII.2.4. Hypothèses fondamentales des travaux sur la réception

En se basant sur les recherches de Daniel Dayan et Pertti Alasuutari, Breton et Proulx ont synthétisé et classé quatre théories en deux ensembles distincts. Le premier regroupement comprend les travaux pionniers issus de la tradition de Columbia ainsi que ceux des Cultural Studies, tandis que le second concerne la troisième génération, issue des études sur la réception (Breton & Proulx, 2005 : 120-121). Daniel Dayan a décrit trois hypothèses fondamentales dans ses premières recherches sur la réception :

a) Hypothèse initiale : La voix du public concret. « Étant donné que ces publics sont concrets, le but de la recherche est de donner une voix à ces membres » (Dayan, 1992 : 25). Cela marque donc la fin de la domination exclusive du lector in fabula, signifiant que le chercheur ne se limitera plus à dégager une représentation du récepteur construite à partir du texte de l'auteur ; ce sont les publics réels qui sont surveillés. Cette hypothèse incite à aller au-delà des représentations stéréotypées du "public congolais" pour écouter directement les voix et les expériences des populations diverses, des jeunes connectés de Kinshasa aux communautés rurales des provinces reculées.

b) Deuxième hypothèse : Le modèle texte-lecteur et la construction du sens. L'interprétation des significations créées par les sujets-récepteurs est rendue possible grâce au « modèle texte-lecteur ». Dans cette optique, voici les six postulats fondamentaux de ce modèle (Dayan, 1992 : 26) :

- ✓ La signification d'un texte ne se confond pas avec le texte lui-même : Un message médiatique n'a pas de sens intrinsèque et universel ; il acquiert sa signification à travers l'interaction avec le récepteur.
- ✓ L'abandon d'une analyse purement textuelle : Il est nécessaire de renoncer à tout modèle d'interprétation qui privilégierait exclusivement la connaissance découlant de l'analyse textuelle. Le contexte de réception est tout aussi important.
- ✓ Désynchronisation encodage/décodage : Il n'est plus nécessaire qu'un message soit automatiquement déchiffré comme il a été codé. Le fait que le décodage et l'encodage coïncident peut être prédominant sur le plan sociologique, mais cela reste théoriquement une possibilité parmi tant d'autres. Les messages peuvent être réinterprétés de manière inattendue par le public.
- ✓ Résistance et subversion de l'idéologie : Le public n'est pas seulement capable d'extraire des interprétations surprenantes du texte pour son analyse, mais il peut également résister à l'influence idéologique que le texte impose, en rejetant ou en renversant les significations qu'il lui suggère. Au Congo, cela peut se traduire par le rejet de discours politiques considérés comme déconnectés de la réalité, ou par la réappropriation critique de messages publicitaires.
- ✓ Les communautés d'interprétation : L'élaboration de la réception se déroule dans un contexte où interviennent des communautés interprétatives. Les personnes ne déchiffrent pas les messages de façon indépendante, mais dans le cadre de groupes sociaux partageant des codes culturels, des valeurs et

des expériences communes. Pensez aux groupes d'écoute de la radio dans les villages congolais, où les nouvelles sont commentées et contextualisées collectivement.
- ✓ **La réception comme point de départ des effets** : La réception se réfère au moment où les significations d'un texte sont construites par les membres d'un public. Ce sont ces interprétations, et non le texte en lui-même, et encore moins les intentions des écrivains, qui constituent le point de départ pour les chaînes causales conduisant aux divers types d'effets attribués à la télévision. Les effets des médias ne sont donc pas linéaires, mais dépendent de la manière dont les messages sont effectivement décodés.

c) **Troisième hypothèse** : La tension dialectique entre médias et récepteur : « Il existe une tension dialectique entre la puissance des médias et la faculté du sujet-récepteur à résister ou à faire avec cette puissance, prenant en compte l'impact de l'influence des médias sur les auditoires dans le cadre des recherches » (Dayan, 1992 : 27). Cette hypothèse souligne l'ambiguïté de la relation média-public, où le récepteur n'est ni omnipotent ni totalement dominé. Le quatrième postulat, selon Pertti Alasuutari, principal théoricien de la troisième génération d'études sur la réception, soutient que l'audience est principalement créée par la construction discursive d'un observateur et l'élaboration sémantique dictée par le choix d'un cadre analytique spécifique (Alasuutari, 1995 : 15-20). Cette audience n'est pas une réalité objective parfaitement indépendante de notre réception, et la plus réputée de ces constructions sémantiques est probablement la « mesure d'audience », qualifiée de « fiction statistique », qui a acquis une valeur monétaire dans le domaine économique. Cette tension dialectique est palpable dans les propos d'une femme au foyer à Bukavu, qui témoigne de son rapport critique aux médias :

> *"Quand j'écoute le pasteur à la radio, il parle de foi et de persévérance. Je ne me pose pas de questions, parce que je crois en sa parole. C'est comme ça. Quand les politiciens parlent à la télévision, je ne les crois pas, car je sais qu'ils nous mentent. On a toujours vécu dans le mensonge. Je me dis qu'ils vont encore promettre sans tenir leurs promesses. Je fais la différence, et je ne retiens que ce qui me renforce dans ce que je crois déjà."*

Cette réception est en adéquation avec les théories de Lazarsfeld et Merton (1948 : 101), qui ont mis en avant l'effet de renforcement des médias, suggérant que ces derniers ont tendance à consolider les opinions existantes plutôt qu'à les bouleverser. Le récit de cette femme au foyer est un exemple parfait de la stabilisation cognitive : elle interprète les informations médiatiques à travers son prisme personnel, basé sur la foi en une figure d'autorité spirituelle et sur une suspicion envers les figures politiques. Elle écarte les faits qui vont à l'encontre de ses convictions, ne gardant que ceux qui les corroborent, préservant ainsi une cohérence interne. Ce processus, loin d'être un signe de naïveté, est une stratégie psychologique efficace pour naviguer dans un environnement informationnel et souvent contradictoire, confirmant la théorie de Festinger sur la réduction de la dissonance.

VII.3. La réception sous un angle trilogique : structuration, négociation et résistance

La réception n'est jamais un acte isolé ; elle s'inscrit toujours dans une dynamique relationnelle et sociale. Elle engage autrui, que ce soit par l'influence des pairs, des groupes sociaux, ou des normes culturelles. Plus encore, elle active un ensemble d'acquisitions cognitives, de besoins psychologiques et de types de réactions qui sont profondément enracinés dans l'éducation des individus et les standards sociaux prédominants. Comme le soulignent d'éminents théoriciens, les opérations de réception, loin d'être passives, s'apparentent à d'autres actions humaines intentionnelles. Elles peuvent être analysées à travers le prisme de leurs objectifs explicites ou implicites, de leurs méthodes adoptées, des obstacles qu'elles rencontrent dans leur déploiement et des résultats qu'elles produisent sur les individus et la société. Afin de mieux appréhender la diversité de ces différentes opérations, nous adopterons la classification tripartite proposée par Bianchi et Bourgeois (2000 : 45), qui dégage un cadre d'analyse particulièrement approprié pour comprendre les mécanismes de la réception médiatique :

- ✓ Les actions qui structurent ou coordonnent les requêtes médiatiques : Cette première catégorie englobe tous les processus par lesquels des individus forment des attentes et des souhaits envers les médias. Cela concerne la façon les besoins d'information, de divertissement ou de socialisation se manifestent par une exposition à des contenus médiatiques particuliers.
- ✓ Ceux qui résistent aux actions des médias et contrôlent la tendance à les accepter : L'accent est mis ici sur les procédés de filtrage, d'évaluation et de contrôle grâce auxquels les récepteurs ne se limitent pas à recevoir des messages passivement. Ils examinent, questionnent et parfois réfutent le contenu médiatique en fonction de leurs propres référentiels d'analyse et de leurs croyances.

✓ Finalement, les approches destinées à éviter la tension générale ainsi (ce dont nous traiterons en termes de négociation) : Cette catégorie examine les tactiques de compromis et d'ajustement utilisées par les destinataires. En présence de dissonances cognitives ou de contradictions entre le discours des médias et leur réalité personnelle, les individus mettent en place des stratégies de négociation pour assimiler ou ajuster la signification des messages. Ces trois dimensions (structuration, résistance et négociation) ne sont pas mutuellement exclusives mais interagissent de manière dynamique, offrant une vision holistique des processus de réception.

VII.3.1. La réception lorsqu'elle se structure

La réception ne se réduit pas à une simple adhésion à un message intégralement constitué et univoque. Bien au contraire, elle est un processus dynamique et constructif, s'élaborant à partir d'une information nouvelle qui entre en résonance avec les sollicitations ressenties et perçues par les individus. Elle est la résultante d'une intersection entre l'extérieur (la prestation médiatique, avec ses codes, ses intentions et ses supports) et l'intérieur (la réaction réceptrice, façonnée par les expériences passées, les prédispositions psychologiques et le contexte socio-culturel de l'individu). Cette conception de la réception, telle que l'ont explorée de nombreux sémioticiens et sociologues des médias, n'est envisageable que parce qu'il existe intrinsèquement un décalage, un espace de liberté et d'interprétation entre le média émetteur et les sujets récepteurs.

Un média, pris isolément, ne peut en aucun cas garantir la pleine et entière réception de son message. Il ne peut qu'offrir un ensemble de significations potentielles et de suggestions, auquel le destinataire, par sa participation proactive, ajoute sa propre interprétation, ses propres codes de décodage et sa propre sémantique. Comme le souligne Hall (1980 : 136) dans son modèle d'encodage/décodage, le sens n'est pas simplement transmis mais construit dans l'interaction entre le texte et le lecteur. Dans le cadre de l'analyse détaillée des procédures de structuration ou de configuration réceptrice, décrites comme une articulation de trois types de processus (perceptifs, interprétatifs et identitaires) par des chercheurs tels que Livingstone (Livingstone, 1998 :10), on peut relever les opérations suivantes :

a) La sélection ou la schématisation

Souvent instantanée et largement inconsciente, la sélection permet de ne retenir que quelques éléments distinctifs du flux médiatique, ceux qui attirent l'œil ou ceux qui répondent au besoin du moment. Ce processus est crucial car il détermine ce qui sera traité et ce qui sera ignoré par le récepteur. Des études en psychologie cognitive, comme celles de Kahneman (2011 : 23) sur les biais cognitifs, montrent comment nos systèmes de pensée rapides privilégient certaines informations et en rejettent d'autres en fonction de nos cadres de référence. En République Démocratique du Congo, cela pourrait se traduire par la tendance, chez les populations, à privilégier les informations qui touchent directement à la vie quotidienne, à la sécurité (instabilité dans l'Est du pays, par exemple) ou aux préoccupations économiques (inflation, coût de la vie), quitte à ignorer d'autres sujets considérés comme moins urgents ou moins pertinents. Un reportage sur les avancées technologiques mondiales pourrait être moins retenu qu'une information sur le prix des denrées alimentaires au marché local. Cette sélectivité est souvent une stratégie d'adaptation face à un flux d'informations potentiellement accablant et à des réalités quotidiennes pressantes.

b) L'impact des médias et la mobilisation des ressources individuelles

Cette opération met en lumière la manière dont ce que les médias véhiculent affecte les individus, et comment ces derniers mobilisent leurs propres ressources (culturelles, sociales, éducatives) pour s'intégrer dans cette constellation en formation. La réception ne se limite pas à être un simple reflet de l'émission, elle constitue un processus dynamique où le destinataire mobilise son propre fonds de connaissances pour interpréter le message. Selon Bourdieu (1979 : 121), dans sa théorie de l'habitus, « c'est la manière dont les dispositions sociales assimilées façonnent notre perception et compréhension du monde, y compris des messages des médias » qui est mise en avant. Un reportage sur une zone d'extraction minière du Katanga sera perçu de manière différente par un résident local (qui peut être touché directement par l'exploitation minière), un commerçant basé à Kinshasa (qui pourrait y voir des perspectives économiques ou des menaces pour le commerce) ou un membre de la communauté congolaise vivant à l'étranger (qui pourrait avoir une perspective plus large sur les questions géopolitiques liées aux ressources). Chacun mobilisera ses propres connaissances spécifiques, ses expériences vécues et ses intérêts personnels pour construire une signification unique du message.

c) La stabilisation

La stabilisation est un processus fondamental qui vise à conserver l'équilibre psychologique et cognitif du récepteur en réaffirmant ce qui a déjà été obtenu ou intégré. Ce mécanisme peut, paradoxalement, modifier radicalement les suggestions proposées par les médias. Autrement dit, nous sommes fréquemment confrontés à une situation de statu quo, où le nouveau est examiné à travers le prisme de l'ancien. Avec sa théorie de la dissonance cognitive, Festinger (1957 :3) a démontré comment les individus s'efforcent de conserver une cohérence interne, atténuant ainsi la dissonance entre existantes et les nouvelles données. Dans cette époque de multiplication des smartphones, un jeune entrepreneur de Goma partage son expérience avec les médias :

> *"Les médias nous informent, c'est vrai, mais ils ne nous disent pas tout. Je dois souvent vérifier l'information avec mes contacts sur le terrain, en comparant ce qui est dit à la télé avec ce que je vis ou ce que mes proches me racontent. C'est un combat constant entre ce que je devrais croire et ce que la réalité me montre. Par exemple, quand on parle d'une situation sécuritaire qui s'améliore, je me demande toujours pour qui elle s'améliore."*

Ce retour est conforme aux théories de Lazarsfeld et Merton (1948 :101), qui ont souligné l'effet amplificateur des médias, proposant que ces derniers ont une propension à renforcer les opinions préexistantes plutôt qu'à les modifier. L'expérience de cet homme d'affaires est un exemple idéal de la stabilisation cognitive : il interprète les informations médiatiques en utilisant son propre prisme d'analyse, basé sur la confiance envers une autorité spirituelle et une méfiance à l'égard des personnalités politiques. Il écarte les informations qui vont à l'encontre de ses convictions et se concentre uniquement sur celles qui les corroborent, préservant ainsi une cohérence interne. Ce mécanisme, qui ne témoigne pas d'une forme de naïveté, s'avère être une tactique psychologique pertinente pour évoluer dans un environnement informationnel fréquemment contradictoire, validant la théorie de Festinger concernant la minimisation de la dissonance.

- ✓ L'inclination à consolider les positions déjà en place du destinataire : Il arrive fréquemment que les médias renforcent des points de vue déjà établis plutôt que de les modifier en profondeur. Il s'agit du concept de renforcement sélectif, qui stipule que les personnes ont la propension à retenir et à valoriser davantage les informations corroborant leurs convictions. Un auditeur préalablement convaincu de l'inefficacité d'une politique gouvernementale au Congo recherchera et conservera sans y penser les informations médiatiques qui corroborent cette conviction, plutôt que celles qui la définit. Selon Lazarsfeld et Merton (1948 :101), les médias

ont un effet de renforcement, affirmant à solidifier plutôt qu'à modifier les opinions.
- ✓ L'habitude de prolonger la réception dans le temps pour confirmer ce qui a été partiellement perçu : Les spectateurs ou lecteurs ont le besoin de partager avec leur entourage ce qu'ils ont vu et lu. Il est indispensable de passer par ce processus de validation sociale. Au Congo, l'échange collectif, que cela se déroule en famille, entre amis ou dans des espaces publics, est une phase cruciale de la réception, permettant de confirmer, d'apporter des nuances, d'enrichir ou de contester les messages médiatiques. C'est dans ces échanges que se construit une interprétation partagée et que les informations prennent véritablement sens dans le contexte local. Carey (1989 : 23) insiste sur la communication comme un processus rituel, où la participation et le partage sont centraux.
- ✓ La manière d'intégrer ce qui provient des médias lorsque l'on se trouve soi-même dans un environnement humain, psychologique ou spirituel : Les messages ne sont jamais reçus dans un vide. Ils sont ancrés dans le quotidien du destinataire.

Au Congo, où les émissions religieuses à la radio sont très appréciées, ces dernières ne se contentent pas d'être écoutées. Elles s'intègrent aux rituels et convictions en place et peuvent parfois être transformées par ceux-ci. Un prêche sur la patience peut être perçu de diverses manières selon que l'auditeur traverse une phase de prospérité ou de graves difficultés, et ses décisions à venir seront guidées par cette relation entre le discours et sa réalité spirituelle et matérielle. Durkheim (1912 : 250) a montré comment les représentations collectives et les pratiques religieuses structurent la perception du monde.

VII.3.2. La réception, lorsqu'elle est en train de négocier

Le concept de « code de réception négocié » a été introduit par Stuart Hall (1980 : 137) dans son œuvre fondatrice sur l'encodage et le décodage, qui a eu une influence considérable sur les chercheurs britanniques des années soixante-dix, notamment au sein des Cultural Studies. Cette notion vise à expliquer la situation où, dans le contexte télévisuel (et plus largement médiatique), le codage initial (la création du programme perçue comme une production de discours, avec ses intentions et ses idéologies) et le décodage final (l'interprétation que le public donne à ce discours) ne sont pas complètement symétriques, ni totalement divergents. Il y a un espace entre-deux où le message dominant est en partie accepté par le public, tout en étant réinterprété selon ses propres expériences et statuts sociaux.

L'approche de négociation élaborée ici constitue une référence majeure dans l'étude de la réception des médias, puisqu'elle illustre les comportements habituels des audiences, variant entre le refus complot (l'éloignement pur et dur des médias ou de certaines informations) et l'assimilation intégrale (l'interprétation prédominante ou hégémonique du message). Dans ces situations, un groupe social négocie sa réception en fonction de sa culture spécifique, tenant compte de sa mémoire sociale particulière, de ses connaissances accumulées, de ses attentes établies et de ses ressources symboliques. Ce processus de négociation est donc profondément ancré dans le contexte socio-culturel du récepteur. Comme le souligne Fiske (1987 : 64), « le plaisir de la réception vient souvent de la possibilité de négocier le sens, de jouer avec les codes et de s'approprier le message ».

De même, les personnes font entre ce qu'elles perçoivent et ce qu'elles portent, en raison de leur vécu personnel, de leur identité ou du contexte immédiat dans lequel elles se situent. Le cœur de la négociation réside dans la façon dont l'audience réagit en faisant des concessions, immédiatement ou à long terme. Ces concessions ne témoignent pas d'une faiblesse, mais plutôt d'une démarche proactive d'adaptation et d'appropriation. Lorsqu'elle engage des négociations, l'équipe de réception, qu'il s'agisse d'un individu ou d'un groupe de récepteurs, recourt à la réception sélective pour cultiver une sensibilité tactique. Cette capacité de réception sélective lui offre la possibilité de fixer le moment idéal pour progresser ou se retirer dans l'acceptation du message, tout en prévoyant les compromis nécessaires pour être capable de les négocier au moment approprié. Il s'agit d'une sorte d'intelligence pratique dans la réception.

Cette négociation requiert une recontexualisation du message, permettant au récepteur de discerner d'abord les aspects gratifiants ou choquants, les zones d'accord et les points de tension les éléments qui provoquent une approbation immédiate ainsi que ceux qui entravent directement le processus. C'est une étape d'appréciation rapide et intuitive. Par la suite, il s'appuie sur ces images éphémères, identifiant des séquences, fragmentant des objets, réalisant des classements, administrant ses reconnaissances et contrôlant ses mécanismes de défense. Ce processus est souvent inconscient mais fondamental pour la construction de sens.

À Kinshasa, un auditeur de radio pourrait "négocier" un message gouvernemental. Il pourrait l'accepter partiellement, en reconnaissant la nécessité d'une réforme économique ou sociale, tout en en rejetant d'autres aspects, comme les modalités de mise en œuvre, jugées irréalistes au regard des difficultés du quotidien et de la réalité sur le terrain. Cette négociation est fréquemment le résultat d'une expérience personnelle qui se heurte au discours officiel, générant de ce fait un sens « négocié », qui n'est ni totalement dominant ni complètement opposé. On pourrait en théorie accepter l'appel à la propreté de la ville de (Kinshasa bopeto), cependant sa réalisation serait sujette à négociation (insuffisance de ressources, absence de bacs à déchets, etc.). L'interprétation des messages médiatiques est un processus de négociation qui se produit lorsque les individus confrontent le discours des médias à leur propre réalité personnelle. Un enquêté raconte :

> « On m'a parlé à la radio de ce nouveau projet de construction d'écoles, et je trouve ça bien. Mais quand j'ai vu que c'était dans un quartier où il n'y a même pas d'eau courante, j'ai pensé : "À quoi ça sert de construire une école sans eau ?" Ça ne fait aucun sens pour nous. On prend la partie "école" parce que c'est une bonne chose, mais la partie "projet" ne fonctionne pas. »

Ce constat illustre parfaitement le concept de lecture négociée tel que développé par Hall. L'auditeur ne se soumet pas sans réserve au message prédominant ici (le discours officiel concernant le développement des infrastructures), mais il ne l'écarte pas non plus de façon radicale. Il s'empare de la promesse d'amélioration (la construction d'écoles) qui répond à ses attentes et à ses besoins, tout en l'adaptant selon son habitus (Bourdieu, 1979) et son expérience tangible. La résolution de la dissonance cognitive se fait par un compromis : l'individu adhère au principe général (l'école), mais refuse sa mise en application qu'il considère comme irréaliste. Cette négociation est la marque d'un récepteur actif, qui utilise son savoir-faire et ses connaissances locales pour évaluer la pertinence et la faisabilité du message, un processus que Michel de Certeau (1980) qualifierait de « tactique » de la réception, où l'individu "braconne" dans le champ du discours dominant pour en extraire ce qui est utile à son quotidien.

VII.3.3. La réception, lorsqu'elle fait face à des résistances

Accueillir un message implique non seulement de lui donner une forme et une structure (structuration), et de le modifier à travers des compromis (négociation), mais également, dans un même élan, de résister. Cela indique que le sujet qui reçoit est souvent plus important que le contenu présenté. La réception n'est jamais une soumission au message ; c'est un acte de souveraineté de la part du récepteur. Le terme de résistance ici ne signifie pas une absence totale de réaction, comme si la réception était indisponible ou occupée à autre chose, ni une simple passivité. Au contraire, cela représente une action, un processus actif où certains aspects fournis par le média ne sont pas conservés, sont laissés sur les lieux (neutralisés), niés et écartés. Cette résistance peut être le fruit d'une dissonance cognitive, d'un désaccord profond avec les valeurs véhiculées, ou d'une simple non-pertinence perçue. Elle peut être due au fait que les sujets récepteurs peuvent se sentir blessés, se percevoir comme isolés et démunis face au média, ou tout simplement en désaccord avec ses propositions. Lazarsfeld (1940 :131), dans ses études sur l'influence des médias, a montré « comment les résistances et les filtrages individuels peuvent limiter l'impact direct des messages ». La résistance peut se manifester de deux manières distinctes et complémentaires :

a) L'indifférence

L'indifférence ne signifie pas une absence totale de réception, mais plutôt une non-attribution de valeur ou de pertinence au message. Elle suggère qu'il n'y a, selon le destinataire, pas de place pour la bonne forme qu'il cherche à promouvoir ; il ne fait ni attention, ni ne voit, ni n'entend dans le sens d'une réception active et significative. C'est une décision consciente ou inconsciente de ne pas consacrer d'effort intellectuel ou émotionnel au contenu. L'épuisement médiatique (provoqué par un excès d'informations ou une récurrence de sujets souvent négatifs) ou la défiance à l'égard de certaines sources (considérées comme biaisées, corrompues ou peu dignes de foi) peut engendrer une insensibilité sélective face à des contenus considérés comme insignifiants ou fallacieux.

De nos jours au Congo-Kinshasa, après des années de reportages sur les conflits dans l'Est, certains auditeurs peuvent développer une forme d'indifférence face à de nouvelles informations sur le même sujet, s'ils estiment qu'elles ne changent rien à leur réalité ou qu'elles sont manipulées. Goffman (1959), avec sa notion de "cadres de l'expérience", pourrait expliquer comment certains contenus sont perçus comme "hors cadre" de l'attention du récepteur. Le phénomène de l'indifférence est souvent le résultat d'une surcharge d'informations, conduisant à une désensibilisation sélective comme le confirme un enquêté :

> « *Quand j'entends les mêmes nouvelles sur les conflits dans l'Est du pays, j'ai l'impression qu'il ne se passe jamais rien de nouveau. C'est toujours les mêmes annonces, les mêmes drames. Je finis par éteindre*

la radio ou changer de chaîne. Je ne peux plus écouter, c'est comme si mon cerveau se déconnectait. »

Ce témoignage met en lumière une forme de résistance passive, l'indifférence, qui est directement liée à la saturation de l'espace médiatique. Ce n'est pas un rejet idéologique, mais une sorte de fatigue de la compassion ou une désensibilisation face à la répétition des messages négatifs. L'auditeur, confronté à un cycle d'information qui ne semble jamais progresser ni apporter de solution, développe un mécanisme de protection psychologique. Cette réaction peut être comprise à travers le prisme de la surcharge cognitive, où le cerveau du récepteur, pour se protéger, choisit de "filtrer" l'information perçue comme redondante et inefficace. Comme le suggérait Paul Lazarsfeld (1940), la réception est souvent médiatisée par des filtres individuels, et dans ce cas précis, le filtre est celui de la répétition et de la futilité perçue, conduisant le récepteur à une non-réception active.

b) L'opposition

Beaucoup plus évidente et active, l'opposition concerne le rejet actif et conscient de ce que proposent les médias. Ce n'est pas un simple désintérêt, mais une confrontation directe avec le message. Cela peut se manifester par des critiques ouvertes, des contre-discours (par exemple sur les réseaux sociaux ou dans des discussions publiques), ou même un boycott des médias perçus comme partisans, mensongers ou manipulateurs. L'opposition est fréquemment l'indicateur d'une position affirmée et d'un désir de ne pas adhérer à l'interprétation prédominante suggérée par les médias.

Dans le Congo-Kinshasa, l'opposition peut se manifester de différentes manières : des auditeurs qui contactent les stations de radio pour exprimer leur désapprobation envers certains invités ou sujet, des lecteurs qui écrivent aux rédactions, ou encore des mouvements citoyens qui lancent des appels au boycott de chaînes ou de journaux considérés comme non impartiaux. Cette forme de résistance est spécialement importante dans les contextes où les médias sont perçus comme des instruments de pouvoir ou de propagande. Gramsci (1971 : 276), avec son concept d'hégémonie et de contre-hégémonie, génère un cadre théorique pour comprendre ces dynamiques de lutte pour le sens. L'opposition est donc une stratégie de résistance active qui permet de contester ouvertement la validité ou la légitimité d'un message comme le confirme un téléspectateur de Kinshasa :

> « Ce qu'ils montrent à la télé, c'est pour nous faire croire que tout va bien. Mais moi, je vois ce qui se passe dans mon quartier. Je sais qu'ils mentent. On en parle entre nous, on se dit qu'il faut pas les croire. On écoute d'autres radios qui disent la vérité. C'est de la propagande, on le sait. »

Ce récit illustre une opposition active et une résistance sélective. Le récepteur ne se contente pas de s'indifférer au message, mais il le rejette catégoriquement, le qualifiant de « propagande » et l'opposant à sa propre vérité vécue et partagée au sein de son groupe social. Cette réaction résonne avec les travaux de Gramsci sur l'hégémonie (1971). Selon Gramsci, l'exercice du pouvoir ne se fait pas uniquement par la contraire, mais aussi par l'adhésion, que les médias aident à façonner. L'auditeur et son groupe rejettent l'orthodoxie dominante, constituant ainsi une forme de contre-hégémonie. Ils s'efforcent de construire un discours alternatif basé sur des connaissances et des expériences différentes. L'unité du groupe (« On en parle entre nous ») renforce cette résistance, convertissant le refus personnel en une réaction collective contre l'idéologie diffusée par les médias officiels.

VII.4. Le rôle de l'interprétation selon Umberto Eco

Selon Umberto Eco, l'œuvre n'est pas un objet clos et figé, mais un « schéma à compléter par l'interprétation du destinataire » (Eco, 1962 :19). Pour Eco, l'interprétation n'est pas une fantaisie subjective du lecteur, mais un système d'attentes psychologiques, culturelles et historiques de la part du spectateur. Il insiste sur le fait que le sens n'est jamais univoque, mais qu'il y a une "co-production" de sens entre l'œuvre et son récepteur. Eco met en évidence, sans nécessairement se concentrer sur chaque aspect dans toutes ses œuvres, mais en les incorporant dans une vision plus globale, les diverses phases théoriques qui ont mené à l'étude actuelle du récepteur, depuis la critique littéraire formaliste jusqu'à la sémiotique de la réception. L'apparente clarté et immédiateté du processus de création de sens dissimule en réalité une stratification complexe. L'interprétation est un processus qui implique la participation du lecteur dans une démarche de déchiffrement et de reconstruction. Dans "Lector in fabula" (1979), il propose de distinguer trois dimensions fondamentales dans l'analyse des opérations de traitement du message (Eco,1979 : 24-25) :

- ✓ ***Intentio operis* ou le vouloir dire de l'œuvre :** Cette dimension se réfère à la compréhension du contenu d'un texte, c'est-à-dire son intention implicite, ce que le texte "veut dire" en soi, indépendamment de l'intention consciente de l'auteur. Il s'agit de décrypter le message tel qu'il a été conçu par l'émetteur, en se basant sur les codes, les genres et les conventions textuelles. L'interprète s'efforce de reconstruire la « logique interne » de l'œuvre. Par exemple, dans le cadre d'un message médiatique relatif à la santé, l'intention de l'œuvre pourrait être le message scientifique ou préventif tel qu'il est exprimé dans l'article ou le reportage.

- ✓ *Intentio auctoris* : Cet aspect cherche à saisir et à décrypter l'intention de l'auteur, à juger ses prestations et ses décisions styliques ou narratives. Cet aspect examine les intentions précises du concepteur du message, ses buts délibérés, son orientation idéologique ou artistique. Il s'agit de chercher ce que l'auteur souhaitait transmettre. Dans notre illustration concernant la santé, l'intention de l'auteur pourrait être de révéler un enjeu de santé publique ou d'accroître la prise de conscience autour d'une maladie spécifique. Eco souligne l'importance de cette intention de l'auteur, soutenant que l'œuvre gagne en indépendance vis-à-vis de son créateur une fois qu'elle est diffusée.
- ✓ *Intentio lectoris* : Dans ce cas, l'interprète est personnellement engagé, sur le plan existentiel. On considère que l'interprétation est complète quand le message se connecte de manière concrète à la présence du sujet qui interprète, même s'il ne l'exprime pas explicitement. C'est à ce moment-là que l'expérience personnelle du destinataire, ses principes, ses sentiments, sa mémoire, ses biais et son savoir jouent un rôle dans l'attribution d'une signification individuelle au message. C'est l'aspect le plus subjectif, où le destinataire se l'approprie. Si un message de santé aborde le sujet du paludisme, un Congolais ayant perdu un être cher à cause de cette maladie ressentira une intention de lecture nettement plus émotive et personnelle qu'une personne qui n'a jamais été directement touchée par cette réalité.

L'interprétation d'un message médiatique est toujours teintée par l'histoire personnelle et les cadres de référence du récepteur comme l'expose un enquête :

> « J'ai vu à la télé un reportage qui expliquait comment il est difficile d'obtenir un visa pour l'Europe. Au lieu de me sentir découragé, ça m'a fait rire, parce que je me suis rappelé toutes les histoires que j'ai entendues sur ceux qui ont essayé et échoué. Pour moi, le reportage n'était pas un avertissement, mais plutôt une nouvelle blague à raconter aux amis. »

Cet extrait met en lumière un phénomène d'appropriation par le détournement, où l'auditeur ne se contente pas de négocier le sens, mais le reconstruit totalement. La réception n'est pas une simple réponse au message, mais une interaction dynamique qui transforme le sens initial. Cela correspond parfaitement à l'Intentio lectoris selon Eco : la signification du reportage n'est pas celle voulue par l'auteur (dénoncer la difficulté d'obtenir un visa), ni l'interprétation littérale du contenu (intentio operis), mais bien celle que le récepteur lui a donnée en le reliant à sa propre expérience culturelle et sociale. Dans ce contexte, la résistance ne se manifeste pas comme un refus, mais plutôt comme une réinterprétation ludique, une sorte de subversion qui s'inspire de la mémoire collective et des expériences communes. Selon Fiske (1987), ce type de pratique est une production de sens par le public qui ne se limite plus à être un simple spectateur passif, mais devient un acteur actif dans la communication, capable de métamorphoser un message sérieux en une histoire humoristique, diminuant ainsi l'importance du média au profit de son propre contexte d'interprétation.

VII.4.2. Interprétation sémiotique et analyse critique

La sémiotique de la réception est perçue comme le champ d'application privilégié de l'interprétation, et elle affirme l'existence de deux dimensions d'interprétation, interdépendante mais distinctes :

- ✓ **Interprétation sémiotique :** Elle découle du processus par lequel le lecteur, confronté à une représentation linéaire du texte (qu'il s'agisse d'un article de journal, d'une émission télévisée, ou d'une image), lui attribue un sens précis. Il s'agit de décoder des signes et des symboles (linguistiques, visuels, audio) pour en tirer un sens cette interprétation se base sur la compréhension des conventions linguistiques et culturelles communes.
- ✓ **Analyse critique :** Contrairement à l'analyse sémiotique qui met l'accent sur le sens du texte, l'analyse critique se positionne comme une démarche métalinguistique visant à expliquer et justifier pourquoi un certain texte provoque une réaction particulière chez le lecteur. Elle dépasse la simple déchiffrage pour questionner les processus d'influence, les pouvoir et les récepteur variées. L'analyse critique se concentre sur les impacts du texte son accueil dans la société et les mécanismes par lesquels sa signification est remise en question ou modifiée.

Ainsi, l'interprétation fait appel à la subjectivité de celui qui reçoit le message, s'appuyant sur une source d'énergie à la fois culturelle et émotionnelle. Cela permet de saisir pourquoi un même message peut être interprété, accepte, négocié ou refusé de manière différente selon les publics. Une étude approfondie d'un documentaire sur l'extraction minière au Congo ne se limiterait pas à saisir le sens (analyse sémiotique), mais chercherait également à comprendre pourquoi ce documentaire provoque la colère des mineurs locaux et l'indifférence de certains internationaux.

Pour conclure, ce chapitre a présenté la sémiotique de la réception comme un instrument essentiel pour analyser et décomposer les signes et symboles contenus dans les messages des médias. En se basant sur les courants de pensée de Constance, Columbia et Birmingham, nous avons démontré que la réception ne se limite pas à une interprétation subjective, mais constitue également un processus de déchiffrage de codes déjà existants. Chaque type de média, genre et culture possède ses propres conventions que le public s'apprend à identifier et déchiffrer.

Nous avons mis en œuvre ces idées dans le contexte du Congo, exposant la façon dont les audiences parcourent l'éventail de signes pour interpréter les programmes télévisés, les articles de presse ou les publications sur les réseaux sociaux. La sémiotique nous a éclairés sur le fait que la signification est à la fois intégrée dans le texte lui-même, et également dépendante du contexte de sa réception. La signification naît de l'interaction entre le signe et l'expression de celui qui reçoit. A l'ère numérique, où les limites entre l'émetteur et le récepteur deviennent floues, la compétence du public à interpréter les signaux reste d'une importance capitale. L'avancement des technologies modernes a métamorphose en examinant l'influence de ces modification sur les populations congolaises.

Chapitre huitième

LA RECEPTION MEDIATIQUE 2.0 :

DE L'AUDIENCE PASSIVE A L'ACTEUR CONNECTE

L'avènement des technologies numériques et des réseaux sociaux a radicalement transformé la réception médiatique, propulsant le récepteur du statut de consommateur passif à celui de participant actif, co-créateur de sens et maillon essentiel de la diffusion, complexifiant et enrichissant ainsi l'ensemble du processus communicatif" Cardon (2010).

L'émergence des médias numériques et des réseaux sociaux accentue encore davantage le rôle actif du récepteur. A en croire Cardon (2010 :8), « la transformation des récepteurs en producteurs et diffuseurs de contenus renforce leur rôle dans le processus de communication ». De nos jours, « les destinataires ont maintenant la possibilité de créer et de partager des messages médiatiques (comme sur YouTube, Instagram ou TikTok), en réalisant des modifications, des remixes ou des réinterprétations de contenus préexistants.

À cet effet, les destinataires ne se limitent plus à recevoir passivement des messages ; ils les échangent, les partagent et les réévaluent en ligne, souvent en direct. Cela modifie la réception et l'interprétation des messages médiatiques, en favorisant un retour d'informations et de retours constants. À l'ère du numérique, estime Lévy, « le destinataire a la possibilité de contribuer activement à la reconstruction du sens des messages médiatiques, ce qui transforme l'interaction entre l'émetteur et le destinataire en un processus bidirectionnel » (Lévy, 1994 : 83). Le destinataire des messages médiatiques n'est plus simplement un récepteur passif d'informations, mais se transforme en un participant important dans le processus communicatif. Il s'implique dans l'interprétation, la négociation et même dans l'élaboration de sens. Cette interactivité révèle une multitude d'interprétations qui diffèrent selon le contexte culturel, social et individuel de chaque récepteur, ce qui approfondit et complique la saisie et l'exploitation des messages médiatiques.

VIII.1. La réception dans le cadre des nouvelles technologies et du numérique

Dans le cadre des nouveaux médias et du numérique, la réception a subi une transformation radicale par rapport aux formes classiques de communication de masse. En raison de l'émergence des technologies numériques, des réseaux sociaux et des plateformes de contenu en ligne, les processus de réception médiatique ont été profondément modifiés, ce qui a entraîné selon Katz (2002 : 23) « une participation accrue des récepteurs dans la création, la diffusion et l'interprétation des messages ».

VIII.1.1. Caractéristique des médias récents

Les nouvelles technologies numériques sont un ensemble de technologies qui rendent la communication interactive, participative et instantanée (Baym, 2015 :12). Elles comprennent :

- Les plateformes de médias sociaux (Facebook, X, Instagram, TikTok, etc.),
- Les blogs et les forums sur Internet,
- Les sites de vidéo (YouTube, Vimeo),
- Les plateformes de diffusion en continu (Netflix, Spotify),
- Les applications pour smartphones et les balados. Ces médias ont différentes caractéristiques qui influencent la façon dont les messages sont reçus : Les utilisateurs peuvent interagir avec les contenus, exprimer leurs réactions, commenter et partager, ce qui remet en cause la communication traditionnelle unidirectionnelle. Les plateformes offrent des contenus sur mesure, adaptés aux préférences et aux habitudes des utilisateurs, facilitant ainsi la création d'expériences de réception individualisées.
- Engagement : Les utilisateurs ont la possibilité de consommer des contenus, mais également de les créer et de les diffuser, en créant eux-mêmes des contenus (vidéos, articles, etc.).
- Une accessibilité instantanée : Les contenus peuvent être consultés à tout moment et n'importe où, ce qui facilite la réception continue, tout en redéfinissant l'instantanéité de l'expérience médiatique.

VIII.1.2. La prise en charge active et interactive

Dans le contexte des nouvelles technologies de communication, la réception n'est plus un processus passif. Les gens ont une plus grande participation à l'interprétation des messages médiatiques. La réception active se manifeste par :

a) La sélection du contenu

Les utilisateurs des médias numériques sont conscients de leur choix de contenus, ce qui les place dans une position de curation. Prenons l'exemple de plateformes telles que YouTube, Netflix ou Spotify, où l'utilisateur peut choisir ce qu'il souhaite regarder ou écouter, en fonction de ses préférences. Cette sélection active a un impact sur la réception des messages, car il n'existe plus de canal unique de diffusion. La personnalisation de l'expérience de consommation des médias est également facilitée par l'algorithme de recommandation sur ces plateformes.

b) L'échange social et la diffusion

Les internautes réagissent aux contenus, émettent des commentaires et partagent leurs opinions sur les plateformes de médias sociaux. Cela génère une conversation constante autour des messages médiatiques, favorisant une réflexion collective sur des sujets d'actualité, des produits culturels ou des opinions. La réception et la validation de l'information sont mesurées par les commentaires, les likes et les partages. Les utilisateurs sont devenus producteurs de contenu et multiplicateurs de messages grâce à ce phénomène de partage. Dans cette nouvelle ère médiatique, les acteurs de l'information s'adaptent à un environnement en constante évolution, caractérisé par une participation accrue des publics comme le relate un journaliste :

> *"Avant, on publiait un article et on passait à autre chose. De nos jours, le travail ne connaît jamais de pause. On trouve des commentaires, des partages et des discussions sur Twitter. C'est un dialogue en cours. Les consommateurs ne se contentent plus de consommer du contenu, ils sont devenus des 'prosommateurs', à la fois producteurs et consommateurs de contenu. Ils sont en mesure de commenter mon travail, d'ajouter des détails supplémentaires ou même de réaliser leur propre étude. C'est à la fois motivant et exténuant, car la ligne de démarcation entre le journaliste et le public s'estompe."*

Ce récit d'un reporter de Kinshasa soutient la théorie de la convergence des médias de Henry Jenkins, qui explique comment l'engagement direct du public modifie le rôle des spécialistes de l'information. Le terme « prosommateur », mis en avant par Alvin Toffler, est ici important. Il fait référence à un public qui ne se limite plus à une consommation passive, mais qui crée et partage activement du contenu. Le journaliste illustre ce phénomène de manière précise, mentionnant les réactions et discussions sur les réseaux sociaux comme une prolongation constante de son activité. Cette interaction permanente, bien que parfois fatigante, attribue au public une fonction de surveillance et de rectification qui peut se révéler être un atout considérable. Cly Shirky (2008), dans son ouvrage »Here comes everybody », met en avant que les technologies de communication collective métamorphosent le public en une entité coopérative à même de créer et de propager l'information collectivement, remettant ainsi en cause la structure hiérarchique classique de production des médias. La réception des contenus n'est plus un acte solitaire, mais une expérience collective et socialisée, comme l'illustre la pratique du *live-tweeting* pendant les événements télévisés :

> *"Je regarde un match de foot à la télé tout en commentant sur Twitter. On n'est plus seul devant son écran, on est connecté à une communauté. C'est une expérience collective. On réagit en direct, on partage des blagues, des frustrations. On se sent appartenir à un groupe. C'est une manière de ne pas subir les médias, mais de les vivre ensemble. Le public est devenu un acteur connecté et participatif, capable de donner son avis en temps réel."*

Cette réception d'un téléspectateur de Kinshasa confirme l'analyse de Nicholas Carr (2010) dans *The shallows*, qui explore comment le numérique modifie nos habitudes de consommation médiatique en favorisant le multitâche et la connexion en réseau. La notion d'expérience collective s'oppose à la réception traditionnelle et passive, où le téléspectateur était un individu isolé devant son écran. Les réseaux sociaux forment une chambre d'écho et un sentiment de communauté, où chaque voix est appréciée et diffusée instantanément, accentuant ainsi la solidarité d'un groupe. Ce mouvement transforme la consommation des médias en un acte social, où le contenu médiatique n'est plus qu'un point de départ pour une interaction sociale. Ce phénomène a déjà été anticipé par Joshua Meyrowitz (1985), qui a mis en évidence la façon dont les médias électroniques mélangent l'espace public et privé, rendant ainsi l'expérience médiatique intrinsèquement sociale et perceptible. Au-delà de la simple interaction, le public se mue en véritable créateur de contenu, défiant ainsi le monopole des médias traditionnels comme le confirme un internaute de Kinshasa :

> *"Je ne suis plus juste un lecteur, je suis un créateur de contenu. Je peux faire un post, une vidéo, un live. Je ne consomme pas seulement du contenu, j'en produis aussi. Les médias traditionnels ont perdu le monopole de la parole. Maintenant, tout le monde peut s'exprimer et être écouté. Nous sommes des acteurs de notre propre information."*

Cette réflexion d'un internaute est en parfaite adéquation avec la théorie du « journalisme citoyen » (Gillmor, 2004) et le concept de « crowdsourcing » appliqué à l'information. La perte du monopole de la parole par les médias traditionnels est une conséquence directe de la démocratisation des outils de production et de diffusion. L'internaute décrit un renversement du pouvoir médiatique, où l'individu a la capacité de créer sa propre chaîne d'information, qu'il s'agisse d'un blog, d'un vlog ou d'un simple post. Ce changement de paradigme, où les citoyens deviennent des « acteurs de leur propre information », est un sujet d'étude majeur pour des chercheurs comme Yochai Benkler (2006) dans *The wealth of networks*, qui analyse comment la collaboration de masse et la production ouverte sur Internet créent de nouvelles formes d'organisation et de diffusion de l'information, en dehors des structures hiérarchiques traditionnelles. Les réseaux sociaux ne sont pas seulement des lieux de divertissement, mais également des plateformes d'action et de mobilisation citoyenne comme le confirme un acteur de la société civile de Goma :

> *"Les réseaux sociaux nous permettent de mobiliser les gens très rapidement. On peut lancer une alerte, une pétition, et des milliers de personnes vont la relayer. Le public est devenu un acteur du changement. C'est une démocratie 2.0. On peut contourner les médias traditionnels qui nous censurent parfois, et parler directement au public. Le pouvoir est entre les mains du peuple."*

Cette observation de cet acteur de la société civile de Goma met en lumière la dimension politique et sociale de la réception numérique. Les plateformes de médias sociaux fonctionnent comme des amplificateurs de la voix citoyenne, offrant un moyen de contourner les « gardiens » traditionnels de l'information, à l'instar des journalistes et des organisations médiatiques. Comme l'explique le conférencier, cette « démocratie 2.0 » se distingue par sa capacité à mobiliser rapidement et efficacement. C'est un des points principaux défendus par Manuel Castells (2012) dans son ouvrage and Hope, où il démontre comment les mouvements sociaux et révolutions urbaines du début du XXIe siècle ont su tirer parti des réseaux numériques pour s'organiser et se coordonner. Selon Castells, ces plateformes agissent non seulement comme des instruments de communication, mais aussi comme de véritables zones de résistance qui fournissent aux citoyens les nécessaires pour s'engager et se rassembler en direct. Ceci renforce l'idée que le pouvoir a été transféré au peuple, qui est désormais capable d'outrepasser les voies traditionnelles de diffusion afin d'atteindre ses objectifs. D'après une personne interrogée, la progression de la radio témoigne également d'une interactivité de plus en plus marquée entre les diffuseurs et les auditeurs :

> *"Même pour la radio, on a les messages WhatsApp. On peut réagir en direct, poser des questions. L'écoute n'est plus passive, c'est une interaction. Je peux envoyer un message vocal pour dire ce que je pense d'un sujet, et l'animateur peut le passer à l'antenne. J'ai l'impression de faire partie de l'émission. C'est un lien très fort."*

Cet exemple d'une auditrice de Bukavu illustre comment la convergence des médias (Jenkins, 2006) ne se limite pas aux plateformes numériques natives, mais affecte également les médias traditionnels comme la radio. L'adoption de technologies mobiles telles que WhattsApp, révolutionne l'écoute en la rendant interactive. L'auditrice ne se limite plus à recevoir des informations, elle s'engage activement, ce qui intensifie son sentiment d'appartenance et de lien avec la communauté de l'émission. Ce pouvoir d'exprimer une opinion et de potentiellement être diffusé confère au public un rôle de co-créattion, qui est central dans la théorie de ''l'utilisateur participatif''. D'après un enquêté, cette nouvelle relation entre public et médias traditionnels implique également un contrôle accru de l'information par les citoyens :

> *"Le journalisme a dû s'adapter. On ne peut plus juste annoncer les nouvelles. On doit les contextualiser, les vérifier, les expliquer. Le public nous met la pression. Si on fait une erreur, on est immédiatement corrigé sur les réseaux sociaux. C'est une forme de contrôle citoyen qui est très saine, même si elle est parfois difficile à vivre."*

Cette constatation dépeint une transformation radicale dns le caractère du travail journalistique, qui n'est désormais plus un discours unidirectionnel, mais plutôt une interaction continue avec le public. Les médias sociaux servent de dispositif de contrôle et de supervision en temps réel, où les compétences du grand public permettent de rectifier les fautes des experts. Cette pression exercée par les cotoyens représente simultanément un challenge et une chance. A l'instar de Jay Rosen (2006) dans What are journalists for ?, il est crucial que les journalistes cessent de se voir comme les uniques porteurs de vérité, et qu'ils adoptent plutôt le rôle de facilitateurs de débat public. Le "contrôle citoyen" que décrit le journaliste est une manifestation de la sagesse des foules (Surowiecki, 2004), où la somme des connaissances et des opinions d'un groupe peut s'avérer plus pertinente que celle d'un seul expert. Bien que cette nouvelle dynamique puisse être stressante pour les professionnels, elle favorise une plus grande rigueur et une responsabilité accrue.

VIII.1.3. La création conjointe du sens

La réception active englobe également la participation à la construction du sens des contenus des médias. À titre d'exemple, les communautés en ligne (comme les fandoms) ont la possibilité d'interpréter collectivement un film, une série ou un événement médiatique, et de créer des récits alternatifs, des fan-fictions ou des analyses critiques qui deviennent des contre-discours aux narratifs médiatiques dominants. A en croire Benkler (2018 : 22), « cela dynamise et diversifie la réception, car différents groupes peuvent avoir des interprétations différentes des mêmes messages ».

VIII.1.4. La division des audiences et les bulles de filtrage

Les nouvelles formes de médias ont aussi provoqué une division de l'audience. Les plateformes en ligne donnent aux utilisateurs l'opportunité de découvrir des contenus très précis qui correspondent à leurs préférences et opinions, ce qui peut engendrer des systèmes de filtrage. Cela implique que les utilisateurs soient fréquemment confrontés à des données qui confirment leurs convictions et opinions préexistantes, ce qui peut restreindre la variété des perspectives auxquelles ils sont confrontés.

VIII.1.5. Les bulles de filtres et la création d'une chambre d'écho

Les algorithmes qui suggèrent des contenus en fonction des comportements et des préférences antérieures des utilisateurs sont responsables de la création des bulles de filtre (Pariser, 2011). Cela peut entraîner une uniformisation des points de vue au sein d'un même groupe et une diminution de l'exposition à des points de vue opposés. Sur des plateformes de médias sociaux telles que Facebook ou Twitter, les utilisateurs peuvent être plus exposés à des messages qui reflètent leurs propres sentiments, et moins à des points de vue différents. Il est possible que cela entraîne également selon Tufekci, (2017 : 75) « la création de chambres d'écho, où les utilisateurs ne perçoivent que des voix qui les renforcent dans leurs convictions, renforçant ainsi des idéologies, des stéréotypes ou des mouvements sociaux particuliers ».

VIII.1.6. L'importance des influenceurs et des communautés virtuelles

La réception des messages médiatiques est grandement influencée par les influenceurs et les communautés en ligne (Marwick, 2013). Ces intervenants, fréquemment issus de communautés particulières, ont la capacité d'influencer la réception d'un message, en faisant influencer l'opinion publique ou en orientant les débats sur certains sujets. Les influenceurs exercent une influence spécifique sur leurs followers, qui les perçoivent souvent comme des leaders d'opinion.

VIII.1.7. L'apparition de nouvelles manières de raconter et de recevoir

Des formes de narration trans-média et des récits interactifs ont également été ouvertes grâce aux nouveaux médias. Prenons l'exemple de certaines séries ou films qui sont destinés à être expérimentés non seulement à travers des épisodes, mais également à travers des jeux vidéo, des applications mobiles ou des plateformes web. « Le récepteur est davantage impliqué dans ce genre de narration immersive, devenant ainsi une partie prenante du récit » (Klastrup et Tosca, 2014 :44).

Les sites tels que Reddit, Twitch ou même TikTok proposent aux utilisateurs la possibilité de contribuer directement à la création ou à l'évolution d'une histoire. Les communautés ont la possibilité de suggérer des idées, de donner des commentaires en temps réel et même d'influencer la direction de certains contenus (Déna, 2020). Sur Twitch, par exemple, les spectateurs ont la possibilité d'interagir en temps réel avec les streamers en envoyant des messages, en participant à des sondages ou en votant pour des décisions à prendre.

VIII.1.8. Les réseaux sociaux et une plus grande interactivité

Les médias sociaux resteront utiles pour influencer la manière dont les médias sont reçus. Ces réseaux, qui sont des plateformes interactives, recommandent aux récepteurs la possibilité de contribuer activement à la construction du sens et à la diffusion des messages. Ces plateformes pourraient encore évoluer dans le futur, en intégrant plus de fonctionnalités interactives comme les échanges en temps réel, la création de contenus générés par les utilisateurs et l'intégration de nouvelles formes de narration (par exemple : storytelling participatif, vidéos en direct).

a) **Recevoir, produire, et diffuser du contenu :** Il est de plus en plus difficile de distinguer entre récepteur et producteur de contenu, en particulier avec des outils qui permettent à chaque utilisateur de créer et de diffuser ses propres messages. Les recherches à venir sur la réception devront prendre en compte cette fluidité des rôles et étudier comment les récepteurs ont une influence sur la réception collective en devenant eux-mêmes producteurs de contenu médiatique.

b) **Impact et diffusion sur les plateformes de médias sociaux :** Par le biais de commentaires, de partages et de mentions « j'aime », les destinataires sont capables de construire des zones d'écho où certaines informations sont accentuées alors que d'autres sont mises à la périphérie. Il sera nécessaire d'examiner ces dynamiques d'interaction dans les recherches futures pour comprendre comment les messages sont reçus, interprétés et diffusés. L'accueil pourrait également être modifié par l'effet de networking social, selon les interactions entre des groupes particuliers.

VIII.1.9. L'accueil dans un contexte mondialisé

Les technologies de communication vont accroître la globalisation de l'espace médiatique, permettant aux récepteurs d'accéder à des contenus provenant de diverses régions du globe. De nouvelles interrogations seront posées concernant la diversité culturelle et les multiples interprétations d'un même message médiatique, qui pourront différer en fonction des contextes culturels et géopolitiques.

a) **Approches internationales de la prise en charge :** Pour comprendre comment différents récepteurs interprètent le même message, les chercheurs devront mettre au point des méthodes à portée transnationale. Dans le cadre des recherches, il est indispensable d'intégrer la réception des médias globalisés (tels que Netflix, YouTube, etc.) en tenant compte des contextes locaux et des défis culturels. De plus, la réception de contenus d'autres cultures nécessitera une attention particulière aux adaptations culturelles, aux traductions et aux subtilités de la réception interculturelle.

b) **Réceptions multiculturelles :** Il sera également important d'examiner comment les valeurs culturelles mixtes peuvent influencer les récepteurs. Par exemple, la réception d'un contenu de divertissement ou d'information qui franchit les frontières peut dépendre de la perception locale de certains symboles, personnages ou messages politiques. Cela peut aussi amener à réfléchir sur l'impact des clivages géopolitiques sur la manière dont les médias sont perçus (par exemple, la réception de l'information en fonction de l'orientation politique ou économique des nations). Les recherches futures sur la réception médiatique devront s'adapter aux progrès technologiques en intégrant des notions plus interactives. L'intelligence artificielle, la réalité virtuelle, les médias sociaux et le big data transformeront radicalement la façon dont les médias sont consommés, produits et compris par leurs utilisateurs. Ces modifications permettront une meilleure appréhension de l'impact des médias sur les individus à l'ère du numérique, tout en soulevant des interrogations.

VIII.2. Les nouvelles formes de réception

Grâce à l'émergence des médias numériques et des réseaux sociaux, la réception des médias a subi des changements. En utilisant Internet, les récepteurs ont la possibilité non seulement de comprendre les messages, mais aussi de les créer, les partager et les modifier. La réception est de plus en plus participative et collective, ce qui a profondément modifié la relation entre l'émetteur et le récepteur. L'apparition des nouvelles technologies et des plateformes numériques entraîne l'émergence de nouvelles formes de réception médiatique. Le rôle des récepteurs, les modes de consommation des médias et l'interaction avec le contenu sont redéfinis par ces transformations.

VIII.2.1. Une réception interactive et participative

Le développement des réseaux sociaux, des blogs et des forums en ligne a permis aux récepteurs de jouer un rôle actif dans la création et la diffusion du sens. Sur les plateformes numériques telles que Facebook, Instagram et Youtube, les utilisateurs peuvent répondre directement à un contenu en ajoutant des commentaires, en exprimant leur appréciation par des « j'aime » ou en le partageant. Cette interaction instantanée fait de la réception un échange continu entre le média et le récepteur. Par exemple, un événement dans les médias peut provoquer une réaction immédiate des visiteurs sur les réseaux sociaux, où ils partagent leurs points de vue, leurs critiques ou leurs interprétations différentes du contenu.

Un exemple marquant est le phénomène du live-tweeting (commenter en temps réel un événement, un film ou une émission de télévision). A présent, les spectateurs peuvent émettre leurs opinions en direct, et ces remarques peuvent potentiellement influencer l'expérience des autres spectateurs. Ce phénomène souligne l'aspect participatif de la réception contemporaine, où les spectateurs ont un rôle crucial dans l'appréciation et l'analyse d'un événement médiatique.

Les plateformes telles que TikTok ou YouTube fournissent aux utilisateurs la possibilité de ne pas se contenter d'une simple consommation, mais de devenir eux-mêmes des créateurs. En publiant des vidéos, en écoutant des podcasts ou en partageant des images, les utilisateurs créent du contenu médiatique et contribuent à un processus de création qui redéfinit les structures classiques entre producteurs et consommateurs de contenu.

VIII.2.2. Élaboration et modification de contenus

Une des principales avancées dans la réception médiatique est la participation des utilisateurs à la création de contenu. Cette réception active désigne l'utilisation des médias pour créer, modifier ou remixer des messages. Les pratiques créatives dans des espaces numériques ouverts, tels que les plateformes de vidéos (YouTube, TikTok) ou de musique (SoundCloud), se manifestent par des actions créatives.

VIII.2.3. Les "mèmes" et la combinaison culturelle

Les destinataires ont la possibilité de concevoir des mèmes, des vidéos parodiques ou des montages, qui remanient le contenu original afin de générer de nouvelles significations. Les mèmes permettent d'interpréter les messages médiatiques de manière critique ou humoristique, de manière souvent liée à des questions sociales et politiques.

VIII.2.4. Réception 'immersive et la réalité virtuelle/augmentée

L'évolution technologique offre de nouvelles perspectives pour l'expérience médiatique à travers la réalité virtuelle (RV) et la réalité augmentée (RA). Ces technologies permettent d'approfondir le contenu et d'interagir de façon tangible et sensorielle. L'utilisation de la réalité virtuelle permet aux utilisateurs d'entrer dans des espaces immersifs numériques, où ils peuvent interagir avec des personnages, des objets et des histoires comme s'ils faisaient partie intégrante du contenu. Par exemple, dans les jeux vidéo en VR, l'utilisateur se transforme en personnage de l'histoire et effectue des choix qui influencent le cours du scénario. L'immersion modifie la façon dont les récepteurs détectent et comprennent les événements, conduisant à une expérience plus gratifiante.

Quant à la réalité augmentée, elle incorpore des éléments virtuels dans notre perception du monde réel, optimisant ainsi la réception du contenu et encourageant une interaction avec l'environnement. Grâce à des applications telles que Pokémon Go, les récepteurs ont la possibilité de voir et d'interagir avec des éléments virtuels qui sont intégrés dans la réalité. De plus en plus, les médias et les publicités font appel à la réalité augmentée afin d'engager l'utilisateur de manière ludique et immersive.

VIII.2.5. Réception à distance et "sur demande"

La manière dont les médias sont reçus a connu une transformation majeure avec l'émergence des appareils mobiles et des plateformes de streaming, offrant aux utilisateurs la possibilité de consommer du contenu à la demande et sur mesure. Des plateformes comme Netflix, Amazon Prime Video ou Spotify permettent aux téléspectateurs de choisir ce qu'ils veulent regarder et quand ils le souhaitent. Cette modification des comportements de consommation facilite une réception plus individualisée, où les utilisateurs gèrent leur propre emploi du temps médiatique en sélectionnant des contenus selon leurs goûts, le plus souvent suggérés par des algorithmes.

Grâce aux smartphones, les utilisateurs ont la possibilité de consommer des médias à tout moment et à tout lieu. Grâce à cette mobilité, une réception fragmentée et contextuelle est possible : par exemple, un utilisateur peut visionner un court extrait vidéo pendant une pause, consulter un article pendant son trajet, ou écouter un podcast pendant ses déplacements.

VIII.2.6. Réception participative et engagement social

Les récepteurs modernes sont de plus en plus impliqués dans des communautés autour des contenus qu'ils consomment. Ces groupes peuvent se former autour d'intérêts partagés, tels que des séries télévisées, des films, des événements sportifs ou des questions politiques. Les influenceurs jouent également un rôle crucial dans l'établissement d'une communication efficace entre les médias et leurs publics.

Les participants ont l'opportunité de suivre des influenceurs qui deviennent des figures d'opinion. Ces influenceurs sont plus que de simples personnalités publiques, ils sont des acteurs engagés au sein de communautés qui diffusent des contenus, expriment des points de vue et établissent des tendances. L'interaction entre les influenceurs et leurs abonnés (via des likes, de commentaires et des recommandations) crée une réception collective.

Les individus informés peuvent également s'impliquer dans des mouvements sociaux via les plateformes numériques, en partageant des informations, en mettant en place des campagnes ou en répondant à des événements mondiaux. Les réseaux sociaux se sont transformés en un lieu favorable à la participation civique et politique, où les utilisateurs contribuent de manière proactive à l'élaboration de narrations communes et de désinformations.

VIII.2.7. L'utilisation de l'algorithme pour personnaliser la réception

Des algorithmes sont employés par les plateformes numériques afin de personnaliser l'expérience de réception. Les algorithmes choisissent les contenus en se basant sur les préférences antérieures des récepteurs, offrant ainsi une expérience médiatique personnalisée à chaque utilisateur. Cela peut entraîner à la fois des conséquences positives et négatives.

En effet, les destinataires se retrouvent en permanence face à du contenu qu'ils pourraient apprécier ou consommer, en fonction de leur historique de navigation et de leurs préférences. Cela peut engendrer une expérience de plus en plus personnalisée et captivante, mais cela peut aussi entraîner une bulle de filtres, où les récepteurs sont restreints à des contenus qui confirment leurs convictions et négligent les points de vue divergentes.

Les recommandations basées sur l'usage des algorithmes sont utilisées par des plateformes telles que YouTube, Spotify ou Amazon afin de proposer des contenus que l'utilisateur pourrait aimer. Ces dispositifs ont un impact direct sur la façon dont les destinataires explorent de nouveaux contenus et affinent constamment leurs préférences. La relation entre les récepteurs et les médias est profondément redéfinie par les nouvelles formes de réception.

VIII.3. La théorie de la réception en réponse aux changements technologiques

La théorie de la réception a connu une évolution significative au fil du temps, en particulier en réponse aux avancées technologiques qui ont transformé la façon dont les choses sont vues. Ces changements ont non seulement eu un impact sur la nature des médias eux-mêmes (par exemple, la transition de la télévision traditionnelle à l'Internet, de la presse écrite aux plateformes sociales), mais aussi sur la façon dont les destinataires reçoivent, interprètent et produisent des messages. Plongeons-nous dans l'évolution de la théorie de la réception face à ces évolutions technologiques.

VIII.3.1. Le développement de la participation active des destinataires

Les avancées technologiques ont modifié le rôle traditionnel du destinataire. À l'ancienne réception des récepteurs comme consommateurs passifs des messages médiatiques, ils sont maintenant perçus comme des acteurs actifs et interactifs. La prise de conscience active s'est accrue avec l'émergence des nouveaux médias. Sur des plateformes telles que YouTube, Twitter ou TikTok, les destinataires ne sont pas seulement exposés à des contenus, mais sont invités à les commenter, à les partager, à les évaluer, voire à y prendre part activement (en publiant des vidéos, en créant du contenu ou en suscitant des débats). Ainsi, il est possible d'adapter la théorie de la réception afin de prendre en compte ces nouvelles dynamiques de participation et de co-création du sens. Cela va au-delà de la simple notion d'un destinataire passif et propose une vision plus dynamique de l'interaction médiatique.

VIII.3.2. Les algorithmes et l'ajustement de la réception

Grâce aux progrès technologiques, notamment dans le domaine des algorithmes et de l'intelligence artificielle, il est de plus en plus possible de personnaliser les contenus médiatiques de manière plus poussée. Le contenu est adapté en fonction des préférences des utilisateurs par les plateformes telles que Facebook, Instagram, Netflix et Google, ce qui change la manière dont les individus reçoivent et interprètent les informations.

Des bulles de filtres sont générées par les algorithmes, où les récepteurs sont principalement exposés à des contenus qui correspondent à leurs préférences ou à leurs opinions antérieures. Cela a un impact non seulement sur le nombre, mais également sur la nature des messages médiatiques que chaque destinataire reçoit. Dans cette situation, il sera nécessaire d'ajuster la théorie de la réception afin de saisir comment ces mécanismes de filtrage algorithmique impactent la variété des opinions et la construction du sens. De plus en plus individuelle devient donc la réception, ce qui peut conduire à une division des audiences, où chaque récepteur vit une expérience médiatique différente. Les répercussions des médias ne sont plus uniformes : chaque destinataire est « connecté » à des messages personnalisés, ce qui pose de nouvelles interrogations sur la nature collective de l'expérience médiatique et sur l'impact des plateformes sur la perception de la réalité. Les données personnelles sont largement utilisées pour personnaliser les contenus, ce qui pousse la réception vers un modèle où l'individu est davantage ciblé et marqué par des stratégies de marketing numérique. La théorie de la réception se penche alors d'une part sur les contenus médiatiques et d'autre part, sur la façon dont les récepteurs sont manipulés par leurs données comportementales, ce qui a un impact sur leurs choix, leurs opinions et leurs décisions.

VIII.3.4. La communication via des médias multimodaux et interactifs

Des médias multimodaux (c'est-à-dire qui intègrent plusieurs types de contenus : vidéo, texte, audio, etc.) et de plus en plus interactifs sont apparus grâce aux technologies modernes. Les jeux vidéo, les expériences en réalité virtuelle (VR) ou les plateformes de streaming en direct (telles que Twitch) proposent de nouvelles manières pour les spectateurs de s'impliquer avec les médias. Au sein de contextes tels que la réalité virtuelle ou les jeux vidéo, la réception ne se résume plus à une vision ou à une écoute, mais exige une participation active et immersive. Il est possible pour les récepteurs d'interagir avec les récits, de modifier le déroulement de l'histoire ou d'influencer l'environnement, ce qui remet en question les idées classiques de la réception passive. Cela nécessite une refonte des notions théoriques concernant l'engagement et l'interprétation. Prenons l'exemple d'un jeu vidéo où l'interprétation d'une histoire ou d'un événement se fait par l'action (sélection d'options, prise de décisions), et où cette action devient un moyen essentiel de transmettre le message. De la même manière, les expériences multimodales (telles que les séries interactives sur Netflix ou les contenus transmedia) nécessitent une réception qui prenne en considération la diversité des supports et des modalités d'interaction.

Il est également nécessaire d'ajuster la théorie de la réception à cette nouvelle réalité, où le récepteur ne se limite plus à être un spectateur passif, mais devient un participant. En ce qui concerne les jeux vidéo ou des plateformes telles que Twitch, les spectateurs ont une influence sur le contenu et jouent un rôle actif dans l'expérience. La réception active implique un modèle de rétroaction et de co-création du sens, où l'individu ne se contente pas d'interpréter un message, il le transforme.

VIII.4. L'enjeu de la mondialisation et de la réception internationale

Les avancées technologiques ont également entraîné une expansion mondiale des flux médiatiques, permettant aux récepteurs d'accéder immédiatement à des informations provenant du monde entier. YouTube, Netflix ou Twitter procurent la possibilité de diffuser des contenus à travers le monde, ce qui permet une expérience de réception plus internationale. Les messages médiatiques sont mieux accueillis dans un contexte plus spécifique. La réception du même contenu peut varier en fonction des cultures, des traditions et des valeurs des destinataires. Une théorie moderne de la réception doit prendre en compte cette diversité culturelle et saisir comment les destinataires dans des contextes différents construisent des significations différentes à partir des mêmes messages. Dans un monde interconnecté, il est nécessaire d'ajuster la théorie de la réception afin de tenir compte de la variété des publics. Les destinataires, confrontés à des médias issus de cultures différentes, peuvent avoir des interprétations différentes des messages en fonction de leurs contextes sociétaux, politiques ou économiques. Il est difficile de saisir la manière dont les messages sont reçus et transformés par des publics ayant des références culturelles et des idéologies très variées. La perspective d'un récepteur local face à un contenu global met en lumière les défis de cette réception interculturelle comme le déclare un internaute de Kinshasa :

> *"Je vois des reportages sur Kinshasa réalisés par des journalistes français ou américains qui ne comprennent pas les réalités locales. Ils appliquent leurs propres grilles d'analyse. C'est frustrant de voir comment nos histoires sont déformées. La réception de ces contenus dépend de notre capacité à les décoder."*

Cette observation fait écho à la théorie de l'encodage/décodage de Stuart Hall (1980), qui stipule que le récepteur n'est pas un consommateur passif, mais un interprète actif qui décode les messages en fonction de son propre cadre de référence culturel. Le sentiment de frustration exprimé par le récepteur illustre parfaitement le concept de décodage oppositionnel, où le sens du message médiatique est rejeté ou remodelé parce qu'il entre en conflit avec l'expérience vécue ou le contexte culturel local. L'internaute décrit la façon dont le « regard » hégémonique des médias occidentaux peut déformer une réalité, imposant une perspective externe qui échoue à saisir les nuances locales. C'est une illustration de la « géopolitique de la culture » décrite par Arjun Appadurai (1996), où les flux médiatiques mondialisés ne se contentent pas de circuler, mais sont activement transformés, rejetés ou assimilés en fonction des identités et des contextes locaux, ce qui met en évidence l'importance de la résistance culturelle dans le processus de réception.

VIII.5. L'éthique et le devoir des destinataires

Finalement, avec la croissance de l'automatisation des médias et de la personnalisation, il est nécessaire de repenser la responsabilité des récepteurs. En raison de la grande quantité d'informations et de la possibilité de partager et de diffuser des contenus, les récepteurs d'aujourd'hui jouent un rôle plus important dans la vérification de l'information et la gestion de la qualité des contenus. La théorie de la réception doit examiner la façon dont les personnes qui reçoivent les médias prennent des décisions éthiques en ce qui concerne leur consommation (par exemple, éviter les fausses informations, reconnaître la manipulation, etc.).

Devant les avancées technologiques, il est nécessaire d'adapter la théorie de la réception afin de prendre en compte les nouvelles réalités numériques. Cela nécessite une meilleure compréhension des phénomènes de réception active, de participation interactive, de personnalisation des contenus et de diffusion mondiale des flux médiatiques. De plus, il sera essentiel que la théorie prenne en considération les nouveaux défis éthiques ainsi que l'influence des algorithmes et des données personnelles sur la façon dont les récepteurs construisent et interprètent le sens des messages médiatiques dans un monde interconnecté.

VIII.6. La réception face aux défis de l'ère numérique

Malgré ces avancées, la prise en compte des nouveaux médias pose également des difficultés : La désinformation et les fausses informations. Il est difficile de vérifier la véracité des contenus en raison de la rapidité et de la viralité des informations sur Internet. La désinformation et les fausses informations se répandent rapidement sur les plateformes de médias sociaux, ce qui peut influencer les utilisateurs sans vérifier les sources (Benkler, 2018).

Les bulles de filtres et les chambres d'écho, qui renforcent la fragmentation des audiences, peuvent entraîner une polarisation plus importante des opinions. Le regroupement des individus autour de leurs convictions est de plus en plus fréquent, ce qui limite le dialogue entre différentes perspectives.

En outre, la richesse du contenu en ligne, associée à des algorithmes qui proposent en permanence de nouveaux contenus, peut entraîner une saturation cognitive. Il est possible que les utilisateurs soient submergés par une quantité excessive d'informations, ce qui peut compromettre leur capacité à analyser de manière approfondie les messages médiatiques. Les nouvelles formes de réception sont en constante évolution, où les utilisateurs jouent un rôle primordial dans l'interprétation, la diffusion et la co-construction du sens des messages médiatiques. La possibilité d'interagir, de participer et de personnaliser les contenus ouvre de nouvelles perspectives, mais elle pose également des défis en ce qui concerne la diversité des opinions, la manipulation de l'information et la polarisation des sociétés. L'expérience d'une autre enquêtée éclaire ce point sur le traitement superficiel des informations :

> *"J'ai l'impression que la plupart des gens se contentent des titres et des résumés. Le 'zapping' médiatique est partout, on ne prend plus le temps de lire en profondeur. Le flux est trop rapide. C'est vraiment très difficile pour nous de lire tout un article ou de suivre une longue vidéo entière sur YouTube."*

Ce sentiment met en lumière le concept de lecture fragmentée et le manque de profondeur cognitive, un phénomène largement abordé par Nicholas Carr (2010) dans *The shallows*. L'afflux constant de notifications, de titres et de résumés encourage des habitudes de navigation rapides et superficielles. Cette enquêtée décrit un comportement qui ne permet plus une analyse approfondie et une réflexion critique, car les récepteurs sont pris dans un cycle de consommation médiatique rapide et constante. Ce phénomène de "zapping" informationnel s'oppose à la réception traditionnellement linéaire et concentrée, ce qui pose de sérieuses questions sur la capacité des individus à se forger une opinion éclairée. Dans un contexte où le temps d'attention est la ressource la plus précieuse, le récepteur est poussé à adopter des stratégies de survie cognitive qui privilégient la quantité d'informations à la qualité, ce qui va à l'encontre du modèle de la réception éclairée. Le sociologue Gérald Bronner (2013) évoque d'ailleurs l'idée d'une « démocratie des crédules », où la profusion d'informations rend les citoyens plus vulnérables aux sophismes et aux raccourcis intellectuels, en raison du manque de temps pour les valider.

VIII.7. Le futur de la théorie de la réception à l'ère du numérique

Dans un environnement de plus en plus connecté, la compréhension des messages médiatiques rencontre de nombreux défis. La mondialisation des informations, la multiplication des plateformes numériques et l'évolution rapide des technologies de communication sont à l'origine de ces défis. La propagation rapide de la désinformation et des fake news est l'un des principaux défis de la réception médiatique dans un monde interconnecté. Les informations erronées, les rumeurs et les manipulations peuvent être largement diffusées sur les réseaux sociaux et les plateformes de partage de contenu, bien avant que des vérifications factuelles ne soient effectuées. Les avancées technologiques favorisent la propagation de la désinformation de façon virale. Selon des recherches, il a été démontré que les fausses informations se propagent beaucoup plus rapidement et plus largement que les informations véridiques. L'utilisation d'algorithmes sur des plateformes telles que X, Facebook ou YouTube renforce cette vitesse de propagation, favorisant souvent les contenus émotionnels au détriment de la véracité. La vitesse de propagation des fausses informations est un phénomène troublant qui inquiète les récepteurs eux-mêmes :

> *"Un simple message sur WhatsApp peut se transformer en une 'fausse nouvelle' virale en quelques minutes. On ne sait plus qui croire. J'ai vu des informations médicales erronées circuler, qui ont eu de graves conséquences."*

Ce témoignage illustre les risques bien réels et tangibles de la désinformation en ligne, qui peut passer d'une simple rumeur à un danger de santé publique. La virologue et chercheuse Zeynep Tufekci (2017) explique comment les plateformes numériques ne sont pas de simples "tuyaux" de transmission, mais des réseaux de diffusion dont la structure encourage la viralité des contenus sensationnels ou émotionnels, souvent au détriment de la vérité. La notion de « contagion » informationnelle prend ici tout son sens, car un message, même grossièrement faux, peut se répandre à la vitesse de l'éclair, alimenté par la confiance entre les membres d'une communauté et par le manque de mécanismes de vérification. Cet extrait met en lumière l'échec d'une réception critique, où le récepteur se retrouve désarmé face à un flot d'informations contradictoires, ce qui érode sa confiance dans les médias traditionnels et dans la science.

La prolifération des informations fausses a des répercussions sérieuses sur la confiance du public envers les médias classiques et numériques. La confusion qui en découle complique la distinction entre l'information fiable et celle qui ne l'est pas, ce qui engendre un climat de méfiance généralisé. Des bulles de filtres sont créées par les algorithmes qui régissent les plateformes numériques, où les utilisateurs sont principalement exposés à des informations qui confirment leurs croyances déjà en place. La diversité des opinions et la façon dont les individus reçoivent des informations sont fortement influencées par cette situation. La dynamique de groupe sur les réseaux sociaux peut aussi renforcer ces phénomènes, comme l'exprime cet internaute :

> *"Je me suis rendu compte que mes amis sur les réseaux sociaux partagent tous les mêmes articles, les mêmes blagues. Si je ne suis pas d'accord, je ne le dis pas, pour éviter le conflit."*

Cette impression est une illustration directe du concept de chambre d'écho théorisé par Cass Sunstein (2001) dans *Republic.com*, qui soutient que l'accès à des informations personnalisées sur internet conduit à la formation de groupes d'individus qui se renforcent mutuellement dans leurs opinions, sans être exposés à des points de vue divergents. Le récepteur évoque ici la pression sociale et la conformité de groupe, un aspect souvent négligé dans l'analyse des bulles de filtres, où l'utilisateur ne se contente pas de suivre l'algorithme, mais s'autocensure pour préserver le consensus social au sein de sa communauté en ligne. Ce phénomène, loin d'être simplement algorithmique, est aussi une conséquence de la psychologie sociale, où l'individu sacrifie la diversité d'opinion à l'harmonie du groupe. Il en résulte une réception uniformisée, non seulement en raison des filtres technologiques, mais aussi des filtres sociaux qui renforcent une vision unique du monde, ce qui alimente le tribalisme et la polarisation de l'espace public.

Pour personnaliser le contenu, les plateformes telles que Facebook, YouTube ou Google font appel à des algorithmes qui prennent en compte les comportements passés des utilisateurs (clics, "likes", abonnements, etc.). La personnalisation peut entraîner une exposition restreinte aux perspectives divergentes et renforcer les opinions déjà présentes. Souvent, les récepteurs sont pris dans des échos de leurs propres convictions, où ils ne perçoivent que ce qu'ils souhaitent entendre. L'effet de ce filtrage personnalisé sur la découverte de nouveaux contenus est un sujet de préoccupation d'un enquêté :

> *"Quand je regarde une série sur Netflix, l'algorithme me propose toujours des séries qui ressemblent à celles que j'ai déjà aimées. Je ne découvre plus rien de nouveau. C'est pratique, mais ça me donne l'impression d'être enfermé dans un univers de goût."*

Cette observation est un excellent exemple de l'impact des algorithmes sur la réception et la curation du goût. La fonction de recommandation, tout en étant conçue pour améliorer l'expérience utilisateur, enferme le récepteur dans une « bulle de goût » (Pariser, 2011), où ses préférences sont constamment renforcées. Le récepteur ressent un paradoxe : l'algorithme est "pratique" car il élimine le besoin de chercher, mais il est aussi une prison de choix, car il limite l'exposition à des contenus inattendus ou à des genres différents. Cette forme de réception médiatique, où la machine anticipe les désirs de l'individu, pose des questions fondamentales sur le rôle du hasard, de la serendipité et de l'exploration dans la construction de la culture. Il en résulte un consommateur passif, non par manque de choix, mais par un trop-plein de choix prédéterminés qui rend l'individu dépendant des suggestions automatisées.

Les bulles de filtrage peuvent aussi provoquer une division plus grande des opinions et une division de l'espace public. Les communautés et les idéologies se retrouvent éloignées dans des espaces où les idées et les informations qui circulent renforcent leurs préjugés, créant ainsi des fossés entre les groupes d'individus. La polarisation peut être particulièrement préjudiciable dans les situations politiques ou sociales, où elle alimente la division et limite les opportunités de dialogue entre différents groupes.

Ainsi, la saturation cognitive peut être causée par le flux constant d'informations auxquels les individus sont confrontés dans un monde interconnecté. Le nombre d'informations produites quotidiennement est considérable, que ce soit sur les réseaux sociaux, les sites d'actualités ou à travers les applications mobiles. Il est nécessaire pour les utilisateurs de classer une multitude d'informations afin de déterminer ce qui est pertinent ou digne de confiance. Il est possible que cette surcharge d'informations entraîne de l'anxiété et de l'épuisement cognitif, car il devient ardu de prendre des décisions informées sans se laisser submerger. Dans cette situation, il devient plus difficile de faire la distinction entre les informations utiles et celles qui sont superficielles ou non pertinentes.

Devant cette saturation, les destinataires peuvent adopter des stratégies plus superficielles, comme lire les titres ou les résumés des informations, sans prendre le temps de les analyser en détail. Cela entrave l'aptitude des personnes à faire preuve d'une réflexion critique sur les messages massifs. Les contenus sensationnalistes qui provoquent une réaction émotionnelle immédiate sont de plus en plus sensibles aux récepteurs, plutôt qu'à ceux qui demandent un engagement intellectuel plus profond.

VIII.8. La gestion des émotions et des goûts

Les nouvelles formes de médias, notamment les réseaux sociaux et les publicités en ligne, utilisent les émotions et les préférences des destinataires afin de guider leurs actions. Dans des plateformes telles que Facebook et Twitter, les algorithmes favorisent le contenu qui provoque une forte réaction émotionnelle (comme la colère, la peur et la joie), car ces émotions ont plus de chances de générer de l'engagement (comme les likes, les partages et les commentaires). L'utilisation excessive des émotions peut conduire à une réception défigurée de la réalité, en amplifiant les sujets les plus controversés et émotionnels, et en diminuant la capacité des récepteurs à réfléchir de manière objective.

Les informations personnelles recueillies par les plateformes garantissent la possibilité de générer des profils très précis des utilisateurs. On utilise cette information afin de présenter des publicités et des contenus très spécifiques, qui peuvent avoir un impact sur les décisions des récepteurs sans qu'ils en soient conscients. En politique par exemple, la publicité ciblée a la capacité d'influencer les opinions et les comportements de vote, comme cela a été démontré lors de scandales de manipulation des élections, comme le cas du scandale Cambridge Analytica[8]. Le sentiment de manipulation est un enjeu majeur pour la confiance des récepteurs, comme l'exprime ce participant à l'étude :

> *"Je me méfie maintenant de tout ce que je vois en ligne. Les publicités ciblées, les posts qui semblent écrits pour m'influencer. Je me sens manipuler. On ne me vend pas seulement un produit, on me vend une idée."*

Ce sentiment de méfiance généralisée envers les médias numériques est au cœur de la théorie du capitalisme de surveillance de Shoshana Zuboff (2019). Cette dernière soutient que les entreprises technologiques ne se contentent pas de collecter des données pour la publicité, mais qu'elles créent de véritables « surplus comportementaux » pour prédire et influencer le comportement humain. Le récepteur exprime ici sa prise de conscience d'être la cible de stratégies de persuasion qui opèrent souvent à un niveau subconscient. Le sentiment de se voir "vendre une idée" en plus d'un produit est une excellente illustration de la manière

---

[8] Le scandale Cambridge Analytica a éclaté en 2018 lorsque l'on a découvert que cette firme britannique avait collecté et utilisé illégalement les données personnelles de dizaines de millions d'utilisateurs de Facebook à leur insu. Ces données ont ensuite été exploitées pour créer des profils psychologiques d'électeurs et diffuser des publicités politiques ultra-ciblées, notamment lors de la campagne présidentielle américaine de 2016 et du référendum sur le Brexit, soulevant de graves questions sur la vie privée et la manipulation démocratique.

dont la réception médiatique est de plus en plus liée à des enjeux de pouvoir et de contrôle. Il en résulte une réception où le récepteur se sent non seulement surveillé, mais aussi manipulé, ce qui érode la notion de libre-arbitre dans ses choix de consommation et ses opinions. Cet extrait souligne le passage d'une réception basée sur l'interprétation des messages à une réception qui se focalise sur la gestion du soupçon et la résistance à la manipulation.

VIII.8.2. L'uniformisation de la culture des médias

L'interconnexion des médias a conduit à une uniformisation des contenus culturels à travers le monde, principalement contrôlée par des entreprises telles que Netflix, Facebook, Google et d'autres plateformes mondiales. La prédominance de certaines plateformes et entreprises médiatiques à l'échelle mondiale peut créer une uniformité culturelle, où les mêmes récits, idées et valeurs sont largement diffusés. La diversité culturelle peut être étouffée et entraîner une représentation erronée de certaines régions, groupes sociaux ou idées. L'influence des contenus culturels d'autres régions (par exemple, des séries américaines sur Netflix ou des vidéos virales sur TikTok) peut parfois entraîner un déracinement culturel chez les utilisateurs du monde entier. Cela pose des interrogations quant à l'authenticité des identités culturelles et à la façon dont les individus perçoivent et réinterprètent les messages médiatiques provenant de cultures diverses.

VIII.9. La contradiction entre la liberté et la régulation des décisions

Un des paradoxes des nouveaux médias réside dans le fait qu'ils proposent à la fois une liberté inédite et un contrôle invisible des décisions. Les médias modernes permettent d'accéder immédiatement à une multitude d'informations, ce qui présente une grande liberté d'expression et de consommation. Les utilisateurs ont la possibilité d'accéder à différentes perspectives et de faire part de leurs opinions à l'échelle planétaire. Toutefois, cette liberté est fréquemment trompeuse, car elle est restreinte par les algorithmes des plateformes, qui sélectionnent les informations qui parviennent aux destinataires.

Les préoccupations concernant la vie privée et la surveillance sont également soulevées par la collecte massive de données par les entreprises de médias numériques, qui peuvent être utilisées pour contrôler et manipuler les comportements. La façon dont les personnes reçoivent et réagissent aux messages peut être influencée par cette dynamique, car leurs préférences et leurs comportements sont en permanence surveillés et analysés afin de les ajuster de manière optimale. Dans un monde de plus en plus connecté, la réception des messages médiatiques fait face à de nombreux défis : la désinformation, les bulles de filtres, la surcharge d'informations, la manipulation émotionnelle et la polarisation des opinions. La capacité des récepteurs à naviguer de manière critique dans un paysage médiatique saturé et influencé par des algorithmes est rendue plus compliqué par ces défis. Si les médias modernes présentent une liberté d'expression sans précédent, ils nécessitent également de nouvelles initiatives pour assurer une réception éclairée, variée et responsable.

VIII.10. De quelle manière les nouvelles technologies impacteront les travaux à venir sur la réception médiatique ?

Les nouvelles technologies, telles que les progrès en intelligence artificielle (IA), les réseaux sociaux, la réalité virtuelle (RV), la réalité augmentée (RA), les données massives (big data) et les algorithmes de personnalisation, apporteront une transformation profonde. Les nouvelles technologies permettent d'observer et d'analyser la réception des messages médiatiques, tout en posant de nouveaux défis aux chercheurs, aux professionnels des médias et aux récepteurs eux-mêmes. Des données massives sont recueillies sur les comportements et les préférences des utilisateurs sur les plateformes numériques (par exemple, historique de navigation, interactions sociales, achats, etc.). Cela assure une grande individualisation des contenus médiatiques. Ces technologies permettront à l'avenir une réception hyper-personnalisée, où chaque individu est exposé à un contenu qui correspond exactement à ses préférences, ses convictions, ses préférences sociales et même ses humeurs actuelles.

Cette individualisation de la réception sera à prendre en considération par les chercheurs, car chaque récepteur pourrait recevoir un ensemble de messages totalement différent. Le sujet central sera cette bulle de filtres (lorsque l'algorithme vous affiche uniquement ce qui correspond à vos préférences), car elle pourrait influencer la diversité des perspectives et des interprétations d'un même événement ou message médiatique.

VIII.11. Changements dans les techniques de mesure de la réception

Il faudra faire évoluer les méthodes actuelles de mesure de l'impact médiatique (sondages, focus group). Des outils innovants, fondés sur l'analyse de données volumineuses, permettront de surveiller en temps réel l'accès et l'interprétation des messages à travers des interactions numériques (clics, partages, commentaires, etc.). Ces informations offriront une mesure plus précise des réponses des destinataires, mais elles susciteront également des interrogations concernant la vie privée et la manipulation des préférences.

VIII.11.1. L'utilisation de l'intelligence artificielle pour analyser la réception

L'intelligence artificielle occupe une place de plus en plus cruciale dans l'étude des données de réception médiatique. Les technologies de l'intelligence artificielle, telles que les algorithmes d'apprentissage automatique, ont la capacité d'analyser en temps réel des millions de réponses et de comportements des récepteurs. Grâce à l'intelligence artificielle, les outils d'analyse du sentiment et de l'émotion permettront de surveiller les réactions émotionnelles des personnes qui les reçoivent à des contenus particuliers (articles, vidéos, tweets, etc.). Ainsi, l'intelligence artificielle pourrait par exemple repérer des émotions de colère, de joie, de surprise ou de tristesse lors des échanges sur les réseaux sociaux ou des commentaires laissés dessus. Cela favorisera une meilleure compréhension de l'influence émotionnelle des médias et permettra d'ajuster les messages en conséquence.

L'intelligence artificielle pourrait aussi servir à surveiller l'évolution des interprétations d'un même message au fil du temps. Par exemple, on peut interpréter un message politique de manière différente en fonction de l'évolution des contextes sociaux et politiques. L'utilisation de l'analyse algorithmique permettrait de dresser une carte de ces évolutions et de fournir des informations sur l'évolution de la réception d'un message en fonction de différents éléments (événements actuels, évolutions de l'opinion publique, etc.).

VIII.11.2. L'immersion et la réception en réalité virtuelle et en réalité augmentée

La réalité virtuelle (RV) et la réalité augmentée (RA) vont bouleverser la façon dont les utilisateurs interagissent avec les médias. Grâce à ces technologies, il est possible de se plonger entièrement ou partiellement dans des environnements médiatiques, ce qui entraîne une réception immersive. Grâce à la réalité virtuelle, les récepteurs ne seront plus seulement des spectateurs, mais des acteurs virtuels. Dans un jeu vidéo ou une simulation, par exemple, les joueurs seront impliqués dans le récit, ce qui pourrait faire de la réception narrative une expérience entièrement interactive. Il sera primordial pour les chercheurs d'analyser comment l'immersion dans ces univers numériques impacte la compréhension et l'interprétation des messages médiatiques.

La réalité augmentée, de son côté, intègre des éléments numériques à notre vision du monde réel, ce qui améliore la réception du contenu tout en favorisant une interaction avec l'environnement. Grâce à des applications telles que Pokémon Go, les récepteurs ont la possibilité de voir et d'interagir avec des éléments virtuels qui sont intégrés dans la réalité. De plus en plus, les médias et les publicités font appel à la réalité augmentée afin d'engager l'utilisateur de manière ludique et immersive.

En peu de mots, ce chapitre a analysé l'impact de la réception 2.0, marquant un changement de paradigme fondamental dans les pratiques médiatiques congolaises. Avec l'émergence des nouvelles technologies, les publics ne sont plus de simples consommateurs d'information, mais des acteurs connectés et participatifs. Ils commentent, partagent, créent du contenu et s'engagent dans des conversations en ligne, brouillant la distinction entre producteurs et récepteurs. La réception est devenue un acte visible, public et social.

Nous avons montré comment des plateformes comme X (anciennement Twitter) et d'autres réseaux sociaux ont donné une voix aux publics congolais, leur permettant de s'exprimer et de contester les narratifs médiatiques établis. Cette nouvelle capacité à interagir modifie la dynamique de pouvoir entre les médias et leurs audiences. Le public congolais ne reçoit pas seulement, il réagit et participe activement à la construction des discours. Cette participation accrue, si elle est libératrice, soulève également des questions sur les inégalités et les rapports de pouvoir. La connectivité ne garantit pas une égalité des voix, et les plateformes numériques peuvent reproduire des schémas d'oppression hérités. Pour une analyse complète, nous devons donc appliquer une perspective critique qui nous permettra de comprendre la résistance et la réappropriation des messages par les groupes marginalisés. C'est la mission de notre dernier chapitre.

Chapitre neuvième

DÉCONSTRUIRE LA RÉCEPTION :

APPORTS DES THÉORIES FÉMINISTES ET POSTCOLONIALES

> « *L'Orientalisme est un style occidental de domination, de restructuration et d'autorité sur l'Orient* » *(Saïd, 1978 : 2).*

Les théories féministes et postcoloniales étudient la manière dont des groupes particuliers (femmes, minorités ethniques, etc.) réagissent aux représentations médiatiques. L'objectif de ces recherches est de saisir comment certains groupes peuvent être exclus ou sous-représentés dans les messages médiatiques, ainsi que comment ils peuvent réinterpréter ces messages ou revendiquer des représentations différentes. Les perspectives féministes et postcoloniales concernant la réception des médias offrent des angles de vue importants pour comprendre l'influence des identités sociales, culturelles et politiques sur la façon dont les individus interprètent et réagissent aux messages. Ces théories remettent en question les modèles dominants de réception des médias, fréquemment centrés sur des perspectives occidentales, hégémoniques et patriarcales, en soulignant les expériences et les subjectivités marginalisées.

IX.1. Réception des femmes et conception du genre

Dans le domaine des études médiatiques et de la communication, les théories féministes de la réception constituent un champ d'analyse dynamique. Elles explorent en profondeur la manière dont les femmes, mais aussi, par extension, d'autres groupes marginalisés en fonction du genre, de la sexualité ou d'autres identités intersectionnelles consomment, interprètent et réagissent aux messages médiatiques. Ainsi, elles ne se limitent pas à l'observation, mais questionnent radicalement les normes de genre qui influencent cette réception, tentant de déconstruire les structures prévalentes de production et d'interprétation. Ces méthodes ont grandement élargi notre connaissance des liens entre les médias, le pouvoir et l'identité, en déviant l'attention des impacts directs des médias vers les processus dynamiques de déchiffrement et de résistance des publics.

IX.1.1. L'agentivité des audiences féminines

L'une des contributions majeures de la théorie féministe à l'étude de la réception réside dans son insistance sur le rôle actif des femmes dans la construction du sens. Contrairement aux modèles traditionnels qui ont souvent présenté les audiences comme des réceptrices passives, absorbant sans critique les messages médiatiques, les théoriciennes féministes ont mis en avant la capacité d'agentivité et de résistance des femmes face aux discours médiatiques dominants.

Cette approche dynamique de la réception, généralement basée sur les Cultural Studies et influencée par les recherches de Stuart Hall (1980) sur l'encodage/décodage, a permis de dépasser le paradigme des « effets » pour se focaliser sur les « usages » et les « interprétations » des médias. Les féministes théoriciennes ont démontré que les destinataires ne sont pas de simples « éponges » ; elles interagissent, filtrent, résistent et, avant tout, répondent de manière créative ou subversive aux stéréotypes imposés par les médias.

La chercheuse Janice Radway (1984), dans son étude ethnographique a illustré cette agentivité. Elle a analysé la façon dont des femmes au foyer lisaient des romans à l'eau de rose. Bien que ces romans puissent être considérés comme reproduisant des fantasmes patriarcaux, Radway a découvert que « pour ses lectrices, cette pratique de lecture était une forme d'évasion et de résistance silencieuse aux pressions de leur vie quotidienne domestique » (Radway, 1984 : 95). La lecture se transformait en un domaine personnel pour elles, leur permettant d'explorer des émotions et des désirs souvent réprimés dans leur quotidien. On constate souvent que les destinataires s'approprient des figures de la culture populaire ou des représentations pour les recontextualiser ou les exploiter dans le but de revendiquer leur indépendance et leur résistance. Cela se manifeste par des pratiques culturelles telles que la fan-fiction, où des communautés, souvent de femmes, s'approprient des univers narratifs existants (films, séries, livres) pour créer de nouvelles histoires. Dans ces histoires, elles révisent les rôles et les interactions entre les personnages principaux, transgressant les normes de genre, investiguant des sexualités différentes (comme la fiction slash qui envisage des liaisons homoxuelles entre des personnages masculins d'origine hétérosexuelle dans l'œuvre originale) ou renforçant le pouvoir et la profondeur des personnages féminins fréquemment marginalisés. Ces usages de la fan-fiction illustrent avec éloquence la productivité inhérente à la réception, où les spectateurs se transforment en producteurs de signification et de contenu, renversant ainsi les objectifs initiaux des créateurs médiatiques. Henry Jenkins (1992) a largement étudié ces phénomènes, démontrant « la manière dont les fans, notamment les femmes, « chassent » les textes médiatiques pour élaborer leurs propres significations et cultures » (Jenkins, 1992 :18). Ces cas illustrent que la réception n'est pas un but en soi, mais une démarche constante de communication et de modification, où les publics féminins jouent un rôle actif dans l'interprétation des médias et, par conséquent, dans les dynamiques culturelles et sociales. Les extraits d'entretien suivants illustrent une réception critique des stéréotypes de genre, où les femmes remettent en question leur représentation dans les médias :

> *"Quand on regarde un film, on se demande : 'Où sont les femmes ?' 'Quel rôle elles jouent ?' 'Est-ce qu'elles sont juste des accessoires, des objets du désir ou des victimes silencieuses ?' On a un regard critique sur la représentation des genres. On refuse les clichés qui présentent la femme comme soumise ou naïve. On veut voir des héroïnes, des leaders, des femmes qui s'expriment et qui sont respectées. C'est une résistance active contre les stéréotypes que les médias traditionnels continuent de véhiculer."*

Cette vision d'une femme à Kinshasa correspond directement à l'analyse de Tuchman sur l'« annihilation symbolique » des femmes. Le refus des clichés et la quête de représentations plus positives de femmes héroïnes et leaders montrent une conscience aigüe de la manière dont les médias construisent les rôles de genre. Les théories féministes de la réception reconnaissent ce type de « résistance active » comme une forme de décodage oppositionnel, où l'audience comprend l'intention stéréotypée du message mais la rejette activement pour défendre sa propre vision. La quête de visibilité et de respect dans les médias est une lutte pour la reconnaissance et l'émancipation, en adéquation avec les principes du féminisme médiatique. Un autre exemple de cette réception active et de cette résistance aux stéréotypes de genre est la préférence pour des émissions qui donnent la parole aux femmes, comme en témoigne cette auditrice de Bukavu:

> *"J'ai remarqué que la plupart des animateurs de radio sont des hommes. Ce sont eux qui parlent, qui donnent leur opinion. C'est pour ça que je préfère les émissions qui donnent la parole aux femmes, qui parlent de nos problèmes, de notre vie. Les médias sont souvent un reflet du patriarcat. C'est notre rôle de les défier, de montrer que notre voix est aussi importante que celle des hommes."*

Ce commentaire met en lumière le caractère patriarcal des médias traditionnels, où la parole masculine domine. La préférence pour des émissions qui donnent la parole aux femmes n'est pas un simple choix de divertissement, mais un acte de réappropriation de l'espace médiatique. Il s'agit d'un rejet de l'invisibilisation médiatique, une des formes d'« annihilation symbolique » des femmes identifiée par Gaye Tuchman (1978).

En plus de la résistance à la domination masculine, l'activisme médiatique peut viser à déconstruire les images réductrices en montrant la diversité des rôles de genre, comme l'indique cet acteur de la société civile de Lubumbashi :

> *"Pour nos campagnes, on utilise les médias pour déconstruire les stéréotypes de genre. On montre des hommes qui font la cuisine, qui s'occupent de leurs enfants. On montre des femmes qui sont des leaders politiques ou économiques. C'est une manière de défier les normes sociales. La réception de ces messages n'est pas facile, car elle va à l'encontre de ce que les gens ont toujours cru. Mais elle est nécessaire pour changer les mentalités."*

Ce témoignage démontre la mise en pratique de la déconstruction des stéréotypes de genre. Le choix de montrer des images qui vont à l'encontre des normes sociales traditionnelles est un acte conscient de réappropriation du discours médiatique. Cette démarche s'inscrit dans le cadre de l'activisme féministe qui utilise les médias comme un outil de changement social, reconnaissant que les représentations sont un levier puissant pour « changer les mentalités » et modifier les comportements.

IX.1.2. La "lecture opposée"

Dans le contexte des théories féministes de la réception, le concept de "lecture opposée", développé par Stuart Hall (1980) dans son modèle d'encodage/décodage, a été particulièrement influent. Hall a proposé trois positions de décodage possibles pour le public face à un message médiatique : la lecture dominante-hégémonique, la lecture négociée et la lecture oppositionnelle. La théorie féministe s'est emparée de cette dernière pour explorer comment les femmes peuvent activement résister aux messages médiatiques qui renforcent les normes patriarcales.

Selon Hall (1980 : 137), « la lecture opposée survient lorsque le récepteur comprend l'encodage du message dominant mais décodifie le message de manière totalement opposée ». Cela signifie que les femmes, en tant que réceptrices, sont capables de reconnaître l'idéologie de genre sous-jacente au message médiatique, mais qu'elles refusent d'y adhérer. Plutôt que d'accepter passivement les stéréotypes de genre, les rôles prescrits ou les idéologies dominantes véhiculées par les médias, certaines réceptrices les déconstruisent, les rejettent et les interprètent différemment, créant ainsi de nouvelles significations qui ne correspondent pas à l'intention initiale du média.

Ce processus de lecture opposée est souvent le fruit d'une conscience critique développée par les réceptrices. Cette conscience peut émerger de leurs expériences vécues qui sont en contradiction avec les représentations médiatiques, de leur participation à des mouvements sociaux féministes, ou simplement d'une réflexion personnelle sur les inégalités de genre. Ainsi, une publicité montrant une femme uniquement préoccupée par des tâches ménagères pourrait être lue de manière opposée par une femme qui travaille à plein temps et partage les tâches avec son partenaire, percevant la publicité non pas comme un idéal, mais comme une caricature dépassée et sexiste.

Cette capacité à lire de manière opposée peut entraîner une appropriation des messages afin de les adapter à des expériences vécues qui ne correspondent pas aux normes hégémoniques. Un personnage féminin subalterne dans une série télévisée, qui est censé être un simple faire-valoir, peut être réinterprété par une audience féministe comme un symbole de résilience silencieuse ou de subversion cachée. Des groupes de visionnage ou des discussions en ligne peuvent amplifier ces lectures opposées, créant des communautés interprétatives qui renforcent les significations alternatives. Ien Ang (1985) a montré comment « les téléspectatrices de soap operas, souvent critiqués pour leur contenu mélodramatique et leur reproduction des relations de pouvoir, pouvaient néanmoins trouver des espaces d'identification et de plaisir qui subvertissaient les lectures dominantes » (Ang, 1985 : 125). Elles pouvaient par exemple se distancer de certains aspects tout en appréciant les relations interpersonnelles.

La lecture opposée est une manifestation de l'agentivité des audiences et de leur capacité à résister aux tentatives d'imposition idéologique des médias. Elle souligne que la réception n'est pas un processus unidirectionnel de l'émetteur vers le récepteur, mais un champ de bataille où le sens est constamment négocié et contesté. Un autre aspect de la lecture opposée est le rejet des représentations médiatiques qui ne reflètent pas les réalités vécues. La frustration de ne pas se voir représenté conduit à un acte de rejet conscient :

> *"Quand je vois des films qui montrent l'Afrique comme un continent de famine, de guerre et de misère, ça me révolte. C'est une vision postcoloniale. Ils ne montrent jamais la beauté de notre culture, la richesse de notre histoire, la force de notre peuple. Je refuse de m'identifier à cette image de l'Afrique."*

Ce récit va au-delà d'une simple lecture critique pour se positionner comme un acte de résistance contre la « vision postcoloniale » des médias occidentaux. L'individu comprend la représentation médiatique comme une simplification réductrice et une déformation de la réalité africaine. La réception devient alors un acte politique, comme le soulignait Frantz Fanon, où le refus de s'identifier à une image imposée est le premier pas vers une réappropriation de sa propre identité et de sa propre histoire. La lecture opposée s'applique également à la production d'un journalisme qui prend conscience de ses propres biais, et qui tente de les corriger de manière proactive. Ce journaliste de Kinshasa décrit comment le choix des mots peut être une forme de résistance à la perpétuation des stéréotypes :

> *"J'essaie de me méfier des mots que j'utilise. Je ne parle pas de 'violences tribales', mais de 'conflits locaux'. Je ne parle pas de 'corruption endémique', mais de 'défis de gouvernance'. Le choix des mots a un poids sémantique très fort. Il peut soit renforcer les clichés postcoloniaux, soit les déconstruire. C'est une responsabilité éthique."*

Ce témoignage illustre une conscience professionnelle et éthique face aux narratifs postcoloniaux. En remettant en question la sémantique de l'information, le journaliste s'engage dans une pratique de « lecture opposée » appliquée à la production médiatique. Il sait que les mots peuvent soit renforcer les stéréotypes hérités du colonialisme, soit les déconstruire. Cette vigilance linguistique est un acte de résistance qui soutient la lecture active et non passive des audiences, les encourageant à questionner la validité des informations qui leur sont présentées.

IX.1.3. Au-delà d'une "femme" homogène

L'idée d'intersectionnalité est une contribution cruciale et relativement plus récente, intégrée dans une perspective féministe moderne de la réception. Cette approche reconnaît que les femmes ne constituent pas une catégorie homogène. La catégorie "femme" est traversée et modulée par une multitude d'autres identités et expériences sociales, ce qui complexifie et nuance considérablement la manière dont les messages médiatiques sont reçus et interprétés.

Développée initialement par la juriste et universitaire Kimberlé Crenshaw (1989), l'intersectionnalité met en lumière le fait que les systèmes d'oppression (racisme, sexisme, classisme, hétérosexisme, capacitisme, etc.) ne fonctionnent pas isolément. Ils s'entrecroisent et s'influencent mutuellement, créant des expériences uniques de discrimination et de privilège qui ne peuvent être comprises en examinant chaque catégorie séparément. Crenshaw (1989 :140) explique que « le fait d'être à l'intersection de deux ou plusieurs identités marginalisées peut engendrer des expériences de discrimination uniques qui ne peuvent être appréhendées en examinant séparément les catégories individuelles ». Dans le domaine de la réception médiatique, cela signifie que les récepteurs médiatiques sont influencés par leurs identités croisées. La manière dont un message médiatique est perçu et décodé sera profondément différente selon que la réceptrice est, par exemple, une femme noire et pauvre, une femme blanche et riche, une femme lesbienne handicapée, ou une femme transgenre issue d'une minorité ethnique. Chacune de ces positions sociales génère une grille de lecture unique, filtrée par des expériences de vie spécifiques et des rapports au pouvoir distincts.

Dès lors, un message médiatique donné, un reportage sur les violences conjugales peut être perçu et décodé très différemment par une femme noire des quartiers défavorisés comparativement à une femme blanche de la classe moyenne supérieure, en raison des interactions entre son identité de genre, sa race, sa classe sociale et les représentations raciales et sexuelles qui se rencontrent dans les médias. Une femme noire pourrait par exemple être particulièrement sensible à la manière dont les femmes noires sont représentées (ou non) dans ce type de reportage, et pourrait percevoir des biais raciaux ou classistes qui échapperaient à une femme blanche. Patricia Hill Collins (2000) a souligné « comment les femmes noires ont développé des épistémologies et des savoirs spécifiques à partir de leurs positions intersectionnelles, influençant leur manière de lire le monde et les médias » (Collins, 2000 : 257).

L'intersectionnalité permet de déconstruire l'idée d'une expérience universelle de la femme et de reconnaître la diversité des réceptions féminines. Elle invite les chercheurs à être attentifs aux spécificités des audiences, à ne pas généraliser des conclusions basées sur un seul groupe démographique, et à explorer les multiples façons dont les identités se recoupent pour façonner les interactions avec les médias. Cette approche est fondamentale pour une compréhension plus nuancée et juste de la réception médiatique dans un monde diversifié. La réception médiatique est d'autant plus incompréhensible qu'elle ne dépend pas seulement du genre ou de la race, mais aussi de l'identité de classe. L'analyse de l'audience doit prendre en compte l'ensemble des facteurs qui influencent la réception, comme le souligne l'auditeur suivant :

> *"J'ai remarqué que les médias parlent souvent de politique, de guerre, d'économie. Mais ils ne parlent jamais de la vie quotidienne des femmes. De la difficulté d'aller chercher de l'eau, de la violence domestique, de la maternité. C'est comme si notre vie n'existait pas. C'est pour ça que j'aime les émissions qui donnent la parole à des femmes ordinaires. C'est une manière de rendre visible l'invisible."*

Le commentaire de cet auditeur met en lumière un autre aspect de l'invisibilisation : celle des expériences de la vie quotidienne des femmes, qui sont souvent considérées comme triviales ou sans importance par les médias dominants. Il dénonce le fait que les médias se concentrent sur des sujets jugés "importants" (politique, économie) et négligent les préoccupations réelles des femmes. Son attrait pour les "émissions qui donnent la parole à des femmes ordinaires" est une forme de résistance à l'« annulation symbolique » de leurs expériences. Cela fait écho à la notion d'intersectionnalité, car la "femme ordinaire" est souvent celle qui subit le plus les effets combinés du genre, de la classe sociale et de la pauvreté. Rendre visible l'invisible est un acte d'empowerment, comme le soulignait Patricia Hill Collins (2000) dans sa théorie sur la matrice de la domination.

IX.1.4. Vers une compréhension nuancée de la réception féministe

Les théories féministes de la réception médiatique ont profondément transformé notre compréhension des audiences, en particulier féminines. En mettant en lumière la réception du genre, l'agentivité des réceptrices et leur capacité à s'engager dans des lectures opposées, et en intégrant la notion déterminante d'intersectionnalité, ces approches ont permis de dépasser les modèles simplistes d'effets médiatiques. Elles ont révélé que les femmes ne sont pas de simples "consommatrices" passives de messages, mais des sujets actifs et critiques, capables de négocier, de subvertir et de réinterpréter les discours médiatiques en fonction de leurs propres expériences, identités et résistances. Ces théories ne se contentent pas d'analyser ; elles visent également à émanciper les audiences, en les outillant avec les outils conceptuels nécessaires pour déconstruire les stéréotypes et les idéologies de genre véhiculées par les médias. Elles encouragent une lecture critique et active, reconnaissant que la signification n'est pas uniquement fixée par les producteurs, mais co-construite dans l'interaction entre le texte et le récepteur. En fin de compte, les théories féministes de la réception nous invitent à une compréhension plus nuancée, plus inclusive et plus politiquement consciente de la relation entre les médias et la société. Elles continuent d'évoluer, s'adaptant aux nouvelles formes de médias numériques et aux dynamiques identitaires contemporaines, tout en restant fidèles à leur objectif initial : mettre en lumière la voix et l'expérience des femmes dans l'univers médiatique.

IX.2. Les théories de la réception postcoloniales

Les théories de la réception postcoloniales présentent un cadre d'analyse primordial pour comprendre comment les personnes issues de milieux colonisés ou marginalisés perçoivent, interprètent et, surtout, résistent aux messages médiatiques largement diffusés par les sociétés occidentales dominantes. Ces approches ne se contentent pas d'examiner la simple consommation des médias ; elles interrogent en profondeur la manière dont les médias, qu'ils soient occidentaux ou mondialisés, véhiculent des représentations de "l'Autre" et comment ces représentations impactent les receptions culturelles et sociales des récepteurs originaires des anciennes colonies. Ce champ d'étude, souvent interdisciplinaire, puise dans la littérature postcoloniale, les études culturelles, la sociologie des médias et la sémiotique pour déconstruire les dynamiques de pouvoir inhérentes à la production et à la réception des médias à l'échelle globale.

IX.2.1. La colonialité de la réception

La colonialité de la réception est un concept central dans les théories postcoloniales, désignant la persistance des schémas de pensée et des structures de pouvoir hérités du colonialisme dans la manière dont les messages médiatiques sont produits et reçus. Les théoriciens postcoloniaux, s'appuyant notamment sur les travaux de penseurs comme Edward Saïd (1978) dans son ouvrage fondamental "L'Orientalisme", étudient comment les médias, qu'ils soient occidentaux ou mondiaux (souvent dominés par des logiques occidentales), continuent de donner une image stéréotypée ou réductrice des sociétés postcoloniales.

Saïd (1978 : 2) définit l'Orientalisme comme « un style occidental de domination, de restructuration et d'autorité sur l'Orient ». Il a montré comment l'Orient a été construit par le discours occidental non pas comme une réalité en soi, mais comme une création imaginaire répondant aux fantasmes et aux besoins de l'Occident, souvent dépeint comme exotique, primitif, irrationnel ou violent. Cette construction discursive se manifeste encore aujourd'hui dans les médias. Les reportages sur le continent africain tendent à privilégier les récits de conflit, de famine, de pauvreté ou de dictature, ignorant souvent la diversité, la richesse culturelle, la résilience et les dynamiques de développement en cours. Ces représentations renforcent les hiérarchies coloniales de culture et de civilisation, où l'Occident se positionne comme le "civilisé" et le "moderne", tandis que les anciennes colonies restent figées dans un statut d'"arriéré" ou de "sous-développé".

Dans cette perspective, la réception postcoloniale de ces représentations médiatiques ne se limite pas à une passivité face aux messages, mais constitue un processus de résistance, de réappropriation et de réinterprétation. Les audiences issues des sociétés postcoloniales, conscientes des biais et des stéréotypes, ne sont pas de simples réceptrices passives. Elles décodent ces messages à travers leur propre expérience historique et culturelle, souvent marquée par la domination coloniale. Comme l'a souligné Homi K. Bhabha (1994) dans "Les lieux de la culture", « la réception n'est pas un simple acte de consommation, mais un espace de "négociation et de traduction" où le sens dominant est souvent contesté ». Bhabha (1994 :37) introduit la notion de "mimicry", où les colonisés adoptent des éléments de la culture du colonisateur mais en y introduisant des décalages qui subvertissent l'original, créant ainsi une forme de résistance subtile. La réception devient alors une pratique herméneutique où le récepteur décode ce qui est dit et ce qui est implicitement sous-entendu par le pouvoir colonial.

La réception des messages médiatiques est également façonnée par le contexte culturel et les valeurs de l'audience. Le témoignage suivant illustre la façon dont l'audience, en déconstruisant les images stéréotypées, s'approprie les médias :

> *"Les films et publicités occidentales vendent un rêve de vie qui n'est pas le nôtre. On nous montre des maisons luxueuses, des voitures de sport, des vies parfaites. On apprend à déconstruire ces images et à les rejeter, car on sait qu'elles ne reflètent pas notre réalité. On ne se sent pas représenté. Au contraire, on s'approprie les médias pour créer nos propres histoires, nos propres héros, nos propres modes de vie. C'est une forme de résistance postcoloniale. On dit 'non' à l'hégémonie culturelle occidentale."*

Cet enquêté fait une « lecture opposée » du contenu occidental, en rejetant l'idéal de vie qu'il promeut. Son témoignage montre que la réception n'est pas une simple consommation, mais une négociation active de sens. Il rejoint les théories de Homi K. Bhabha (1994) sur la capacité des cultures postcoloniales à s'approprier les messages médiatiques dominants et à les transformer. Le téléspectateur utilise un langage de « résistance » et de « réappropriation » qui s'aligne parfaitement avec les principes des études postcoloniales, qui voient les audiences comme des agents de changement culturel et de décolonisation. Le rejet de la colonisation culturelle est également un thème récurrent dans les témoignages des audiences, qui préfèrent les médias locaux qui racontent leurs propres histoires :

> *"Les médias ne sont pas neutres. Ils sont souvent l'instrument du pouvoir, l'instrument de l'Occident. On nous montre des films américains, des séries françaises. C'est une forme de colonisation culturelle. C'est pour ça que j'aime les films congolais, les séries congolaises. Elles parlent de nous, de notre vie, de nos rêves. C'est une manière de résister à l'hégémonie culturelle et de s'affirmer."*

Ce commentaire s'inscrit dans la continuité de la pensée postcoloniale qui dénonce l'hégémonie culturelle de l'Occident. L'attachement à des productions locales est une forme de résistance active. Cette préférence pour les médias congolais est une manière de s'affirmer face à l'influence culturelle étrangère. La création de films et de séries qui reflètent les réalités locales est un acte d'« auto-représentation » qui rejoint les théories de Ngũgĩ wa Thiong'o (1986), qui voyait dans l'utilisation des langues et des récits africains un moyen de se libérer de la « colonisation mentale ».

IX.2.2. Déconstruire les images coloniales et réinventer les récits

La théorie postcoloniale de la réception implique une réflexion profonde sur la façon dont les récepteurs des pays postcoloniaux s'engagent activement dans la déconstruction des images coloniales et, de manière plus proactive, dans la réinvention des représentations de leur propre histoire et culture. Il ne s'agit pas seulement de rejeter le regard de l'autre, mais de reprendre la main sur la narration de soi. Un exemple éloquent de ce processus est l'apparition et le développement des cinémas postcoloniaux. Des réalisateurs et réalisatrices de pays anciennement colonisés, tels que Ousmane Sembène (Sénégal), Souleymane Cissé (Mali) ou Haile Gerima (Éthiopie/États-Unis), ont créé des œuvres cinématographiques qui inventent des récits alternatifs et remettent en cause les images imposées par les films occidentaux. Ces cinéastes déconstruisent les stéréotypes du "bon sauvage", du "colonisé passif" ou du "tiers-monde en perdition", pour proposer des narrations nuancées, qui explorent les réalités postcoloniales avec une perspective endogène. Sembène, par exemple, à travers des films comme "La Noire de..." (1966) ou "Xala" (1975), dégage des critiques incisives des héritages coloniaux et postcoloniaux, donnant une voix et une dignité à des personnages souvent invisibilisés ou caricaturés par le cinéma occidental. Leurs films sont des actes de réception active, transformant le spectateur en agent de re-signification. Frantz Fanon (1961) dans "Les damnés de la terre" a insisté sur la nécessité pour le colonisé de déconstruire les schémas mentaux imposés par le colonisateur pour se libérer, et la production culturelle en est une manifestation cruciale (Fanon, 196 : 182).

De la même manière, les personnes qui reçoivent dans les sociétés postcoloniales ont la possibilité d'utiliser des médias alternatifs, des réseaux sociaux ou des forums communautaires afin de lutter contre les stéréotypes et de créer des espaces de communication alternative. Ces plateformes proposent des voies pour contourner les médias traditionnels dominés par des logiques occidentales ou par des élites locales reproduisant ces logiques. Elles permettent aux communautés de partager leurs propres récits, leurs propres perspectives sur l'histoire, la politique et la culture. À titre illustratif, des blogueurs ou des activistes sur les réseaux sociaux en Afrique de l'Ouest peuvent utiliser X ou Facebook pour commenter l'actualité locale ou internationale, en offrant des analyses qui dérogent aux discours des médias occidentaux. Ils peuvent aussi relayer des initiatives locales, des mouvements sociaux ou des expressions artistiques qui ne trouvent pas leur place dans les médias occidentaux.

Ces pratiques de réception et de production alternatives sont des manifestations de la "contre-hégémonie" dont parlait Antonio Gramsci (1971). En créant leurs propres récits et en utilisant des canaux de communication autonomes, les récepteurs postcoloniaux ne se contentent pas de rejeter les images imposées ; ils construisent activement de nouvelles identités médiatiques et culturelles, affirmant leur subjectivité et leur droit à l'auto-représentation. Gramsci (1971 :333) a souligné que « la lutte culturelle est une composante vitale de la résistance politique, et ces médias alternatifs en sont des expressions contemporaines ». Un autre aspect de cette réinvention des récits est l'affirmation de la voix des communautés marginalisées, comme le décrit ce journaliste :

> *"Mon travail consiste à donner la parole à ceux qu'on n'entend jamais. Les femmes, les jeunes des quartiers populaires, les communautés marginalisées. Leur voix est importante car elle*

présente une perspective différente. Je ne me contente pas de rapporter les faits, je m'interroge sur qui parle, qui est entendu, et qui est marginalisé."

Le journaliste met en pratique les principes des études postcoloniales et féministes en se positionnant comme un agent de changement. Il cherche à « corriger les déséquilibres de pouvoir » en donnant la parole aux groupes exclus. Il rejoint la pensée de Spivak (1988) et la problématique du "subalterne qui ne peut parler", et sa démarche est une tentative de créer un espace où ces voix peuvent s'exprimer. Son travail représente une forme de « journalisme engagé » qui reconnaît la partialité des médias et cherche à la neutraliser en privilégiant les perspectives des exclus. La réappropriation des médias numériques est un moyen efficace pour réinventer les récits et promouvoir l'auto-représentation. Cet internaute en témoigne :

"Sur les réseaux sociaux, on se réapproprie notre culture. On partage des images de nos traditions, on parle de notre histoire, on crée un contre-discours face à ce qu'on voit dans les médias occidentaux. On n'est plus dans la consommation passive de culture, on est dans la production d'une culture alternative, qui est plus authentique et plus enracinée dans notre réalité. On ne se définit plus par rapport à l'Occident, on se définit par rapport à nous-mêmes."

Cette appropriation des médias numériques pour créer un « contre-discours » est une pratique de résistance active. L'internaute décrit une transformation du récepteur en producteur de contenu, ce qui est au cœur du concept d'auto-représentation. L'idée de « ne plus se définir par rapport à l'Occident, mais par rapport à nous-mêmes » est une manifestation de la décolonisation de l'imaginaire, comme l'a décrit Spivak (1988), qui voit dans l'auto-représentation un effort pour sortir de la marginalisation imposée.

IX.2.3. L'hybridité et la réception transculturelle

Le concept d'hybridité est un élément central et riche des théories postcoloniales de la réception, désignant la fusion des cultures et des traditions qui découle du colonialisme et des échanges culturels internationaux. Il s'agit de reconnaître que les cultures postcoloniales ne sont pas pures ou statiques, mais qu'elles sont le produit de rencontres, de mélanges et de transformations constantes. Cette idée a été particulièrement développée par des théoriciens comme Homi K. Bhabha (1994). Bhabha (1994 : 38) voit l'hybridité non pas comme une simple juxtaposition de cultures, mais comme un "tiers-espace" où de nouvelles significations émergent, ni entièrement coloniales ni entièrement indigènes, mais une synthèse unique et souvent résistante.

Dans ce cadre, les sociétés postcoloniales ne se limitent pas à recevoir passivement des messages médiatiques étrangers (souvent occidentaux). Elles s'engagent dans un processus actif de réinterprétation, d'adaptation et de mélange de ces messages avec leurs propres pratiques culturelles et histoires. Cela se traduit par une réception transculturelle, où les destinataires ne se contentent pas de décoder le message selon ses intentions originales, mais le transforment pour l'adapter à leur propre contexte local et à leurs sensibilités.

A titre d'exemple, la réception de la musique ou du cinéma occidental en Afrique. Une chanson pop américaine ne sera pas seulement écoutée et appréciée ; elle pourra être remixée avec des rythmes locaux, ses paroles réinterprétées à travers des lunettes culturelles spécifiques, ou son esthétique visuelle adaptée pour refléter des réalités africaines. Le phénomène des "Nollywood" (cinéma nigérian) ou "Bollywood" (cinéma indien) est un parfait exemple d'hybridité. Ces industries cinématographiques ont intégré des codes narratifs et visuels du cinéma hollywoodien, mais les ont fusionnés avec des récits, des thématiques, des langues et des sensibilités culturelles locales, créant ainsi des formes médiatiques uniques et très populaires qui parlent directement à leurs publics. Les films de Nollywood, abordent des sujets de société, des croyances spirituelles et des structures familiales qui résonnent profondément avec les expériences des Nigérians et de la diaspora africaine, même s'ils utilisent des techniques de production inspirées de l'Occident.

L'hybridation de ce processus engendre une réception où les destinataires développent des significations nouvellement adaptées à leur propre contexte. Cette capacité à "bricoler" les médias étrangers, à les rendre pertinents et à les intégrer dans des répertoires culturels locaux, est une forme puissante d'agentivité culturelle. Elle montre que la mondialisation des médias ne conduit pas nécessairement à une homogénéisation culturelle, mais plutôt à la production de nouvelles formes culturelles et de nouvelles significations qui témoignent de la vitalité et de la résilience des cultures postcoloniales. Comme l'a souligné Arjun Appadurai (1996), la mondialisation est marquée par des "flux" culturels qui sont toujours "déterritorialisés" et "re-territorialisés" dans des contextes locaux, conduisant à des hybridités constantes (Appadurai, 1996 :32). La réception est donc un lieu de créativité et d'innovation.

IX.2.4. La réception des médias en ligne dans les sociétés postcoloniales

La diffusion exponentielle des médias numériques et des nouvelles technologies de l'information et de la communication a considérablement transformé le paysage de la réception dans les sociétés postcoloniales, offrant de nouvelles opportunités de réappropriation et de résistance aux représentations coloniales classiques. L'avènement d'Internet, des réseaux sociaux et des plateformes numériques a démocratisé l'accès à la production et à la diffusion de contenu, permettant aux voix marginalisées de s'exprimer. Avant l'ère numérique, la production et la distribution des médias étaient largement contrôlées par des institutions étatiques ou privées souvent dominées par des intérêts occidentaux ou des élites locales. Cela limitait la capacité des populations postcoloniales à raconter leurs propres histoires et à contester les récits dominants. Aujourd'hui, les destinataires des pays anciennement colonisés ont la possibilité d'utiliser les réseaux sociaux (Facebook, X, Instagram), les blogs, les plateformes de partage de vidéos (YouTube, TikTok) et d'autres outils numériques afin de repenser les récits sur leur culture, leur histoire et leurs identités. Ces espaces de contre-narration octroient aux récepteurs la possibilité d'exprimer leur opinion, de diffuser des informations alternatives, de mobiliser des communautés et de participer activement au discours médiatique international. Le printemps arabe a montré la puissance des réseaux sociaux dans la mobilisation des populations et la diffusion d'informations qui contournaient les médias d'État ou les narratifs occidentaux. Des mouvements comme FeesMustFall en Afrique du Sud ou des voix dissidentes en Afrique de l'Ouest ont utilisé X pour dénoncer l'injustice et mobiliser la jeunesse. Les blogueurs, les youtubeurs et les influenceurs issus de ces contextes produisent du contenu qui est souvent en rupture avec les représentations médiatiques traditionnelles. Ils partagent des perspectives authentiques sur la vie quotidienne, la politique, l'art et la culture, créant des communautés en ligne où les expériences postcoloniales sont validées et célébrées. C'est également un espace où la désinformation peut être combattue par des vérificateurs de faits locaux. Toutefois, il est important de noter que si les médias en ligne présentent des opportunités de résistance, ils ne sont pas exempts de défis. La fracture numérique, la censure étatique, la propagation de la désinformation et la persistance des biais algorithmiques sont des obstacles majeurs. Néanmoins, leur potentiel pour la décolonisation du savoir et de la représentation est immense. Comme l'a noté Manuel Castells (2007) dans son analyse des mouvements sociaux à l'ère numérique, « Internet et les réseaux sociaux sont des "espaces de liberté" où des "flux de communication autonomes" peuvent émerger, permettant aux acteurs non étatiques de s'exprimer et de s'organiser » (Castells, 2007 : 248).

La réception des médias numériques est un excellent exemple de l'agentivité de l'audience et de la capacité des récepteurs à devenir des producteurs. Cette dynamique est au cœur des théories postcoloniales et de la réception. Un internaute témoigne de la liberté que ces outils mettent en oeuvre :

> *"Sur les réseaux sociaux, on peut créer nos propres médias. On n'a pas besoin de l'autorisation d'un grand patron. On peut lancer un blog, une chaîne YouTube, une page Facebook. C'est une manière de contourner le pouvoir des médias traditionnels. C'est une démocratie médiatique. C'est une victoire pour la liberté d'expression."*

Ce témoignage illustre une prise de conscience de la puissance des médias numériques et une volonté de s'en servir comme un outil de contournement des médias traditionnels. Il s'agit d'une manifestation de l'« activisme réceptif », qui se transforme en « activisme productif ». L'individu perçoit les réseaux sociaux comme des espaces de liberté, une « démocratie médiatique » où les voix marginalisées peuvent enfin s'exprimer sans filtre. C'est une victoire pour la « liberté d'expression », qui est un pilier de la décolonisation. Le témoignage rejoint l'analyse de Manuel Castells (2007), qui a identifié les réseaux sociaux comme des espaces de « flux de communication autonomes ».

IX.2.5. Le processus d'auto-représentation

Le concept d'auto-représentation est fondamental pour les théoriciens de la réception postcoloniale. Il met en évidence la nécessité impérieuse pour les groupes historiquement marginalisés et stéréotypés de reprendre le contrôle de la manière dont ils sont représentés dans l'espace médiatique et culturel. Cela signifie que les destinataires des sociétés postcoloniales ne se limitent plus à être de simples spectateurs des représentations occidentales ; ils jouent un rôle actif et proactif dans la création et la diffusion de leurs propres récits et images. L'auto-représentation est un acte politique et culturel qui vise à corriger les distorsions et les omissions du passé colonial et néocolonial. Elle permet de contester les caricatures réductrices, les stéréotypes raciaux et ethniques, et les narratives qui ont contribué à déshumaniser ou à subordonner les populations colonisées. Au lieu de voir des images de l'Afrique uniquement comme un continent de conflits et de pauvreté, l'auto-représentation vise à montrer la richesse de ses cultures, la diversité de ses sociétés, les innovations de ses jeunes et la résilience de ses populations. La reconnaissance de soi à travers les médias permet de remettre en cause les récits dominants et de revendiquer des identités culturelles distinctes et multiples. Cela se manifeste par diverses initiatives :

- ✓ La production artistique et culturelle : Qu'il s'agisse de la littérature (Chimamanda Ngozi Adichie, Ngũgĩ wa Thiong'o), du cinéma (Nollywood, l'industrie ghanéenne "Ghallywood"), de la musique, de la mode ou des arts visuels, les artistes postcoloniaux créent des œuvres qui célèbrent leur héritage, explorent les défis actuels et construisent des images de soi positives.
- ✓ Les médias communautaires et alternatifs : Les radios communautaires, les journaux locaux, les chaînes de télévision indépendantes et les plateformes numériques gérées par des communautés locales permettent aux populations de raconter leurs propres histoires, dans leurs propres langues et avec leurs propres perspectives. Ces médias sont des lieux d'expression de l'auto-représentation quotidienne.
- ✓ L'activisme numérique et la citoyenneté médiatique : Les réseaux sociaux sont devenus des outils puissants pour l'auto-représentation. Des hashtags comme #BlackLivesMatter (aux États-Unis, avec des résonances globales) ou des mouvements locaux montrent comment des individus et des groupes peuvent contourner les médias traditionnels pour créer leurs propres campagnes narratives, dénoncer l'injustice et affirmer leurs droits et leurs identités.

L'auto-représentation est un processus continu de décolonisation de l'imaginaire. Elle est essentielle pour le renforcement de la dignité et de l'autonomie culturelle des sociétés postcoloniales. Comme l'a souligné Spivak (1988 :283), « bien qu'elle soit sceptique quant à la pleine capacité des "subalternes" à parler sans être médiatisés par des cadres de pouvoir, l'effort d'auto-représentation est une tentative cruciale de s'extraire de cette marginalisation forcée ».

IX.2.6. Les théories de la réception postcoloniale

Les théories de la réception postcoloniales ont révolutionné notre compréhension de l'engagement des publics avec les médias en mettant en lumière les dynamiques de pouvoir, d'inégalité et de résistance qui sous-tendent ces interactions. En se concentrant sur la colonialité de la réception, la déconstruction des images coloniales, l'hybridité culturelle, l'impact des médias numériques et l'importance cruciale de l'auto-représentation, ces approches garantissent un cadre analytique puissant et nécessaire. Elles nous apprennent que la réception médiatique n'est jamais neutre ou passive, surtout pour les populations dont l'histoire a été marquée par la colonisation. Au contraire, elle est un lieu actif de négociation, de transformation et de contestation du sens. Les publics issus des sociétés postcoloniales ne se contentent pas de décoder ce qui leur est proposé ; ils le filtrent à travers le prisme de leur histoire, de leurs cultures et de leurs aspirations à l'autonomie.

Dans un monde de plus en plus interconnecté mais où les inégalités de pouvoir persistent, ces théories sont plus pertinentes que jamais. Elles nous invitent à une lecture critique et éthique des médias, à reconnaître la diversité des expériences de réception et à soutenir les initiatives d'auto-représentation qui visent à construire des récits plus justes, plus inclusifs et plus émancipateurs pour tous. Elles contribuent ainsi non seulement à une meilleure compréhension académique, mais aussi à un projet plus large de décolonisation du savoir et des représentations. Les champs d'études des théories féministes et postcoloniales de la réception médiatique, bien que distincts dans leurs origines et leurs accents, convergent de manière significative pour offrir une compréhension plus riche et plus nuancée de la manière dont les audiences s'engagent avec les médias. Cette unification des approches est particulièrement pertinente dans des contextes comme celui de la République Démocratique du Congo, où les intersections de la race, du genre, de la classe et de la culture façonnent profondément l'expérience médiatique des individus.

En conjuguant leurs perspectives critiques, les théories féministes et postcoloniales nous permettent d'appréhender plus finement l'interaction des récepteurs, en particulier ceux provenant de groupes historiquement marginalisés avec les médias. Elles mettent en évidence l'importance de l'activisme réceptif, de la résistance et de la reconstruction du sens face à des messages souvent dominants, stéréotypés ou même oppressifs. Enfin, elles proposent des ressources théoriques solides pour étudier comment les identités sociales et culturelles influencent la façon dont les individus interprètent et réagissent aux messages médiatiques dans un monde en constante évolution, caractérisé par des flux d'information globaux et des dynamiques de pouvoir persistantes.

IX.3. L'Intersectionnalité comme point de convergence fondamental

Le concept d'intersectionnalité, initialement formulé par Kimberlé Crenshaw (1989) dans le cadre de la théorie critique raciale et féministe noire, constitue le pont le plus solide entre les approches féministes et postcoloniales de la réception. Crenshaw (1989 :139) a introduit ce terme pour décrire comment diverses formes d'oppression (racisme, sexisme, classisme, homophobie, etc.) ne fonctionnent pas comme des entités distinctes et isolées, mais s'entrecroisent et se renforcent mutuellement, créant des expériences uniques et composites de discrimination. Pour la réception médiatique, cela signifie qu'une femme sur le territoire congolais ne reçoit pas un message uniquement en tant que "femme" ou en tant que "Congolaise", mais en tant que femme congolaise, potentiellement issue d'une ethnie spécifique, d'une classe sociale particulière, et vivant dans une région donnée (par exemple, à Kinshasa ou dans l'Est affecté par les conflits armés).

Les théories féministes, en intégrant l'intersectionnalité, reconnaissent la diversité des expériences féminines et critiquent l'idée d'une femme universelle. Comme l'a souligné Patricia Hill Collins (2000), l'expérience des femmes noires est intrinsèquement liée aux structures de pouvoir raciales et de genre, influençant leur "matrice de domination" (Collins, 2000 : 257). Cette perspective permet de comprendre comment les représentations médiatiques de la femme congolaise sont façonnées non seulement par des stéréotypes de genre, mais aussi par des clichés raciaux hérités du colonialisme ou des préjugés liés à la pauvreté. Ensemble, les théories postcoloniales mettent en lumière comment l'expérience des peuples des anciennes colonies est façonnée par les dynamiques raciales, culturelles et de classe, souvent en lien avec les héritages de la domination occidentale. Homi K. Bhabha (1994) et son concept d'"hybridité", montrent comment les identités postcoloniales sont construites à l'intersection de diverses influences culturelles (Bhabha, 1994 :38). L'unification de ces deux approches par l'intersectionnalité permet de saisir que, la réception d'un reportage sur la violence sexuelle au Kivu sera perçue différemment par une femme victime de ces violences (genre, localisation, expérience traumatique), par un homme d'affaires de Kinshasa (genre, classe, éloignement du conflit), ou par une femme de la diaspora congolaise (genre, race, éloignement géographique, mais proximité émotionnelle).

IX.3.1. Déconstruction des stéréotypes et des narratifs dominants

Un autre point de convergence majeur est la critique et la déconstruction des stéréotypes et des narratifs dominants véhiculés par les médias. Tant les féministes que les postcolonialistes s'attaquent aux représentations réductrices et biaisées, mais avec des angles complémentaires. Les théories féministes de la réception, comme le montrent les travaux de Gaye Tuchman (1978) sur l'"annihilation symbolique" des femmes dans les médias (Tuchman, 1978 : 3), se concentrent sur la manière dont les médias construisent des images de genre qui renforcent le patriarcat et limitent les rôles et les aspirations des femmes. Elles analysent comment les femmes sont souvent sexualisées, réduites à des rôles domestiques, ou simplement invisibilisées dans les sphères publiques. Cela se manifeste dans la sous-représentation des femmes comme expertes ou leaders politiques dans les débats télévisés, ou par la persistance de publicités qui les cantonnent à des rôles de ménagères ou d'objets de désir. De leur côté, les théories postcoloniales, influencées par les analyses d'Edward Saïd (1978) sur l'Orientalisme, démontrent comment les médias occidentaux ont historiquement construit des images stéréotypées des peuples colonisés et postcoloniaux, les présentant comme "l'Autre", souvent exotique, primitif, irrationnel ou violent (Saïd, 1978 : 2). Ces représentations, même après l'indépendance, persistent et influencent la réception globale de la RDC, souvent réduite à l'image d'un pays de conflits et de misère, occultant sa richesse culturelle et ses initiatives de développement. Un reportage international sur les "enfants soldats" sur le territoire congolais peut reproduire des stéréotypes coloniaux de l'enfance africaine vulnérable et désœuvrée, sans nuance sur les causes profondes et les efforts de réintégration. L'unification de ces critiques permet de voir comment ces stéréotypes se superposent. Une femme congolaise est ainsi doublement stéréotypée : en tant que femme (limitée par les rôles de genre) et en tant que Congolaise (limitée par les clichés postcoloniaux). La réception de ces messages par les publics congolais est donc un acte de déconstruction de cette double charge stéréotypique. Ils doivent non seulement interpréter les messages de genre, mais aussi les filtrer à travers la lentille des représentations raciales et coloniales qui leur sont souvent associées.

IX.3.2. L'Agentivité de la réception et la résistance active

Un autre terrain d'entente est la reconnaissance de l'agentivité des récepteurs et leur capacité à s'engager dans une résistance active aux messages médiatiques. Loin d'être des récipients passifs, les publics sont vus comme des interprètes actifs qui transforment le sens. Les théories féministes, à travers le concept de "lecture opposée" de Stuart Hall (1980 :37), ont montré comment les femmes peuvent consciemment rejeter ou subvertir les significations dominantes des messages médiatiques. Janice Radway (1984), dans son étude sur les lectrices de romans à l'eau de rose, a illustré comment même des textes a priori conservateurs pouvaient être utilisés par les femmes comme des espaces d'évasion et de réaffirmation de soi, une forme de résistance aux contraintes de leur vie quotidienne (Radway, 1984 : 95). Dans le contexte congolais, des femmes peuvent ainsi regarder des séries télévisées occidentales qui véhiculent des images de genre stéréotypées, mais les réinterpréter entre elles, en famille ou entre amies, pour critiquer ces représentations ou en tirer des leçons adaptées à leur propre réalité. Elles peuvent, par exemple, se moquer des attentes irréalistes de la vie conjugale ou des modèles de consommation. De même, les théories postcoloniales mettent en lumière la résistance des populations colonisées et postcoloniales aux discours hégémoniques. Ngũgĩ wa Thiong'o (1986) a défendu l'utilisation des langues africaines comme un acte de résistance contre la "colonisation mentale" (Ngũgĩ wa Thiong'o, 1986 : 28). Dans le contexte médiatique congolais, cela se traduit par la préférence pour des médias des langues nationales (lingala, swahili, tshiluba ou kikongo), qui reflètent mieux les réalités culturelles et linguistiques, offrant une alternative aux médias francophones ou anglophones perçus comme "étrangers" ou élitistes. La création de films locaux par des réalisateurs congolais qui racontent l'histoire et les réalités du pays est aussi une forme de résistance active aux narratifs imposés par le cinéma occidental. L'unification de ces perspectives met en évidence que la résistance est souvent double : une résistance aux stéréotypes de genre et une résistance aux narratifs coloniaux/raciaux. Une femme activiste congolaise utilisant les réseaux sociaux pour dénoncer les violences sexuelles dans l'Est de la RDC ne fait pas que résister au silence médiatique sur les violences faites aux femmes ; elle résiste aussi à l'image médiatique d'une femme africaine passive et d'une RDC uniquement victime. Son activisme est une forme d'auto-représentation qui défie à la fois les normes de genre et les clichés postcoloniaux.

IX.3.3. Hybridité, négociation et réappropriation du sens

La convergence des approches féministes et postcoloniales se manifeste également dans l'exploration des mécanismes d'hybridité, de négociation et de réappropriation du sens par les récepteurs. Ces concepts reconnaissent que la réception n'est pas un simple rejet ou une acceptation, mais un processus dynamique de transformation. Le concept d'hybridité développé par Homi K. Bhabha (1994 :37), comme mentionné précédemment, est nécessaire pour comprendre comment les cultures postcoloniales sont des espaces de mélange et de fusion. Dans la réception médiatique, cela signifie que les messages étrangers ne sont pas consommés tels quels, mais sont intégrés et transformés par les audiences locales. La musique congolaise (rumba) a absorbé des influences occidentales (instruments, styles musicaux) mais les a fusionnées avec des rythmes, des langues et des thèmes locaux pour créer une forme unique et authentique, très populaire dans la réception des médias. De même, les émissions de télévision congolaises peuvent mêler des formats occidentaux (télé-réalité, talk-shows) avec des codes culturels, des sujets de conversation et des manières d'interagir spécifiquement congolais, créant ainsi une forme hybride qui résonne avec le public. Les théories féministes ont également exploré la négociation du sens. Les femmes peuvent négocier le sens d'un message médiatique, acceptant certains aspects tout en en rejetant d'autres, en fonction de leur propre vécu et de leur positionnement. Une femme congolaise pourrait accepter la nécessité de l'éducation pour les filles (un message souvent promu par des médias internationaux) tout en négociant les modalités de cette éducation pour qu'elle respecte les valeurs culturelles de sa communauté. La réappropriation est la capacité des audiences à s'emparer de messages ou de symboles médiatiques et à les utiliser pour leurs propres fins, souvent subversives. Les mouvements féministes à travers le monde ont réapproprié des symboles patriarcaux ou des images dégradantes pour en faire des outils de revendication et d'empowerment. Dans le contexte postcolonial, cela se voit dans la manière dont des traditions vestimentaires, musicales ou linguistiques, autrefois dévalorisées par le colonisateur, sont aujourd'hui célébrées et valorisées dans les médias locaux comme des signes d'identité et de fierté. Au Congo, des artistes peuvent réutiliser des éléments visuels ou narratifs de propagandes coloniales pour les détourner et en faire des critiques acerbes de l'histoire et du présent.

IX.3.4. Activisme réceptif et autonomisation des audiences

L'unification des approches féministes et postcoloniales met en exergue l'importance de l'activisme réceptif et de l'autonomisation des audiences en République Démocratique du Congo. Dans un pays où le paysage médiatique est souvent polarisé, sous-financé et parfois instrumentalisé, la capacité des citoyens à naviguer, critiquer et produire du sens est vitale pour la démocratie et le développement social. L'activisme réceptif désigne les pratiques par lesquelles les récepteurs ne se contentent pas de consommer, mais s'engagent activement avec les médias, parfois pour contester, parfois pour proposer. Cela peut prendre la forme de commentaires sur les réseaux sociaux, de participation à des débats radiophoniques, de signalement de fausses informations, ou même de création de contenus alternatifs. Pour les femmes congolaises, cet activisme peut se manifester par l'utilisation de groupes WhatsApp pour partager des informations vérifiées sur la santé reproductive ou les violences basées sur le genre, contournant ainsi les médias traditionnels qui pourraient ignorer ou mal représenter ces sujets. C'est une forme de "citoyenneté numérique" où la réception devient un acte engagé. L'autonomisation (empowerment) des audiences découle de cette agentivité. En étant capables de déconstruire les stéréotypes de genre et les narratifs coloniaux, de négocier et de réapproprier le sens des messages, les individus gagnent en capacité d'agir sur leur propre représentation et sur leur environnement. Cela est particulièrement important dans un contexte postcolonial où les voix des femmes et des populations marginalisées ont longtemps été silencieuses ou déformées. Au

Congo-Kinshasa, on observe l'émergence de médias citoyens et de plateformes numériques gérées par des jeunes, des femmes ou des communautés locales. Ces initiatives, comme des radios communautaires dans des zones rurales ou des chaînes YouTube animées par des Congolais pour des Congolais, sont des laboratoires d'auto-représentation. Elles permettent de :

- ✓ Déconstruire les images misérabilistes : En montrant la vie quotidienne, la culture riche et les initiatives positives, elles proposent un contre-narratif aux images souvent négatives de la RDC véhiculées par certains médias internationaux.
- ✓ Affirmer des identités multiples : Elles donnent voix à la diversité des identités congolaises (ethniques, régionales, linguistiques, religieuses, de genre, de sexualité), souvent invisibilisées par les médias nationaux uniformisants ou les médias occidentaux simplificateurs.
- ✓ Soutenir la cause des femmes : Des activistes et journalistes femmes congolaises utilisent ces plateformes pour sensibiliser aux enjeux du genre, dénoncer les violences, promouvoir l'égalité et mettre en lumière les succès et les contributions des femmes dans la société congolaise.

Ces pratiques d'activisme réceptif et d'auto-représentation sont des éléments irréfutables de la décolonisation de l'espace médiatique et de la promotion de l'égalité de genre au Congo-Kinshasa. Elles démontrent que la réception n'est pas seulement une question d'interprétation individuelle, mais aussi une dimension collective et politique de la construction identitaire et du changement social. Un journaliste témoigne également de la nécessité de faire preuve d'esprit critique face aux médias dominants pour autonomiser les audiences :

> *"Le journalisme doit être plus critique. Il doit interroger les médias eux-mêmes. Qui les possède ? Qui les finance ? Quels sont leurs intérêts ? Le public est intelligent. Il sait que les médias ont des biais. C'est à nous de les aider à les comprendre. Le journalisme n'est pas seulement de l'information, c'est aussi de la critique de l'information."*

Ce témoignage illustre une approche de la production médiatique qui est intrinsèquement liée à l'autonomisation des audiences. Le journaliste se positionne comme un médiateur critique, aidant le public à décoder les messages en dévoilant les structures de pouvoir qui les sous-tendent. Cette pratique s'aligne avec la notion d'« activisme réceptif » et montre une conscience que la réception est une compétence qui doit être cultivée. La reconnaissance que le « public est intelligent » et qu'il faut l'aider à comprendre les biais médiatiques est une approche qui vise à l'émancipation intellectuelle des audiences, à leur « autonomisation ».

IX.3.5. Limites et défis dans le contexte Congolais

Bien que l'unification des approches féministes et postcoloniales procure un cadre analytique puissant, son application au contexte congolais doit également prendre en compte des limites et des défis spécifiques. Premièrement, la fracture numérique reste un obstacle majeur. L'accès limité à Internet, aux smartphones et à l'électricité dans de nombreuses régions de la RDC signifie qu'une grande partie de la population ne peut pas pleinement participer à l'activisme réceptif en ligne ou à la production de contenus alternatifs. Les médias traditionnels comme la radio continuent de jouer un rôle prépondérant, et l'analyse de leur réception nécessite des méthodologies adaptées à ces contextes. Deuxièmement, la censure et l'autocensure sont des réalités persistantes dans le paysage médiatique congolais. Les pressions politiques, économiques et même sécuritaires peuvent limiter la capacité des journalistes et des citoyens à s'exprimer librement, affectant directement la diversité des représentations et la possibilité de lectures opposées. Les femmes journalistes, en particulier, peuvent faire face à des défis supplémentaires liés au sexisme et aux menaces spécifiques. Troisièmement, la multiplicité des langues et des cultures en RDC, bien qu'une richesse, complexifie également l'analyse de la réception. Les messages médiatiques sont reçus et interprétés différemment selon la langue de diffusion (français, lingala, swahili, tshiluba, kikongo, etc.) et les contextes culturels régionaux. Une analyse intersectionnelle rigoureuse doit tenir compte de cette diversité pour éviter les généralisations hâtives. Enfin, la pauvreté et les conflits récurrents dans certaines parties de la RDC influencent profondément les priorités de réception des audiences. La recherche d'informations vitales pour la survie (sécurité, accès à l'aide humanitaire) peut primer sur la déconstruction de stéréotypes de genre ou postcoloniaux, même si ces derniers sont intrinsèquement liés aux conditions de vie des populations. Malgré ces défis, l'unification des théories féministes et postcoloniales demeure une approche heuristique fondamentale pour la recherche sur la réception sur le sol congolais. Elle permet de saisir la nuance des interactions médiatiques, d'identifier les lieux de résistance et d'agentivité, et de soutenir les initiatives qui visent à autonomiser les voix marginalisées et à construire des récits plus justes et plus représentatifs des réalités congolaises. C'est un appel à une recherche engagée, sensible aux spécificités locales et aux dynamiques de pouvoir qui façonnent la vie médiatique des populations.

IX.3.6. Une compréhension enrichie et engagée de la réception

L'unification des approches féministes et postcoloniales de la réception médiatique sert d'outil d'analyse d'une puissance inégalée pour comprendre la diversité des interactions entre les médias et les audiences, en particulier celles issues de groupes marginalisés. Ces théories convergent pour affirmer que la réception est un processus éminemment actif, situé et politique, façonné par les intersections de la race, du genre, de la classe et de la culture. Elles nous rappellent que les identités ne sont pas des catégories fixes, mais des constructions dynamiques qui influencent profondément la manière dont les messages médiatiques sont décodés, négociés, résistés et réappropriés. Dans le contexte riche de la République Démocratique du Congo, cette perspective unifiée est d'une pertinence capitale. Elle permet de dépasser les analyses simplistes pour saisir comment les femmes congolaises, les jeunes, les populations rurales ou les communautés spécifiques s'engagent avec un paysage médiatique hétérogène, souvent marqué par les héritages coloniaux et les inégalités de genre persistantes. En mettant en lumière la déconstruction des stéréotypes, l'agentivité de la réception, les processus d'hybridité et de réappropriation, et l'émergence d'un activisme réceptif dans les médias traditionnels et numériques, cette approche fournit les outils nécessaires pour comprendre comment les Congolais se réapproprient leurs récits et affirment leurs identités multiples. Finalement, ces théories ne sont pas seulement des instruments d'analyse ; elles sont des appels à l'action. Elles nous invitent à une recherche plus éthique, qui valorise les voix des subalternes, et à un engagement médiatique qui soutient la production de contenus plus inclusifs et plus représentatifs. Elles soulignent que la réception est un domaine où se joue la décolonisation des esprits et l'émancipation des genres, contribuant ainsi à la construction d'une société plus juste et plus équitable au niveau national et au-delà.

En conclusion, nous avons introduit les perspectives critiques issues des théories féministes et postcoloniales pour éclairer les dynamiques de pouvoir inhérentes à la réception médiatique en RDC. Ce dernier chapitre a révélé que la réception n'est jamais neutre; elle est un lieu où se manifestent les luttes pour la reconnaissance et l'affirmation des identités. Nous avons montré comment les médias peuvent perpétuer des stéréotypes de genre et des récits hérités de l'histoire coloniale, mais aussi comment les publics, en particulier les femmes et les groupes marginalisés, peuvent résister et réinterpréter ces messages.

Les théories féministes et postcoloniales nous ont permis de comprendre que la réception est une forme de résistance active, un moyen pour les groupes minoritaires de s'approprier les messages médiatiques pour subvertir les récits dominants. Ces publics ne se contentent pas de décoder; ils recodent et créent de nouvelles significations qui reflètent leur propre expérience. Cette capacité de "détournement" des messages médiatiques est un puissant levier d'émancipation et d'empowerment.

Conclusion

L'exploration de la réception médiatique en République Démocratique du Congo a révélé un champ d'étude d'une richesse et d'une complexité remarquables. En articulant une analyse des médias traditionnels et des nouveaux médias avec des perspectives critiques, cet ouvrage a mis en lumière les dynamiques, les tensions et les mutations qui caractérisent cette réception dans un pays aux réalités sociopolitiques singulières.

Cet ouvrage a d'abord posé les bases théoriques en rappelant les effets des médias sur les individus et la société, tout en mettant en évidence le passage, dans la recherche, d'une conception de l'audience comme un récepteur passif à un acteur actif capable de déconstruire les messages. C'est dans cette optique que notre analyse a ancré la sociologie de la réception médiatique dans le contexte congolais, révélant les particularités culturelles et sociales qui modulent l'interaction des publics avec les médias. L'application des Cultural Studies a permis de montrer comment les pratiques médiatiques locales sont le reflet de cette diversité culturelle, tandis que l'esthétique de la réception a mis en évidence le rôle central du lecteur dans la co-création du sens.

Poursuivant cette exploration, nous avons mobilisé la psychanalyse de la réception pour sonder les mécanismes inconscients qui influencent l'identification, la projection et la réinterprétation des messages médiatiques. Par la suite, la sémiotique de la réception a offert des instruments de décryptage des signes, essentiels pour comprendre la manière dont les messages sont décodés. L'analyse s'est ensuite tournée vers la réception médiatique 2.0, montrant comment l'essor des nouvelles technologies a transformé les audiences en acteurs connectés et participatifs. Enfin, la mobilisation des théories féministes et postcoloniales a permis de déconstruire les schémas de réception dominants, offrant une compréhension plus fine des stratégies de résistance et de réinterprétation adoptées par les groupes marginalisés.

L'ouvrage contribue ainsi de manière significative à l'enrichissement des recherches sur la réception médiatique en proposant des grilles d'analyse adaptées aux spécificités culturelles et historiques de la RDC. Il met en exergue la nécessité impérieuse d'une approche multidimensionnelle et contextualisée pour appréhender la diversité des modalités de réception, allant de l'adhésion consensuelle à la contestation active.

Cette étude incite à repenser la réception médiatique comme un processus intrinsèquement dynamique et transformateur. La consommation des médias par les publics congolais ne se limite pas à une absorption passive ; elle constitue un acte de co-création de significations, une force influençant les discours établis et, dans certains cas, une capacité à redéfinir les normes sociales. La théorie de la réception, appliquée au contexte congolais, souligne l'importance de dépasser les cadres d'analyse univoques pour saisir la polysémie des interactions entre les médias, les publics et la société. Elle présente des outils conceptuels précieux pour appréhender non seulement les défis, mais également les opportunités que les médias présentent dans la construction d'un avenir plus inclusif, équitable et participatif pour la RDC et, par extension, pour d'autres sociétés africaines.

L'analyse de la réception des médias en contexte congolais ouvre de multiples avenues pour la recherche future, l'élaboration de politiques publiques et la pratique médiatique. Pour la recherche universitaire, il est impératif de poursuivre l'étude des transformations des pratiques médiatiques, notamment face à l'évolution rapide de nouvelles technologies comme l'intelligence artificielle et les algorithmes, à travers des recherches longitudinales. Pour les responsables publics et les autorités de régulation, il est primordial de renforcer les initiatives en faveur de l'inclusion numérique et de l'éducation aux médias afin de réduire les disparités d'accès et de développer la capacité critique des publics. Somme toute, les professionnels des médias devraient prioriser la production de contenus qui reflètent authentiquement la diversité des identités congolaises, en évitant les stéréotypes et en diversifiant les narratifs pour inclure les voix marginalisées.

BIBLIOGRAPHIE

Abadlia, N. (2014). *Esthétique de la réception: Théories et applications*. Éditions universitaires européennes, Sarrebruck.

Alasuutari, P. (1995). *Researching culture: Qualitative method and cultural studies*. SAGE Publications, Londres.

Ang, I. (1985). *Watching Dallas: Soap opera and the melodramatic imagination*. Methuen, Londres.

Ang, I. (2003). *Pour une politique culturelle de la réception*. De Boeck, Bruxelles.

Anzieu, D. (1975). *Le Moi-peau*. Dunod, Paris.

Appadurai, A. (1996). *Modernity at large: Cultural dimensions of globalization*. University of Minnesota Press, Minneapolis.

Arnold, M. (1869). *Culture and anarchy*. Smith, Elder & Co., Londres.

Assayag, J., & Benei, V. (dir.). (2003). *At home in diaspora. south asian intellectuals and the west*. Permanent Black/Indiana University Press, Delhi-Bloomington.

Barnlund, D. C. (1970). A transactional model of communication. In K. K. Sereno & C. D. Mortensen (Eds.), *Foundations of Communication Theory* (pp. 83-89). Harper & Row, New York.

Barthes, R. (1957). *Mythologies*. Seuil, Paris.

Barthes, R. (1964). *Éléments de sémiologie*. Seuil, Paris.

Barthes, R. (1970). *Le plaisir du texte*. Seuil, Paris.

Baym, N. K. (2015). *Personal connections in the digital age*. Polity Press, Cambridge.

Bellemin-Noël, J. (1971). *Vers une approche psychanalytique du texte littéraire*. Larousse, Paris.

Benkler, Y. (2006). *The wealth of networks: How social production transforms markets and freedom*. Yale University Press, New Haven.

Benkler, Y. (2018). *Network propaganda: Manipulation, disinformation, and radicalization in American politics*. Oxford University Press, New York.

Berlo, D. K. (1960). *The Process of Communication: An Introduction to Theory and Practice*. Holt, Rinehart & Winston, New York.

Bhabha, H. K. (1994). *The location of culture*. Routledge, Londres.

Birman, J. (2012). *Mal-être et souffrance psychique: La psychanalyse entre cultures et générations*. Odile Jacob, Paris.

Blumler, J. G., & Katz, E. (Eds.). (1974). *The Uses of Mass Communications: Current Perspectives on Gratifications Research*. Sage Publications, Beverly Hills, CA.

Boorstin, D. J. (1962). *The Image: A Guide to Pseudo-Events in America*. Atheneum, New York.

Bourdieu, P. (1979). *La distinction: Critique sociale du jugement*. Les Éditions de Minuit, Paris.

Bourdieu, P. (1980). *Le sens pratique*. Les Éditions de Minuit, Paris.

Bourdieu, P. (1992). *Les règles de l'art: Genèse et structure du champ littéraire*. Seuil, Paris.

Bourdieu, P. (1998). *La domination masculine*. Seuil, Paris.

Breton, P., & Proulx, S. (2002). *L'explosion de la communication: La naissance d'une nouvelle culture*. La Découverte, Paris.

Bronner, G. (2013). *La démocratie des crédules: Une enquête sociologique sur le complotisme*. Presses Universitaires de France, Paris.

Butler, J. (1990). *Gender trouble: Feminism and the subversion of identity*. Routledge, New York.

Cardon, D. (2010). *La démocratie Internet: Promesses et limites*. Seuil, Paris.

Carey, J. W. (1989). *Communication as culture: Essays on media and society*. Unwin Hyman, Boston.

Carr, N. (2010). *The shallows: What the Internet is doing to our brains*. W.W. Norton & Company, New York.

Castells, M. (2012). *Networks of outrage and hope: Social movements in the Internet age*. Polity Press, Cambridge.

Charron, M. (2004). *La communication, un champ de savoirs*. PUQ, Québec.

Cohen, B. C. (1963). *The Press and Foreign Policy*. Princeton University Press, Princeton.

Collins, P. H. (2000). *Black feminist thought: Knowledge, consciousness, and the politics of empowerment* (2nd ed.). Routledge, New York.

Compagnon, A. (1979). *La seconde main ou le travail de la citation*. Seuil, Paris.

Crenshaw, K. (1989). Demarginalizing the intersection of race and sex: A black feminist critique of antidiscrimination doctrine, feminist theory and antiracist politics. *University of Chicago Legal Forum*, 1989(1), 139-167.

Cusset, F. (2003). *French theory. Foucault, derrida, deleuze et cie et les mutations de la vie intellectuelle aux États-Unis*. La Découverte, Paris.

Darras, B. (2005). *La communication en milieu scolaire*. PUF, Paris.

Dayan, D. (1992). *La télévision: entre les savoirs et l'imaginaire*. PUF, Paris.

Dayan, D. (1992). *La télévision: Un instrument de pouvoir*. Seuil, Paris.

De Boeck, F., & Plissart, M.-F. (2004). *Kinshasa: Tales of the invisible city*. Ludion, Gent.

De Certeau, M. (1980). *L'invention du quotidien, vol. 1: Arts de faire.* Gallimard, Paris.

Debras, S. (1998). *La lecture au féminin: Les femmes et la presse écrite en France.* L'Harmattan, Paris.

Déna, M. (2020). *Le transmédia: Storytelling participatif et médias numériques.* Ellipses, Paris.

Derville, G. (2006). *Le pouvoir des médias: Mythes et réalités.* Presses Universitaires de Grenoble, Grenoble.

Dictionnaire de la critique littéraire. (2002). Presses Universitaires de France, Paris.

Du Gay, P. (1997). *Doing cultural studies: The story of the Sony Walkman.* SAGE Publications, Londres.

Dube, L. (2012). *Communication dans la société moderne.* Presses de l'Université du Québec, Québec.

Dupont, C. (2018). *La théorie de la réception: Une approche sociologique.* Éditions de l'Université, Paris.

Durand, J.-P., & Weil, R. (1979). *Sociologie contemporaine.* Vigot, Paris.

Durkheim, É. (1912). *Les formes élémentaires de la vie religieuse.* Alcan, Paris.

Eco, U. (1962). *L'œuvre ouverte.* Seuil, Paris.

Eco, U. (1979). *Lector in fabula: Le rôle du lecteur ou la coopération interprétative dans les textes narratifs.* Grasset, Paris.

Eco, U. (1984). *Sémiotique et philosophie du langage.* Presses Universitaires de France, Paris.

Escarpit, R. (1958). *Sociologie de la littérature.* Presses universitaires de France, Paris.

Esquenazi, J.-P. (2003). *Sociologie des publics.* La Découverte, Paris.

Fanon, F. (1961). *Les damnés de la terre.* François Maspero, Paris.

Festinger, L. (1957). *A theory of cognitive dissonance.* Stanford University Press, Stanford.

Fish, S. (1980). *Is there a text in this class? The authority of interpretive communities.* Harvard University Press, Cambridge.

Fiske, J. (1987). *Television culture.* Methuen, Londres.

Freud, S. (1905). *Le mot d'esprit et sa relation à l'inconscient.* Gallimard, Paris.

Freud, S. (1913). *Totem et Tabou.* Payot, Paris.

Freud, S. (1915). L'inconscient. In *Œuvres complètes, tome XIII.* Presses Universitaires de France, Paris.

Freud, S. (1926). *Inhibition, symptôme et angoisse.* Presses Universitaires de France, Paris.

Gadamer, H.-G. (1996). *Vérité et méthode: Les grandes lignes d'une herméneutique philosophique*. Seuil, Paris.
Geschiere, P. (1997). *The modernisation of witchcraft: Power, magic, and the occult in modern Africa*. University of Virginia Press, Charlottesville.
Gillmor, D. (2004). *We the media: Grassroots journalism by the people, for the people*. O'Reilly Media, Sebastopol.
Goffman, E. (1959). *The presentation of self in everyday life*. Doubleday, New York.
Goleman, D. (1995). *Emotional Intelligence*. Bantam Books, New York.
Gramsci, A. (1971). *Selections from the prison notebooks*. Lawrence and Wishart, Londres.
Grossberg, L. (1992). *We Gotta Get Out of This Place: Popular Culture and the End of Our Time*. Routledge, New York.
Hardt, H. (1992). *Critical communication studies. Communication, history and theory in America*. Routledge, Londres.
Hjelmslev, L. (1943). *Prolégomènes à une théorie du langage*. Les Éditions de Minuit, Paris.
Hoggart, R. (1957). *The uses of literacy*. Chatto and Windus, Londres.
Hoggart, R. (2015). *La culture du pauvre: Étude sur le style de vie des classes populaires en Angleterre*. Les Éditions de Minuit, Paris.
Iser, W. (1978). *L'acte de lecture: Théorie de l'effet esthétique*. Pierre Mardaga, Bruxelles.
Jauss, H. R. (1970). *Littérature médiévale et théorie des genres*. Gallimard, Paris.
Jauss, H. R. (1978). *Pour une esthétique de la réception*. Gallimard, Paris.
Jeanneret, Y. (2012). *Les théories de la réception et la sémiologie des médias*. Hermès, Paris.
Jenkins, H. (2006). *Convergence culture: Where old and new media collide*. New York University Press, New York.
Kahneman, D. (2011). *Thinking, fast and slow*. Farrar, Straus and Giroux, New York.
Kalinowski, I. (2009). *Hans Robert Jauss: La littérature en tant que provocation à la théorie littéraire*. Presses universitaires de France, Paris.
Katz, E., & Lazarsfeld, P. F. (1955). *Personal Influence: The Part Played by People in the Flow of Mass Communications*. Free Press, New York.
Katz, E., & Liebes, T. (1992). *The export of meaning: Cross-cultural readings of 'Dallas'*. Oxford University Press, New York.
Klastrup, L., & Tosca, S. (2014). Transmedial worlds: Rethinking cyberworld design. In F. R. P. D. (Ed.), *Transmedia storytelling: Narrative theory and practice*. Routledge, New York.

Kris, E. (1952). *Psychoanalytic explorations in art*. International Universities Press, New York.

Laplanche, J. (1987). *Nouveaux fondements pour la psychanalyse*. Presses Universitaires de France, Paris.

Laplanche, J., & Pontalis, J.-B. (1967). *Vocabulaire de la psychanalyse*. Presses universitaires de France, Paris.

Laplante, L. (2016). *Culture et communication*. Presses de l'Université de Montréal, Montréal.

Laplantine, F. (1996). *La description ethnographique*. Nathan, Paris.

Larmet, G. (2010). *Sociologie de la jeunesse: L'apprentissage de l'autonomie*. La Découverte, Paris.

Lasswell, H. D. (1927). *Propaganda technique in the world war*. Knopf, New York.

Latour, B. (2005). *Reassembling the Social: An Introduction to Actor-Network-Theory*. Oxford University Press, Oxford.

Laulan, A. M. (2009). *Sociologie des médias*. L'Harmattan, Paris.

Lazarsfeld, P. F. (1940). *Radio and the printed page: An introduction to the study of radio and its social effects*. Duell, Sloan and Pearce, New York.

Lazarsfeld, P. F., Berelson, B., & Gaudet, H. (1944). *The People's Choice: How the Voter Makes Up His Mind in a Presidential Campaign*. Columbia University Press, New York.

Le Grignou, B. (2001). *Du côté du public: Usages et réceptions de la télévision*. L'Harmattan, Paris.

Le Guen, P. (2007). *La médiation culturelle: Une approche des Cultural Studies*. L'Harmattan, Paris.

Leavis, F. R. (1930). *Mass civilisation and minority culture*. The Minority Press, Cambridge.

Levy, M. R. (1997). *The New Media: A New Context for Communication*. Cambridge University Press, Cambridge.

Lévy, P. (1994). *L'intelligence collective: Pour une anthropologie du cyberespace*. La Découverte, Paris.

Lindgren, M. (2021). *Alternative Media and Counter-Hegemonic Communication*. Routledge, New York.

Lippmann, W. (1922). *Public Opinion*. Macmillan, New York.

Livingstone, S. (1998). *Making sense of television: The psychology of audience interpretation*. Routledge, Londres.

Livingstone, S. (2005). *Audiences and publics: When cultural studies met the information society*. Sage Publications, Londres.

Lull, J. (2005). *Media, Communication, Culture: A Global Approach.* Polity Press, Cambridge.

Macé, E. (s.d.). *Qu'est-ce qu'une sociologie de la télévision.* Consulté sur http://ibelgique.Ifrance.Com/socio-media/macel h.htm, le 24 Mai 2025.

Maigret, É. (2005). *Sociologie de la communication et des médias.* Armand Colin, Paris.

Martin, L. (2020). *Le public à l'ère du numérique.* Les Presses de l'Université, Montréal.

Marwick, A. E. (2013). *Status update: Celebrity, publicity, and branding in the social media age.* Yale University Press, New Haven.

Mattelart, A et Mattelart, M (2002). *Histoire des théories de communication*, Paris, La Découverte.

Mattelart, A., & Neveu, É. (2003). *Introduction aux Cultural Studies.* La Découverte, Paris.

Mauron, C. (1950). *Introduction à la psychocritique.* Armand Colin, Paris.

McLuhan, M. (1964). *Understanding Media: The Extensions of Man.* McGraw-Hill, New York.

Meyrowitz, J. (1985). *No sense of place: The impact of electronic media on social behavior.* Oxford University Press, New York.

Morley, D. (1986). *Family television: Cultural power and domestic leisure.* Comedia Publishing Group, Londres.

Morley, D. (1997). *Family television: Culture, power and domestic leisure.* Routledge, Londres.

Morris, C. W. (1946). *Signs, language, and behavior.* Prentice-Hall, New York.

Mucchielli, A. (1994). *Les méthodes qualitatives.* PUF, Paris.

Mungenga, F. (2018). *Jeunes de Kinshasa et l'apparence vestimentaire: L'influence des médias.* Éditions universitaires européennes, Sarrebruck.

Noelle-Neumann, E. (1984). *The Spiral of Silence: Public Opinion - Our Social Skin.* University of Chicago Press, Chicago.

Orgad, S. (2018). *The digital audience: A new era in media research.* Polity Press, Cambridge.

Oswald, G. (1984). *La communication et les médias de masse.* Editions de l'Université de Liège, Liège.

Pariser, E. (2011). *The filter bubble: What the Internet is hiding from you.* The Penguin Press, New York.

Pasquier, D. (1999). *Les scénarios de l'amour: Une sociologie de la fiction sentimentale à la télévision.* C.N.R.S. Éditions, Paris.

Peirce, C. S. (1958). *Collected papers of Charles Sanders Peirce.* Harvard University Press, Cambridge.

Picard, M. (1986). *La lecture comme jeu: Pour une théorie de la fiction.* Les Éditions de Minuit, Paris.

Picard, M. (2005). *La lecture comme expérience: Pour une approche pragmatique.* L'Harmattan, Paris.

Pillet, F. (2007). *L'esthétique de la réception: Un état de la question.* Presses universitaires de France, Paris.

Quéré, L. (1996). La réception comme activité située. *Réseaux,* 14(75), 23-44.

Radway, J. A. (1984). *Reading the romance: Women, patriarchy, and popular literature.* University of North Carolina Press, Chapel Hill.

Ricœur, P. (1965). *De l'interprétation: Essai sur Freud.* Seuil, Paris.

Rieffel, R. (2005). *Sociologie des médias.* Ellipses, Paris.

Rosen, J. (2006). *What are journalists for?.* Yale University Press, New Haven.

Saemmer, A. (2013). De la réception littéraire aux théories de la réception des médias. *Le français aujourd'hui,* 182(3), 111-125.

Saïd, E. (1978). *Orientalism.* Pantheon Books, New York.

Sapiro, G. (2019). *La sociologie de la littérature.* La Découverte, Paris.

Schramm, W. (1954). *The Process and Effects of Mass Communication.* University of Illinois Press, Urbana.

Shannon, C. E., & Weaver, W. (1949). *The Mathematical Theory of Communication.* University of Illinois Press, Urbana.

Shirky, C. (2008). *Here Comes Everybody: The Power of Organizing Without Organizations.* Penguin Press, New York.

Silverstone, R., & Morley, D. (1996). *Media, communication, culture: A reader.* Routledge, Londres.

Slovic, P. (2010). *The feeling of risk: New perspectives on risk perception.* Earthscan, Londres.

Sperber, D., & Wilson, D. (1986). *Relevance: Communication and cognition.* Harvard University Press, Cambridge.

Stewart, G. (2000). *Rumba on the river: A history of the popular music of the two Congos.* Verso, Londres.

Storey, J. (2021). *Cultural Theory and Popular Culture: An Introduction.* Routledge, New York.

Sunstein, C. R. (2001). *Republic.com.* Princeton University Press, Princeton.

Surowiecki, J. (2004). *The wisdom of crowds: Why the many are smarter than the few and how collective wisdom shapes business, economies, societies, and nations.* Doubleday, New York.

Taylor, C. (1998). *A secular age*. Belknap Press of Harvard University Press, Cambridge.
Thompson, E. P. (1963). *The making of the english working class*. Pantheon Books, New York.
Tufekci, Z. (2017). *Twitter and tear gas: The power and fragility of networked protest*. Yale University Press, New Haven.
Turkle, S. (2011). *Alone Together: Why We Expect More from Technology and Less from Each Other*. Basic Books, New York.
Vaca, D. (2020). *La réception des messages médiatiques*. Editions du Centurion, Paris.
Wa Thiong'o, N. (1986). *Decolonising the mind: The politics of language in African literature*. James Currey, Londres.
White, B. (2008). *Rumba rules: The politics of dance music in Mobutu's Zaire*. Duke University Press, Durham.
Williams, R. (1958). *Culture and society: 1780-1950*. Chatto and Windus, Londres.
Williams, R. (1961). *The long revolution*. Chatto & Windus, Londres.
Williams, R. (1977). *Marxism and literature*. Oxford University Press, Oxford.
Winnicott, D. W. (1971). *Jeu et réalité*. Gallimard, Paris.
Wolton, D. (2000). *L'autre mondialisation*. Flammarion, Paris.
Zuboff, S. (2019). *The age of surveillance capitalism: The fight for a human future at the new frontier of power*. PublicAffairs, New York.

Articles

Baetens, J. (2006). "Cultural Studies" n'égalent pas "études culturelles". In *MEI, Études culturelles / Cultural Studies*, (24-25).
Castells, M. (2007). Communication, power and counter-power in the network society. *International Journal of Communication*, 1, 238-266.
Chalard-Fillaudeau, A. (2003). Les « Cultural Studies » : une science actuelle?. In *Revue internationale de recherches et de synthèse en sciences sociales*, (149), 31-40.
Chalard-Fillaudeau, A., & Raulet, G. (2003). « Pour une critique des sciences de la culture ». In *Revue internationale de recherches et de synthèse en sciences sociales*, (149), 3-29.
Entman, R. M. (1993). Framing: Toward clarification of a fractured paradigm. *Journal of Communication*, 43(4), 51–58.

Freud, S. (1908). Créateurs littéraires et fantasmes. Dans S. Freud, *Œuvres complètes, tome IX*. Presses Universitaires de France, Paris.

Gerbner, G., & Gross, L. (1976). Living with television: The violence profile. *Journal of Communication*, 26(2), 173-199.

Gerbner, G., & Gross, L. (1976). The 'Mainstreaming' of America: Violence Profile No. 11. *Journal of Communication*, 26(2), 182.

Gerbner, G., Gross, L., Jackson-Beeck, M., Jeffries-Fox, S., & Signorielli, N. (1978). Cultural indicators: Violence profile no. 9. *Journal of Communication*, 28(3), 176-197.

Hall, S. (1977). Culture, the media and the 'ideological effect'. In J. Curran, M. Gurevitch, & J. Woollacott (Eds.), *Mass Communication and Society*. Edward Arnold, Londres.

Hall, S. (1980). Encoding/decoding. In S. Hall, D. Hobson, A. Lowe, & P. Willis (Eds.), *Culture, Media, Language: Working Papers in Cultural Studies, 1972–79* (pp. 128-138). Hutchinson, Londres.

Hall, S. (1981). Notes on deconstructing the "popular". In R. Samuel, E. Andrew, & C. Thomas (Eds.), *People's History and Socialist Theory*. Routledge & Kegan Paul, Londres.

Hall, S. (1996). What is this "black" in black popular culture? In D. Morley & K.-H. Chen (Eds.), *Stuart Hall: Critical Dialogues in Cultural Studies*. Routledge, Londres.

Hall, S. (1998). La culture populaire et les médias. *Quaderni*, 36(1), 47–61.

Katz, E. (2002). The uses of a uses-and-gratifications approach. In M. B. Salwen & D. W. Stacks (Eds.), *An integrated approach to communication theory and research*. Lawrence Erlbaum Associates Publishers, Mahwah.

Laberge, M.-F., & Proulx, S. (1995). La télévision familiale: Usages, appropriation et culture télévisuelle. *Communication & Organisation*, 7(1), 121–140.

Lasswell, H. D. (1948). The structure and function of communication in society. In L. Bryson (Ed.), *The Communication of Ideas* (pp. 37-51). Harper & Row, New York.

Lazarsfeld, P. F., & Merton, R. K. (1948). Mass communication, popular taste and organized social action. In L. Bryson (Ed.), *The communication of ideas*. Harper & Brothers, New York.

Livingstone, S. (2009). On the mediation of everything: A short history of reception studies. In J. D. Slack & D. J. Miller (Eds.), *The handbook of reception studies*. Wiley-Blackwell, Malden.

Mattelart, A. et Neveu, E. (1996). «Cultural Studies' stories. La domestication d'une pensée sauvage? » In *Réseaux* n° 80.

McCombs, M. E., & Shaw, D. L. (1972). The Agenda-Setting Function of Mass Media. *Public Opinion Quarterly*, 36(2), 176–187.

McCombs, M. E., & Shaw, D. L. (1993). The evolution of agenda-setting research: Twenty-five years in the marketplace of ideas. *Journal of Communication*, 43(2), 58-65.

Spivak, G. C. (1988). Can the subaltern speak? In C. Nelson & L. Grossberg (Eds.), *Marxism and the interpretation of culture*. University of Illinois Press, Urbana.

Tuchman, G. (1978). The symbolic annihilation of women by the mass media. In G. Tuchman, A. K. Daniels, & J. Benét (Eds.), *Hearth and home: Images of women in the mass media*. Oxford University Press, New York.

Van Damme, S. (2004). Comprendre les Cultural Studies: une approche d'histoire des savoirs. *Revue d'histoire moderne et contemporaine*, 51(4bis), 48-58.

TABLE DES MATIERES

Liste des abréviations 4
Remerciements 5
Préface 6
Avant-propos 10
Introduction 12

Chapitre premier
REGARD SUR LES EFFETS DES MÉDIAS 15
    I.1. Les effets directs ou la toute-puissance des médias (années 1920-1940) 15
    I.2. Les effets indirects ou limites (années 1940-1970) 17
    I.3. Le retour aux effets puissants (depuis les années 1970) 17
    I.3.1. La théorie des deux étages de la communication 18
    Les origines de cette théorie 19
    I.3.2. La théorie des usages et gratifications 21
    I.5. Retour aux effets puissants (à partir des années 1970) 22
    I.5.1. La théorie de la cultivation 23
    Le syndrome du grand méchant monde 24
    I.5.2. La théorie de la spirale du silence 26
    I.5.3. La théorie de l'agenda-setting 28
    I.5.3.1. Les origines de l'agenda-setting 28
    I.5.3.2. Les niveaux de l'agenda-setting 30
    I.5.3.3. Le concep "framing"(cadrage) 30
    I.5.3.4. L'agenda-setting et le framing dans le contexte congolais 31
    I.5.3.5. Implications et défis de l'agenda-setting et du framing sous l'angle congolais 33

Chapitre deuxieme
DE L'ÉMETTEUR AU RÉCEPTEUR ACTIF : GENÈSE DE LA THÉORIE DE LA RÉCEPTION 37
    II.1. Hans Robert Jauss et la perspective de l'avenir 37
    II.2. Les fondements théoriques de la réception des médias 39

II.2.1. Les premiers modèles de communication...39

II.2.2. Le schéma de Shannon et Weaver (1948) 39

II.2.3. Le modèle de Lasswell (1948) 41

II.2.4. La proposition de Berlo (1960) 42

II.2.5. Le schéma de Schramm (1954) 43

II.2.6. L'approche communicationnelle de Barnlund (1970) 44

II.3. Approches axées sur le destinataire..45

II.3.1. Le processus d'encodage/décodage (Stuart Hall)..............................46

II.3.2. Le choix et l'emploi des médias...47

II.3.3. L'individu, les situations socio-culturelles et les évaluations personnelles 48

II.4. La remise en question et la résistance...49

II.5. La subjectivité du destinataire 49

II.5.1. Les expériences personnelles du destinataire 49

II.5.2. Les valeurs individuelles du destinataire...50

II.5.3. Les environnements socio-culturels du destinataire..........................51

II.6. L'importance de la reconnaissance et de l'appartenance........................52

II.7. Le processus de construction du sens 52

II.8. La conception culturelle et les recherches sur la réception 53

II.9. La théorie de la réception active 54

II.9.1. L'analyse des réceptions au sein de la communauté..........................54

II.9.2. Les destinataires en tant que producteurs du sens 54

II.9.3. Diverses catégories de récepteurs actifs 55

II.9.4. Les publics et les communautés d'audiences 57

II.9.5. Sensibilisation aux médias alternatifs et aux discours contre-hégémoniques 57

II.9.6. Les facteurs qui impactent la réception médiatique 58

II.9.6.1. Données individuelles du destinataire 58

II.9.6.2. Le contexte social et environnemental 58

II.9.6.3. Influences psychologiques et affectives 59

II.9.6.4. Situation socio-économique..59

II.9.6.5. Impact des normes et des principes culturels 60

II.10. L'accueil et l'établissement de la culture populaire 60

II.10.1. La formation de la culture populaire 60

II.10.2. La prise en compte de la culture populaire 62

II.11. La relation entre la création et la réception 63

II.11.1. Le rôle des médias dans la réception et la construction de l'identité collective 64

II.11.1. L'idée d'une identité commune 64

II.11.4. L'impact des messages médiatiques sur l'identité collective 65

II.12. Les défis de la construction de l'identité collective à travers les médias 65

Chapitre troisième
SOCIOLOGIE DE LA RECEPTION MEDIATIQUE EN RDC 68

III.1. Les fondements de la réception médiatique 68

III.2. Les trois directions de la réception 71

III.3. Des joies et plaisirs aux communautés d'interprétation 73

III.3.1. Plaisirs et satisfactions personnels 73

III.3.2. Du décodage individuel aux communautés d'interprétation 74

III.3.3. Le contexte de la vie quotidienne et familiale 77

III.3.4. L'influence du foyer sur la réception médiatique 77

III.3.5. Culture télévisuelle et modes de communication au sein des familles 77

III.4. De la réception des médias aux usages des TIC 80

III.5. Les dynamiques sociales et la réception des médias 83

III.5. Apprentissages sociaux et la transition du privé vers le public 85

III.5.1. Les apprentissages sociaux 85

III.6. La conversation médiatique au-delà du foyer 87

III.7. La notion de public(s) et les approches de compréhension 90

Chapitre quatrième
LES CULTURAL STUDIES ET LEURS RÉSONANCES EN RD CONGO 94

IV.1. Objet, épistémologie et objectifs des Cultural Studies 97

IV.1.1. Épistémologie : du marxisme au pluralisme 98
IV.1.2. Objectifs et interdisciplinarité 100
IV.2. Les mérites fondamentaux des cultural studies et leur impact global 101
IV.3. La naissance et l'évolution du centre for contemporary cultural studies (CCCS) 101
IV.4. Les pères fondateurs et la figure charismatique de Stuart Hall 102
IV.4.1. La légitimation académique et les stratégies du CCCS 103
IV.4.2. La planétarisation des Cultural Studies 104
IV.5. Les cultural studies et leurs parallèles au Congo 106
IV.5.1. Comprendre les dynamiques culturelles congolaises 109
IV.5.2. Perspectives et défis pour les Cultural Studies à l'échelle de la RDC 111
IV.6. Les cultural studies et leurs racines ethnographiques 112
IV.6.1. Culture, pouvoir et quotidien : une lecture congolaise 113
IV.6.2. Le tournant ethnographique et la globalisation 118

Chapitre cinquième
L'ESTHÉTIQUE DE LA RÉCEPTION 125
V. 1. Bases épistémologiques de l'esthétique de la réception 126
V.2. L'héritage de l'école de constance 126
V.3. Implications de l'esthétique de la réception en RDC 129
V.4. Horizon d'attente et écart esthétique 131

Chapitre sixième 150
LA PSYCHANALYSE DE LA RÉCEPTION 150
EN CONTEXTE CONGOLAIS 150
Les mécanismes inconscients de la réception 154
VI.5.3. La sublimation 161
VI.6. Le rôle des institutions primaires dans la réception 164
VI.7. La polysémie de la réception et la subtilité de l'analyse psychanalytique 165
VI.8. Implications pour la compréhension des dynamiques Congolaises 166
VI.9. Défis et perspectives d'application 167

Chapitre septième

SÉMIOTIQUE DE LA RÉCEPTION : HÉRITAGES DE CONSTANCE, DE COLUMBIA ET DE BIRMINGHAM 172

VII.3.2. La réception, lorsqu'elle est en train de négocier 191

VII.3.3. La réception, lorsqu'elle fait face à des résistances 193

VII.4. Le rôle de l'interprétation selon Umberto Eco 196

VII.4.2. Interprétation sémiotique et analyse critique 198

Chapitre huitième

LA RECEPTION MEDIATIQUE 2.0 : DE L'AUDIENCE PASSIVE A L'ACTEUR CONNECTE 200

VIII.1. La réception dans le cadre des nouvelles technologies et du numérique 201

VIII.1.1. Caractéristique des médias récents 201

VIII.1.2. La prise en charge active et interactive 202

VIII.1.3. La création conjointe du sens 206

VIII.1.4. La division des audiences et les bulles de filtrage 206

VIII.1.5. Les bulles de filtres et la création d'une chambre d'écho 206

VIII.1.6. L'importance des influenceurs et des communautés virtuelles 207

VIII.1.7. L'apparition de nouvelles manières de raconter et de recevoir 207

VIII.1.8. Les réseaux sociaux et une plus grande interactivité 207

VIII.1.9. L'accueil dans un contexte mondialisé 208

VIII.2. Les nouvelles formes de réception 209

VIII.2.1. Une réception interactive et participative 209

VIII.2.2. Élaboration et modification de contenus 210

VIII.2.3. Les "mèmes" et la combinaison culturelle 210

VIII.2.4. Réception 'immersive et la réalité virtuelle/augmentée 210

VIII.2.5. Réception à distance et "sur demande" 211

VIII.2.6. Réception participative et engagement social 211

VIII.2.7. L'utilisation de l'algorithme pour personnaliser la réception 212

VIII.3. La théorie de la réception en réponse aux changements technologiques 212

VIII.3.1. Le développement de la participation active des destinataires 213

VIII.3.2. Les algorithmes et l'ajustement de la réception 213

VIII.3.4. La communication via des médias multimodaux et interactifs 214

Chapitre neuvième

DÉCONSTRUIRE LA RÉCEPTION : APPORTS DES THÉORIES FÉMINISTES ET POSTCOLONIALES 226

IX.1. Réception des femmes et conception du genre 226

IX.1.1. L'agentivité des audiences féminines 227

IX.1.2. La "lecture opposée" 229

IX.1.3. Au-delà d'une "femme" homogène 231

IX.1.4. Vers une compréhension nuancée de la réception féministe 233

IX.2. Les théories de la réception postcoloniales 234

IX.2.1. La colonialité de la réception 234

IX.2.2. Déconstruire les images coloniales et réinventer les récits 236

IX.2.3. L'hybridité et la réception transculturelle 238

Conclusion 252

www.ingramcontent.com/pod-product-compliance
Lightning Source LLC
Chambersburg PA
CBHW070557300426
44113CB00010B/1291